教师发展丛书

◎严先元 周小山 编著

师怎样引导学生

更新 学习方式

教师怎样让师德师风落地生根
教师怎样引导学生用好信息技术
教师怎样引导学生更新学习方式
教师如何进行教育评价
教师怎样做教学诊断
新课程的课堂教学怎样进行校本研修
教师怎样教学是什么样子
教师怎样设计一堂好课
教师怎样进行课堂教学质量的管理

东北师范大学出版社

长 春

图书在版编目(CIP)数据

教师怎样引导学生更新学习方式 / 严先元,周小山编
著.—长春:东北师范大学出版社,2020.7
(新时代教师发展丛书/严先元主编)
ISBN 978 - 7 - 5681 - 7007 - 9

Ⅰ. ①教… Ⅱ. ①严… ②周… Ⅲ. ①课堂教学—教学
研究—中小学 Ⅳ. ①G632.421

中国版本图书馆 CIP 数据核字(2020)第133144号

□责任编辑:陈 郁 □封面设计:隋福成
□责任校对:李 杭 □责任印制:许 冰

东北师范大学出版社出版发行
长春净月经济开发区金宝街 118 号(邮政编码:130117)
电话:0431-84568164
网址:http://www.nenup.com
东北师范大学音像出版社制版
辽宁新华印务有限公司印装
沈阳市张士经济技术开发区
中央大街六号路 14 甲—3 号(邮政编码:110021)
2020 年 7 月第 1 版 2020 年 7 月第 2 次印刷
幅面尺寸:169 mm×239 mm 印张:15.5 字数:221 千
定价:88.00 元

总　序

　　教师是立教之本、兴教之源。教师作为教育发展"第一资源"的价值判断，确定了教师在实现中华民族伟大复兴中国梦进程中的重要作用。中共中央、国务院在《关于全面深化新时代教师队伍建设改革的意见》中明确指出："教师承担着传播知识、传播思想、传播真理的历史使命，肩负着塑造灵魂、塑造生命、塑造人的时代重任，是教育发展的第一资源，是国家富强、民族振兴、人民幸福的重要基石。"这不仅强调了教师与现代化国家的共生关系，更突出了建设高素质、专业化、创新型教师队伍与建设具有中国特色社会主义现代化强国之间的密切关联。

　　党的十九大报告指出，使命呼唤担当，使命引领未来。建设高素质、专业化、创新型教师队伍任重道远。我国有研究者指出，建设这样一支队伍主要有三条基本途径：一是个体内在路径，二是制度外部路径，三是文化融合路径。① 本书在这三个方面都有涉及，但更多地聚焦于教师主体性实践的个体内在路径，对当前广大教师来说，这可能是更适切的。

　　关于本丛书内容选择，主要出于以下考虑：习近平总书记曾在《求是》杂志发表《一个国家、一个民族不能没有灵魂》的重要文章，他引用《左传·襄公二十四年》中的话"太上有立德，其次有立功，其次有立言"，教导我们要"立德""立功""立言"，才能创不朽之业。本丛书重视通过"以德立身、以德立学、以德立教、以德育德"，促进师德修养提升，不仅有专册论述，而且在各册中突出价值定位和价值引领。由于教师的"建功立业"在时间和精力上大多用于"教学活动"，特别是用在"提高教学质量的主阵地——

---

　　① 朱旭东，宋萑，等. 新时代中国教师队伍建设的顶层设计［M］. 北京：北京师范大学出版社，2018：8-9.

课堂教学"上，因此我们针对教学诊断、教育评价、教育行动研究、校本研修等都做了分册撰述。同时，根据教师专业的特质，教师发展必须以"实践性知识"作为支撑，我们也从校本研修、行动研究、技术促进学习和提高信息素养等方面做了一些专门的讨论，希望教师以"立言"的形式进行创新探索，积淀经验成果，实现交流互动。

建设教育强国是中华民族伟大复兴的基础工程，我们每一位教师都为投身这伟大斗争、伟大工程、伟大事业、伟大梦想而深受鼓舞。我们深信，经过奋发努力，"教师综合素质、专业化水平和创新能力大幅提升，培养造就数以百万计的骨干教师、数以十万计的卓越教师、数以万计的教育家型教师"，"广大教师在岗位上有幸福感、事业上有成就感、社会上有荣誉感，教师成为让人羡慕的职业"的目标一定能实现。

为此，我们期待着本套丛书的出版能够为广大基层教师的教育教学工作带来一定的帮助。

2020 年 7 月

前　言

　　学习方式的变革是当前课程改革的焦点。"现行的学校课程存在三个断层，这就是现行课程与社会、经济、文化的断层，现行课程与学生身心发展的断层，现行课程与现代科学发展的断层。因此，几乎所有国家都在寻求教育制度和课程范式的变革，以适应新世纪的挑战，而且几乎所有国家都在借助不同层次（国家层次、地方层次、学校层次）的课程标准的趋动，把改革的焦点放在'改造学生的学习方式'上。这是因为支持教育和教学活动的学习观发生了根本的变革。"[①]

　　中共中央、国务院在《关于深化教育教学改革全面提高教育教学质量的意见（2019 年 6 月 23 日）》中提出"优化教学方式"，强调"引导学生主动思考、积极提问、自觉探究"，融合运用传统与现代技术手段，重视情境教学，探索基于学科的课程综合教学，开展研究型、项目化、合作化学习。本书对此进行了些重点的讨论和探索。

　　引导学生习得新的学习方式是我国基础教育课程改革的重要任务。《基础教育课程改革纲要（试行）》中提出：教师在教学过程中应与学生积极互动，共同发展，要处理好传授知识与培养能力的关系，注重培养学生的独立性和自主性，引导学生质疑，调查，探究，在实践中学习，促进学生在教师指导下主动地、富有个性地学习。纲要强调，要倡导学生主动参与、探究发现、交流合作的学习方式，注重学生的经验与学习兴趣，改变课程实施过程中过分依赖教材、过于强调接受学习、死记硬背、机械训练的现状。我们认为，学习方式不只是学生学习时的一种策略或方法，更重要的它是一种价值追求、

---

　　① 　钟启泉. 现代课程论［M］. 上海：上海教育出版社，2003：487.

生活态度和个性品质，所以教师在教学活动中应当十分重视学习方式变革带来的教育思想、角色意识和育人模式的更新。这也是编写本书时我们为什么较多地阐明各种新的学习方式的特征和理念的原因。当然，我们主观上也希望尽量把理论与实践结合起来。本书综合介绍了国内外许多专家的研究成果和第一线教师的实践经验，这是由于编写的目的是为了给第一线教师的"校本研修"提供资源上的支持，我们除了对这些专家和教师表示感谢外，更希望得到他们的指教。

目　录 Content

第一章

为什么要引导学生更新学习方式

我们这个时代，"知识经济""学习化社会"已经成为现实。社会的变革既对当代公民的素质提出了新的要求，又为公民素质的提升提供了前所未有的条件（如技术条件和物质条件），这使得学习方式的更新有了必要性和可能性。

21世纪初我国推行的课程改革提出了转变学生学习方式的任务，就是要促进学生在教师指导下主动地、富有个性地学习。本次课程改革的重点之一，就是要让学生的学习方式产生实质性的变化，提倡自主、探索与合作的学习方式，逐步改变以教师为中心、以课堂为中心和以书本为中心的局面，促进学生创新意识与实践能力的发展。

学校是学生一生中最重要的学习场域，学生习得怎样的学习方式，必将影响到他们以什么样的精神素养进入社会生活。

我们这个时代，"知识经济""学习化社会"已经成为现实。社会的变革既对当代公民的素质提出了新的要求，又为公民素质的提升提供了前所未有的条件（如技术条件和物质条件），这使得学习方式的革新有了必要性和可能性。但是，在学校教育的实践中，学习的方式和指向的培养目标变化甚微，教学活动呈现出相对固定的模式。学习科学研究专家索耶（R. K. Sawyer）认为，我们今天的学校是在从未进行过科学检验的常识性假设中设计的，我们必须重新认识学习的方式。"学习科学"必将为学习方式的变革提供理论依据和实践参照。

一、 学习科学的发展走向

"学习科学"是在脑科学和信息科学的基础上进行多学科整合而产生的。"学习科学（Learning Sciences）是一个研究教与学的跨学科领域。它研究各种情境下的学习——不仅包括学校课堂里的正式学习，还包括发生在家里、工作期间以及同事之间的非正式学习。学习科学研究的目标，首先是为了更好地理解认知过程和社会化过程，以进行最有效的学习；其次是为了用学习科学的知识来重新设计我们的课堂和其他学习环境，从而使学习者能够更有效和深入地学习"，"总之，这是一门新的科学，旨在为教育提供坚实的科学基础"[①]。

---

① 索耶. 剑桥学习科学手册 [M]. 徐晓东，等译. 北京：教育科学出版社，2010：1，16.

我国学者提出，"科学的研究总是受到各种隐喻的指引"。所谓隐喻（metaphor），就是辞格的一种，用常见的一种物体代替另一种物体，从而暗示二者之间存在一种相似性或类推性。在整个 20 世纪，有关学习的不同隐喻制约着人们对学习的认识与理解，也制约着相关的研究方式，有关学习研究的成果则进一步影响到教学、课程，乃至对整个教育的认识。从 20 世纪上半叶至今，学习的隐喻大致经历了"学习是反应的强化"→"学习是知识的获得"→"学习是意义的建构"→"学习是知识的社会协商"→"学习是参与共同体的实践"等不同的发展阶段。在不断的研究中，人的学习的建构本质、社会协商本质和参与本质越来越清晰地显现出来，与之相应的新的教学隐喻也在质疑支持知识获得隐喻和产品交付隐喻的基础上得以确立①。

学习科学的新观念对更新学习方式的启示可以归结为以下三个方面。

（一）学习：主体的意义建构

人作为学习的主体，无论要学习什么内容，都首先要理解其基本的意思或内涵，并进而领悟其功用与价值，这是学习主体的积极能动的思维过程。人要学习的内容不可能通过简单的"移入"或"授予"就能获取。换句话说，没有"自主学习"，就不可能把握学习对象的意义。自主学习即学习主体建构意义的活动。

学习科学的研究指出，"为了获取意义，人类会自然地根据新经验组织和重组他们关于世界的原有认知模型"。个体对世界有着自己的理解，而且这种理解与他们建构的各自经验的表征和模型有很大关系。"知识建构是一个自然的过程。每当人们遇到他们尚不知道却需要去理解的事物时，他们的自然倾向是尝试用自己已有的知识去确定该事物的意义。儿童就像是建构性的机器。他们不断地探索世界，经常遇到他们尚未理解的现象。因此，他们进一步地探索它，使自己认识到其可能的功能和局限。"②

学习科学阐述的这些理论，对我们引导学生自主学习的方式颇具启发意

---

① 高文，等. 学习科学的关键词［M］. 上海：华东师范大学出版社，2009：11-12.

② 高文，等. 学习科学的关键词［M］. 上海：华东师范大学出版社，2009：11-12.

义，也给我们的课程教学提供了一个广阔的空间。

从当前的教学实际看，以经验为内涵的，对文字符号所构成的课程文本的教与学，仍然是学校教育的基本存在状态。这种静态的、外在于学生的课程内容要变为学生内在的素质，是学生汲取知识营养的精神活动的过程。美国教育家杜威曾指出："儿童和课程仅仅是构成一个单一的过程的两极。……儿童现在的观点以及构成各种科目的事实和真理，构成了教学，从儿童的现有经验进展到以有组织体系的真理即我们称之为各门科目为代表的东西，是继续改造的过程。"① 因此，对知识的学习是学生自己的学习，学生在学习的过程中对知识的展开是学生自己的展开，学生在知识展开过程中的"经验的改造与改组"是经验的自我建构②。学生自主学习的意义建构，主要有以下三个方面的活动。

1. 激活形象思维

"形象思维"就是用形象来思考（俄国文艺批评家伯林斯基）。这种借助于形象的思考方式不仅适应于学龄初期学生的认知特点，促进他们对事物及其关系的理解，而且在人的精神发展方面具有重要的意义。人的认识能力就是形象思维与抽象思维两种能力的统一。激活形象思维，常常借助于唤起已有的"表象"。表象是保持在学生记忆里的形象，是经验的直观形式。我们在掌握和运用语言的过程中，让词语和具体事物、事物的表象，或学生切身的实际经验建立联系，言语就能唤起和组织人的表象活动，构建一系列鲜明生动的形象，从而对形成稳定而丰富的内心活动起到重大的作用。在课堂教学中，"语言直观"就是运用形象化的"绘声绘色"的语言，唤起和构造学生的表象。从记忆的角度讲，表象是记忆编码的重要形式之一。

以形象促抽象

一位数学教师在讲解平面几何中"点的轨迹"这一内容时说：我给大家

---

① 杜威. 学校与社会·明日之学校 [M]. 北京：人民教育出版社，1994：27.

② 王道俊. 知识的教育价值及其实现方式问题探究·兼谈对杜威教育思想的某些认识 [J]. 课程·教材·教法，2011 (1).

说个自然现象：千条线，万条线，落到河里看不见。这是什么？（学生："雨"。）夏夜，繁星点点，忽然一道亮光划过夜空。这又是什么？（学生："流星"。）为什么雨滴降落和流星划过时给我们的感觉是一条线？这是因为它们受到一定条件的作用，都按照一定的轨迹运动，所以都形成一条弧线，都给我们以"点的轨迹"的直观形象。

用表象助理解

有位物理教师在讲解分子运动时，妙语连珠，取譬引喻，给学生留下了极深的印象。他说："气体分子运动好像夏天夜晚强烈灯光下的一团飞舞的蠓虫儿；液体的分子运动恰如游牧一样，短时的迁居（移动）和比较长期的定居（振动）相结合；固体的分子运动则像一间关闭的屋子里坐满前仰后合、左倾右倒的小学生一般。传导电流，好比运载蜜蜂前进的车厢内飞舞的蜜蜂一样——杂乱无章的热运动的电子又加上一个定向移动。"

2. 联系生活经验

陶行知先生讲过，"真知识的根是安放在经验里的，从经验里发芽抽条开花结果的是真知灼见"，不是从经验里生发出来的知识就是伪知识。他指出，掌握真知识的基础是："我们要以自己的经验做根，以这经验所发生的知识做枝，然后别人的知识方才可以接得上去。别人的知识方才成为我们知识的一个有机的部分。"

经验对学生的知识学习具有至关重要的意义。

当忽视"经验"的作用时，受困于书本世界里的学生，也就很难听到现实世界对他们的召唤，难以领略到现实世界为书本知识的运用提供的开阔境界和无限风光。这样，书本世界的实际"意义"也就荡然无存。这仿佛堵塞了书本世界的"知识流"涌入现实世界这一浩瀚大海的通道。

用生活经验帮助理解

• 一位教师在讲解立体几何中"两个平面有一个公共点，那么它们必交于过这一点的一条直线"这一内容时，学生感到抽象，不好理解。教师就联系具体事物，把问题直观化，他说："大家都看到过文艺演出的舞台，当幕布收拢时，我们把收拢了的幕布与舞台面看作有一个公共点，当幕布徐徐打开时（视为面的伸展），幕布与舞台面就出现了一条交界线。"老师边讲边画，学生觉得既具体又有趣味。

●一位化学教师在讲解"能量最低原理"时强调：核外电子总是先占据能量最低的轨道，只有能量最低的轨道占满后，电子才能进入能量较高的轨道。他做了一个类比：向一块高低起伏的洼地灌水，总是先淹低处，然后才淹到较高的地段。又如，有学生问："原子量为什么不用克做单位？"教师答："一粒芝麻用吨来表示它的质量，如何？"

3. 唤起切身体验

教学要唤起学生的体验。体验以经验为基础，立足于精神世界。它通过个体的想象、移情等使经验生命化和个性化，"在体验的世界中，一切客体都是生命化的，都充满着生命的意蕴和情调"。体验具有过程性、亲历性和不可传授性，是充满个性和创造性的过程。

一切停留在情感体验之外的知识对主体来说都是死知识、假知识。情感体验以认识为基础，但认识并不能代替情感体验。对意义、价值与美的感受和理解绝不是理性化、客观化、概念化的知识分析所能代替的。情感不仅对学习过程有重要的启动、激励、维持、调控作用，而且与学生态度的形成、信仰的确立、个性的完善息息相关。

《我的战友邱少云》教学片段

师："我的心像刀绞一般"，真的是刀在绞"我"的心吗？

生：不是的。

师：那么究竟是什么像刀一样在绞"我"的心呢？请同学们细细地读课文，联系生活实际，用心研究这个问题。

生：我觉得是一种痛苦像刀一样在绞"我"的心。我有过这样的经历。有一次我不小心，手被火柴烧了一下，都钻心地痛，何况邱少云是烈火烧身呢？

师：能说得更明白一些吗？

生：烈火在邱少云身上燃烧，也好像在"我"的身上燃烧一样，这真是万箭穿心般的痛苦呀！

师：说得真好！邱少云的痛苦让"我"感同身受！还有别的体会吗？

生："我"当时非常担心。因为在"我"身后埋伏着整个潜伏部队，要是邱少云突然叫起来或者突然跳起来，整支部队就会遭受重大的损失。邱少云还那么年轻，他能忍受烈火的煎熬吗？这种深深的担忧与紧张像刀一样在绞着"我"的心。

生："我"还感到非常无奈。一方面，"我"不忍心看着烈火把邱少云烧死；另一方面，"我"又不能跑过去把他救出来。这种无可奈何的心情像刀一样绞着"我"的心。

师：有心救人，却无力回天，这是一种多么巨大的痛苦呀！

生：此时此刻，"我"感到十分绝望。这种绝望像刀一样在绞着"我"的心！"我"盼望火能突然间熄灭，但是"我"心里很清楚，这种奇迹根本不可能发生。

师：同学们再深入地想一想：像刀一样绞着"我"的心的，是否只有痛苦、担心、无奈和绝望？还有什么？

生：邱少云那钢铁般的意志，深深地感动了"我"！这种感动使"我"的心像刀绞一般。

生：还有敬佩。邱少云为了战友们的安全，为了取得战斗的胜利，宁愿牺牲自己的生命！这让"我"无限敬佩！

师：同学们说得真精彩。作者当时的确是百感交集！那么多复杂的情感纠缠、冲击、碰撞，使"我的心像刀绞一般"。这种感情，不仅仅是作者的，也是在座的每一位同学的。让我们带着这种感受来读课文，你一定会有更真切的体验。

（生读课文：自由读、齐读。）

（二）学习：知识的社会协商

学习科学研究认为，学习是一种社会协商，"意义的制定很少可以个人完成。人们通常会很自然地跟他人分享自己的理解，因此，意义的制定更多地来自会话，而不是来自灌输。正如人类共享物质世界一样，我们也共享着从物质世界获得的某些意义。人是社会性的动物，需要来自同伴的反馈以确定自己的身份和个人信仰的合理性。社会建构主义认为，意义制定是一个参与者通过对话及交谈相互协商的过程。学习本质上就是社会性对话的过程"①。

"学习是知识的社会协商"，"只有当个人建构的、独有的主观意义和理论跟社会和物理世界'相适应'时，才有可能得到发展。发展的主要媒介是通过交互作用导致的有意义的社会协商"②。也就是说，个体的知识建构过程不是个体头脑中封闭的事件，而是通过学习者与他人的相互作用、合作交流才成为可能。总之，学习者的自主建构，必须在与他人合作与交流（这种合作交流包括商议、讨论、意见交换、言辞交锋等）中，在由交流合作而推动的深入思考中才能实现。所以，"教学是师生的合作"是教学交往必然引起的论题。这一理论对我们处理好合作学习中教师教与学生学的关系是很具有启示意义的。

1. 平等的交往关系

学生在课堂中的学习是通过师生的交往来进行的。当代的教学论把教学过程视为师生交往互动、共同发展的过程，这首先意味着建立一种平等的教与学的关系。传统的严格意义上的教师教和学生学，将不断让位于师生互教互学，彼此形成真正的学习共同体。对教学而言，交往意味着人人参与，意味着平等对话，意味着合作性意义构建。它不仅是一种认识活动过程，更是一种人与人之间平等的精神交流。对学生而言，交往意味着主体性的凸显、个性的表现和创造性的解放。对教师而言，交往意味着上课不仅是传授知识，更是一起交流分享；上课不是单向的付出，而是生命活动、专业成长和自我实现的过程。交往还意味着教师角色定位的转换：教师由教学中的主角转向"平等者中的首席"，从传统的知识传授者转向学生发展的促进者。可以说，创设有利于师生交往的互动、互惠的教学关系是教学改革中的一项重要内容。

① 高文，等. 学习科学的关键词 [M]. 上海：华东师范大学出版社，2009：11.
② 高文，裴新宁. 试论知识的社会建构性：心理学与社会学的视角 [J]. 全球教育展望. 2002 (11).

2. 优良的学习环境

课堂学习依赖于特定的文化环境并与之相互作用，在一定意义上这即教学活动。对于一堂好课来说，学习环境的功能是为学习者完成学习行为提供资源、工具和人际方面的支持。其中，学习资源包括各种信息材料、帮助学生学习的认知和信息加工处理的工具、学生的学习空间等。人际关系是指学生之间和学生与教师之间的人际交往。

在教学设计领域享有盛誉的国际著名学者 D. H. 乔纳森和 S. M. 兰德主编的《学习环境的理论基础》一书中，学者们提出，在设计学习环境时，应该提供对世界知识的多种不同表示，表现世界本身固有的复杂性；学习应该着重于意义建构的过程，而不是知识产品；学习环境应该表现真实世界里的任务，是与情境相关的任务，而不是抽象的任务，提供真实世界的基于案例的学习环境，而不是预先确定的教学过程；这些环境要便于学生进行与情境相关的知识建构，支持通过交流与合作进行的知识建构。

3. 有效的学习指导

作为一种社会性建构学习，教师在课堂中的角色主要是学习的指导者。新的课程观认为，教学过程是教师和学生对世界的意义进行合作性建构的过程，而不是客观知识的灌注和接受的过程。但这并不意味着教师的作用不应当被重视。正像小威廉姆·E. 多尔在谈到教师作为"平等者中的首席""与情境共存"时所说，"教师的作用丝毫没有被抛弃"，"教师是内在情境的指导者，而不是外在的专制者（无论多么仁慈）"[①]。这要求教师终结那种向学生灌注预存的客观知识的办法，放弃以支配、控制、专断为特征的一套方式，在教学中更多地关注学生的经验、体验和对问题的独特看法，尽可能地采用激励、对话、合作与协商的方法发挥学生的自主积极性。

"借箭"还是"骗箭"

记得在讲授《草船借箭》一课时，为了使学生更好地理解诸葛亮的

---

① 小威廉姆·E. 多尔. 后现代课程观［M］. 王红宇，译. 北京：教育科学出版社，2000：238.

"神机妙算"，我让学生分析周瑜斗智失败的原因。学生最后得出一致的结论：诸葛亮神在能跳出常规思维的框框，想出别人想不到的向敌方借箭的方法。这时候，一名爱钻"牛角尖"的学生冷不防地向我放了一"箭"："老师，依我看课题改为'草船骗箭'更好，因为诸葛亮是用欺骗的手段从曹操那里骗到箭的。""对，对。这箭是骗来的，不是借来的！"此"箭"射入学生思维的长河中，激起阵阵涟漪，课堂顿时像沸腾了的油锅。"草船骗箭"？我闻之愕然，但是随即我又镇定下来。我肯定了此"箭"放得有意思、有价值，值得探讨，并反问道："究竟用'借'，还是用'骗'？大家认真阅读课文后再来讨论。"

思考几分钟后，学生们陆续举手，一名学生说："从诸葛亮吩咐军士们齐声高喊'谢谢曹丞相的箭'这句话可以看出，骗箭不必谢，借箭才要谢，因而题目应该是'草船借箭'。"

一名学生说："我也认为是借箭，因为赤壁之战时，诸葛亮不是把借来的箭还给曹操了吗？这就叫'有借有还'嘛。"

语毕，学生哗然。我趁势将提问引向深入："你们答得真好。再想想，要是题目改为'草船骗箭'，和原来的写作目的有什么不同？"这时学生们的积极性更高了，纷纷抢着发言。

一名学生说："写作本文的目的是赞扬诸葛亮足智多谋、神机妙算。'骗'是个贬义词，要是题目改成'草船骗箭'，作者的立场就站到曹操那边去了，写作目的也就变成了揭露诸葛亮的阴谋诡计。"

另一名学生也说："诸葛亮对周瑜为难、陷害自己是心知肚明的。为了对付周瑜，他不得已用草船向曹操借箭，以免遭杀身之祸。在'借箭'的过程中，他深知周瑜心胸狭隘、曹操多疑谨慎、鲁肃忠厚老实；他还知天文、识地理，使周瑜自愧弗如。这样就更突出了诸葛亮这个军事家的智慧和才干，体现了他的神机妙算。"

诸葛亮是"借箭"还是"骗箭"？结论不应由教师来宣布或讲解，而应通过课堂中教师与学生、学生与学生的互动，在合作的研讨中深化对内容的理解，在交流与相互启发中打开思路，达成共识。这样的互动使学生自己建构了意义，学会了怎样进行社会性学习。

（三）学习：实践的具身参与

在学习科学的研究中，情境认知与学习在 20 世纪 90 年代已经成为学术界的主流。所有的情境理论都强调认知与学习的交互特性，个体、认知、意义正是在互动中以社会和文化的方式建构的。同时，情境理论都强调实践的重要性，并认为：实践不是独立于学习的，意义也不是与实践和情境脉络相分离的，意义正是在实践和情境脉络中加以协商的。在情境学习理论中，一个新的学习隐喻——"学习是社会参与"的隐喻已显露出来。从参与隐喻出发，该理论将"实践共同体"视作教学的场所，强调新手作为一个完整的人在实践共同体中通过合法的边缘性参与（作为一种特殊的社会实践），在互动中同时建构意义和身份。显然，该理论希望建立一个学习的生态系统，从而将个人和环境看作相互建构的要素而将其包含其中。这一理论最发人深省的一句话是：学习是对不断变化的实践的理解和参与。而"参与"，正是探究学习的必要条件，特别是具身的参与，构成探究学习的一种基本形态和重要前提。

探究学习对"参与"有什么要求呢？

1. 全身心倾注

叶澜教授在分析"活动"的构成时提出，"从活动结构的角度看，人的各种水平的生命活动都由活动主体需要、客体对象、目的、内容、手段与工具、行为过程、结果及调控机制等要素构成。从活动水平的角度看，人的生命活动由三个层次构成：最基础的层次是生理水平上的个体生命活动，第二个层次是心理水平上的个体生命活动，第三个层次是社会实践水平上的个体生命活动"[①]。可见，活动关涉人与外部世界的相互作用，关涉个体生活的不同层面，从这个意义上说，课堂教学一定要促使学生全身心地参与和投入。

新课程的实施要"倡导学生主动参与、乐于探究、勤于动手"，因此应尽力推动学生自觉"卷入"到课堂的教学活动中来。心理学的研究指出，只有

---

① 叶澜. 教育概论［M］. 北京：人民教育出版社，1999：227.

设法使学生"卷入"任务之中，才能达到激励其内在动机的目的。我国的研究者在国内外相关研究的基础上，对"学生参与"做了深入的研究。研究提出，可以把学生在教学过程中的参与定义为学生在课堂教学学习过程中的心理活动方式和行为努力程度。学生参与主要包括三个基本方面：行为投入、认知投入和情感投入。行为投入是指学生在课堂中的行为表现，认知投入是指学生在学习过程中的思维水平与层次（这些层次是通过学习方法表现出来的），情感投入是指学生在教学过程中的情感体验[①]。

2. 口手脑并用

如果说"活动"的基本含义是"做"，那当然可以通俗地称之为"动手、动口、动脑"。著名教育家陶行知先生说："单单劳力、单单劳心都不算是真正之做。真正之做须是在劳力上劳心。"所以，口手脑并用才能有效掌握知识。

口手脑并用在教学中是有机统一的。苏联心理学家维果茨基、列昂节夫的活动理论认为，行为、言语、意识本来就是统一的。心理学大师皮亚杰也指出："我们的各种认识形式既不是来自感觉，也不是来自知觉，而是起源于整体行为，知觉在这一整体行为中只起着信号作用。"皮亚杰把获取知识的活动分为两种——以内在心理活动为特点的"逻辑运算"和改变客体的"经验活动"，并且认为正是这两种活动"构成了我们科学知识的起源"。所以在现实的活动中，人的内心活动同行为操作是相互联系和相互作用的两个方面，它们统一于同一活动的过程中，而语言是其中的载体和调节因素。

3. 教学做合一

获得知识的过程是一种"经验活动"。正如美国教育学者索尔蒂斯（Soltis）所说："知识不仅仅是头脑和书本中所包含的东西，而且包括我们参与社会生活时动手操作与行动中所包含的东西。"所以，学知识与学做事应当成为一体，建立一种在"做中学"和在"学中做"的操作结构。

我国教育家陶行知先生特别强调"做是学的中心，也是教的中心"。他说："教、学、做是一件事，不是三件事。我们要在做上教、做上学。在做上

---

① 孔企平. 数学教学过程中的学生参与 [M]. 上海：华东师范大学出版社，2003.

教的是先生、在做上学的是学生。从先生对学生的关系说，做便是教；从学生对先生的关系说，做便是学。先生拿做来教，乃是真教；学生拿做来学，方是实学。不在做上下功夫，教固不成为教，学也不成为学。"陶行知先生提出的"教学做"合一，实在是医治我们课堂教学中只注重反复灌输、忽视让学生通过活动真正把科学知识变为自身精神财富并产生应用价值的一剂良方，同时也为我们建立新型师生关系提供了一个新的视角。

二、 课程实施的行动聚焦

课程改革，作为一种全方位、深层次的变革，是一种深思熟虑的、有目的和有计划的、逐步展开的活动。课程理论家富兰（Fullan）的一句名言讲得好：变革是一个过程，而不是一个事件。一般来说，每个完整的课程变革都包含课程计划、课程采用、课程实施、课程评价几个相互联系并交互作用的环节。

课程实施是将被采用的课程计划付诸实践的过程，即推行计划的过程，也可以说是书面的课程转化为教学具体实践的过程。课程实施是关系到课程改革成败的一个关键环节。因此，无论从促进改革有效地推行，还是调控改革进程以缩小理想预期与实际效果的差距，或者为改革的成功创造必要的条件上说，我们都应当十分重视课程的实施。施良方教授在《课程理论》一书中把课程实施归结成两种基本方式：一种是把课程实施看成"变革"，另一种认为课程实施即"教学"。其实，二者是统一的。因为新课程方案的实施，先要变革课程实施的主体——教师的教学观念、教学策略和教学行为方式，才能真正实现教学的全面改革。

（一）课程实施的立足点

我国的新课程改革，始终立足于"以学生发展为本"。学生的"发展"

包括全体学生的发展、全面和谐的发展、终身持续的发展、个性特长的发展、活泼主动的发展。"以学生为本"有三层含义，即：在价值观上，一切为了学生；在伦理观上，高度尊重学生；在行为观上，全面依靠学生[①]。课程改革的"人本"关切，充分体现在本次课程改革的重点之一是如何促进学生学习方式的变革。"学习方式的转变意味着个人与世界关系的转变，意味着存在方式的转变"。学生是有着完整的人的生命表现形态、处于发展中的、以学习为义务的人，"学生"一词可以从"人"是自然的存在、社会的存在和精神的存在三个层面来解读：学生学习——掌握生存的常识和技能，以便独立地面对世界；学生学习——遵从生活的律则与规范，以便和谐地与人相处；学生学习——探索生命的价值与意义，以便有尊严地立于天地之间[②]。

我们可以从以下三个方面来认识课程实施的"人本"意蕴。

1. 课程观念的演进

我们知道，任何一种课程理论都需要考虑学科、学生、社会等因素及其相互关系，所以有人把学科知识体系、学生发展、社会需要视为课程与课程设计的三大基础。由于对学科、学生、社会这三个决定或制约课程的因素的关注程度不同，因而形成了不同的课程理论流派。影响较大的有：强调以学术为中心的学科课程理论，强调以社会问题为中心的改造主义课程理论，强调以学生发展为中心的人本主义课程理论。

随着社会的不断发展，当代社会对教育提出了新的要求。作为人才培养的"施工蓝图"，课程的变革势在必行，指导课程实践的课程观也就会出现新的走向。从总体上看，课程观的历史演进是沿着向人回归的道路展开的，课程观的转向实质是向完整的人及完整的生活转向。它有四种基本的内涵：

①学生是课程的主体。

②生活世界属于课程内容的范畴。

③课程是学生主体有意义的活动。

① 郭思乐.教育走向生本 [M].北京：人民教育出版社，2001.
② 钟启泉，崔允漷，张华.为了中华民族的复兴 为了每位学生的发展 [M].上海：华东师范大学出版社，2001：259.

④课程的学习活动方式以理解、体验、反思、探究和创造为根本。

显然，这样的课程观必然要求在课程实施中引导学生习得自主，采用合作探究的学习方式。

对"圆的概念"的理解

有位教师在讲解"圆"这个概念前问学生："车轮是什么形状的？"

学生们觉得这个概念太简单，便笑着回答："圆形。"

教师又问："为什么车轮要做成圆形呢？难道不能做成别的形状，比方说，做成三角形、四边形？"

学生们一下子被逗乐了，纷纷回答："不能！""它们无法滚动！"

教师再问："那就做成这样的形状吧！（教师在黑板上画了一个椭圆）行吗？"

学生们开始茫然，继而大声回答："这样一来，车子前进时就会一会儿高，一会儿低。"

教师再进一步发问："为什么做成圆形就不会一会儿高，一会儿低呢？"

学生们议论纷纷，最后终于找到了答案："因为圆形的车轮上的各个点到轴心的距离是相等的。"至此，教师自然地引出了圆的定义。

2. 课堂落脚的基点

美国著名的课程理论家古德莱德（Goodlad）曾提出一个对课程的分析框架，他区分了课程的五个层次：一是观念层次的课程——在思考、研究、拟议中的课程；二是社会层次的课程——教育行政部门推行的正式课程（这两个层次属于课程改革的课程编制和课程采用阶段）；三是学校层次的课程——在国家和地方确定的课程的基础上，由学校组织起来的课程；四是教学层次的课程——教师所"理解"的，并在课堂上施行的课程；五是体验层次的课程——学生实际获得的经验和体验（后三个层次属于课程实施阶段）。古德莱德的分析，深层次地触及了课程实施的实质——通过学校对课程的组织和教师的实际运作，使课程对学生产生影响，从而让课程内容变为学生的精神财富。

与古德莱德的分析不谋而合的是麦克尼尔的一句名言，课程实施就是从

"修辞的世界转化为学生的经验世界"。这句话的实质是指：书面的课程知识要在课程实施中转化为学生主体的内在经验或体验。从课程实施的角度看，这种书本知识向学生主体经验转化，正是引导学生习得自主、合作、探究学习方式的旨趣之所在。在课程实施中，"书本知识"与"学生经验"之间的关系是一种交融互补、建构意义的关系，其要求包括三个方面：书本知识与生活世界交汇，理性认识与实践经验融合，结论获取与过程经历并重。

展现探索的"过程"

教师提出一个课题：用一条直线等分长方形有多少种分法？

教师就这个课题讲了一个童话，大意是：从前有两个小朋友请求动脑筋爷爷帮助他们聪明起来。动脑筋爷爷拿出一块长方形的纸板说："这叫'智慧之板'，许多人都靠它学会了动脑筋，有的还成了大发明家。"这两个小朋友听后争着要这块板。动脑筋爷爷又说："谁能画一条直线把这块板分成大小一样的两部分，而且想出十种以上的分法，我就把它送给谁。"两个小朋友开始时只能想出两三种分法，后来真的想出了十种以上的分法。他们得到了这块智慧之板，并渐渐聪明起来。

学生们听过童话之后，都感觉这个课题很有趣，争先恐后地到教师那里领取长方形纸，兴致勃勃地投入到解题活动中。

开始的时候，他们只能依据经验直观地思考，如用上下或左右折叠的方法将长方形纸分成两个相等长方形，或连接对角线将其分成两个相等的三角形。而后，他们通过分析，发现分割后的图形都是相同的形状，于是又试着画斜线将其分成两个相等的梯形，再找出其他划分法就比较困难了。学生们就停下沉思起来。这时候教师稍稍启发说："把已经发现的各种方法的等分线集中画在一起想一想，说不定可以发现新分法。"然后教师利用幻灯把上述划分法的线段依次重叠地投射到银幕上。

通过观察和思考，学生们很快便发现"所有的线段都交在一点上"这个共性，于是他们惊叫起来："啊！通过这一交叉点的直线，都可以把长方形分成大小一样的两个部分！""现在别说十种以上的分法，要多少种分法就有多少种分法。我们能发现这一点，多么好啊!"学生们体验到创造性活动的乐趣，愿意继续探求新知识。这时，教师提出"等分线不是直线行吗?""如果不是长方形，能用这个办法吗?"等问题，学生带着这样的"新问题"，又进入了更深层次、更富于创造性的思考。

3. 课程文化的建设

基础教育的课程改革是一个持续不断的系统工程，是在物质技术层面和精神文化层面上同时进行的课程文化建设。学校作为课程实施和推进教学改革的基层组织，是直接影响课程实施最重要的"组织变量"。

引导学生习得自主、合作、探究的学习方式是通过课程学习实现的。这种学习必定嵌入一定的文化境脉中进行，这是任何学习方式产生的"土壤"。只有高度重视营造一种课程学习的文化氛围，才能孕育出学习行为的新机制。

课程文化涉及的范围很广，从课程实施的层面上看，以下三个方面相对更加重要。

（1）营造合作、对话、探究的文化氛围

合作，强调课程文化的开放性。它要求创造一种专业工作者、学校领导、教师以及家长和社会人士"共建共享"的课程文化，提供合作机会，建立合作机制。对话，强调课程文化的民主性。它要求通过协商、交流、讨论，形成所有与课程利益有关的人员和部门之间的对话机制，使大家能达成共识，也使课程实施能不断"调适"。探究，强调课程的科学性。它要求课程实施是一个不断探索与创新的过程，学校要在保证国家课程计划和课程标准的严肃性的前提下，倡导教师根据自己面对的复杂多变的教学情境，适应各不相同的客观条件，创造性地进行教学实践，鼓励教师探索教学改革的新路子。

（2）促进教师对课程的"理解"

"课程理解"是美国学者古德莱德提出的概念，意指教师对课程理念和课程文件（计划、标准、教材）等新课程要素的个人领会。新课程被学校采用后，要由教师带入课堂。教师是新课程的第一个学习者，先要对课程进行理解。教师在课堂上实施的课程是教师理解后的课程，它并不与必然和理想的课程或课程文件相一致。教师理解课程是新课程在课堂中得到实施的重要中介，决定了教师将把什么样的课程带入课堂。因此，学校必须十分重视对教师进行新课程培训，引导他们学习课程标准，研读新教材。研究表明，学校实施的这种培训，应当是小面积的、多次反复的、与工作情境相结合的，并且要有足够的时间让教师琢磨、讨论、体察、相互观摩和实践反思[1]。

（3）精心组织学校课程实践

任何课程计划都要通过学校的课程实践才能成为现实，课程标准也要在学校的学科教学中才能落到实处。学校在组织新课程实施方面要做许多繁杂细致的工作，如按照课程计划的安排和课时比例编制课程表，科学合理地配置各年级、各学科的教师，选择教材和确定必修、选修的课程，开发各种"校本"课程，组织和指导教师实施"综合实践活动课程"（含研究性学习），组织教学研究以及各种观摩、考察、经验交流、学术讨论等活动。这些工作都应当精心策划、科学组织、有序施行。

（二）课程教学的联结点

课程改革的核心环节是课程实施，课程实施的基本途径是教学，教学改革是课程改革的应有之义。教学观念不更新，教学方式不转变，课程改革就会流于形式。以课程改革为突破口、带动整个基础教育领域的全方位变革是此次基础教育改革的基本策略。课程改革与教学观念的更新相辅相成，是一个辩证统一的过程[2]。学习方式的转变正是在课程与教学的共同践行中水到渠成的。

1. 课程与教学融合

课程与教学对立统一于一体。在这对关系中，课程是矛盾的主要方面，是主导因素。课程观决定教学观，并决定教学改革的深度和广度，课程是教师和学生共同探究新知的过程，是课程的有机构成部分，是课程的主体和创造者。由此，教学过程成为课程内容持续生成与转化、课程意义不断建构与

---

① 马云鹏，刘宇. 教师理解课程影响因素的研究 [J]. 教育研究与实验，2001（4）.

② 张华. 课程与教学论 [M]. 上海：上海教育出版社，2000：401-403.

提升的过程。教学与课程相互转化、互相促进、彼此有机地融为一体。这一理念的确立使课程由"文本"性变成了一种动态的、生长性的"生态系统"和完整文化，这意味着课程观的重大变革。在这种背景下，教学观念才能得以更新，教学改革才能真正进入教育的内核，成为课程改革与发展的能动力量，成为教师与学生追寻主体性、获得解放与自由的过程。

课程与教学的融合是课程改革的目标追求与最终归宿，也是教学观念更新的物质基础。

2. 教师与学生互动

教学是教师的教与学生的学的统一，其实质是师生之间的互动与交往过程。在教学中，主体间的相互作用、相互交流、相互沟通、相互理解、相互合作等构成了教学的互动过程。

交往的本质属性是主体性，交往论承认教师与学生都是教学过程的主体，都是具有独立人格价值的人，二者具有价值上的平等。师生关系是一种平等、理解、双向的人际关系，其得以建立和表征的基本形式和途径便是师生交往。离开了交往，师生关系就只是外在的，而不能成为教育力量的真正源泉，甚至会成为教育的阻力。

交往的基本属性是互动性和互惠性，交往论强调师生间、生生间动态的信息交流，通过信息交流，实现师生互动，相互沟通，相互影响，相互补充，从而达成共识、共享、共进。就教学过程而言，交往意味着对话、参与与建构，它不仅是一种活动形式，更是弥漫、充盈于师生之间的一种教育情境和精神氛围。对学生而言，交往意味着心态的开放、主体性的凸现、个性的彰显、创造性的解放。对教师而言，交往意味着与学生一起分享成功的喜悦、品味失败的苦涩。创建基于师生交往的互动、互惠的教学关系，是课程改革的价值追求与教学观念更新的具体体现。

3. 结论与过程统一

对于一门具体学科而言，过程表征该学科的探究过程和探究方法，结论表征该学科的探究结果。两者相互作用，相互依存，相互转化。具体的探究过程对应着具体的探究结论和结果。

从教学的角度讲，重结论、轻过程的教学只是一种形式上的走捷径的教学。它把形成结论的生动过程变成了单调刻板的条文背诵，从源头上剥离了知识与智力的内在联系。重结论、轻过程的教学排斥了学生的思考与个性，把教学过程变成无须智慧和努力，只需听讲和记忆的单调过程。学生单纯背诵知识却不思考知识、诘问知识、评判知识、创新知识，教学过程变成了对学生智慧的扼杀和对学生个性的摧残。

教学应强调过程，注重学生探索新知的经历和获得新知的体验。新课程标准为教师加工教材创设了广阔的空间，这为结论与过程相统一的理想的教学状态的实现创造了前提条件。教学过程中，学生的探索过程是学生未来可持续发展在时间与精力上的必要投资。

4. 认知与情意并重

认知与情意构成了完整的心理活动内容。人的思维是一种并行性的思维过程，情感体验与意志活动总是伴随着认知过程，认知与情意在学习过程中同时发生、交互作用，共同构成了学生学习心理的两个不同方面。人为割裂二者，必然扭曲人性，造成人的片面发展和人性的畸变。现代教学要求摆脱唯知主义的框架，进入认知与情意和谐统一的轨道。

新课程强调情意因素对学生发展的重要意义，凸显了情感、态度、价值观三个要素。教学过程更加关注学习者的学习兴趣、学习热情、学习动机，以及内心体验和心灵世界的丰富；注重学习者的学习态度、学习责任，以及乐观的生活态度、求实的科学态度、宽容的人生态度；强调个人的价值、社会的价值、人类的价值，以及三者的统一，使学生确立对真、善、美的价值追求以及人与自然和谐可持续性发展的理念。情感、态度与价值观既相互联系又具有相对独立性，既有稳定性又有发展的层次性，三者同时构成了课程目标的重要组成部分，并有机地渗透到课程内容中去，有意识地贯穿于教学过程之中，成为教学过程的灵魂。

5. 教学与学习同一

从教学过程来看，教学与学习具有同一性，教师的教是建立在学生的学的基础上的，二者相辅相成，互为前提和条件。教师的教应关注学生的学，转变学的方式首先应转变教的方式。教的方式应引导学的方式的转变并适应转变了的新的学的方式。

学习方式的转变是新课程的显著特征。学习方式的转变是教学观念更新的外在表现形式。改变原有的单纯接受式的学习方式，建立和形成旨在充分调动、发挥学生主体性的学习方式，是基础教育课程改革的核心任务，教与学方式的改变也是课程改革的难点所在。

从理论角度看，教学方式是建立在学习方式基础之上的。从实践角度来看，教学方式引导着学习方式的形成。教与学的同一性必然要求教学方式对学习方式的适应，并不断引导学习方式的变革，以适应未来社会发展的需要。

（三）课程统整的交汇点

在培育核心素养的实践探索中，课程"整合"或"统整"成为课程综合化和促进学生综合素质提高的主要手段，学生学习方式的更新也随之得到更有力的支持。事实上，自主、合作、探究等学习方式也是在课程的"整合"或"统整"中得到发展的。

在课程实施中，我们经常会看到"整合""统合""综合"等词语，它们并无"迥异"，只有"微殊"，但就其实质而言，它们都指向课程结构的调整或课程的组合方式。

有研究者采用"整合"这一概念。"课程整合是使分化了的学校教学系统的各要素及其各成分形成有机联系并成为整体的过程。"这种整合方式打破了同一水平面上的课程结构布局，注重学科内部的纵向衔接和学校之间的横向整合，意在消除因知识壁垒造成的学科中心主义，模糊学科之间的知识边界，促进开放、动态的教学场景生成，在很大程度上缓解了知识在综合化过程中所遭遇的学科结构分化难题[①]。

也有研究者倾向于用"统整"。统整，在字面上理解是将分立的相关事物合在一起或关联起来，使其成为有意义的整体，有连接与整合之意，即将两个或两个以上看起来不相同但相关的概念、事物或现象组成一个有意义的整体。例如，美国学者詹姆斯·比恩（James A. Beane）将"课程统整"定义为

---

① 于翠翠. 课程整合的现实问题与可能途径［J］. 教育理论与实践，2013（34）.

"经由课程设计的统整，以达成经验的统整、知识的统整和社会的统整"，或者称之为"课程统整的四个向度"。今日，人们除保持其原有的内涵之外，还对其进行了一定的发展，将其定位为一种理念指导下的课程组织手段或方式，具体如基于"学习"的本质与"学习者"的需求，将分立的学科贯穿起来，达到更充分有效地教学和整体地学习的目的①。

那么，课程统整有没有一个推动学习者素养形成和学习方式更新的最佳场域呢？众多研究做出了肯定的回答，即"在真实情境中的课程学习"。

我国《面向未来：21 世纪核心素养教育的全球经验》研究报告中有一个发人深省的口号：我们坚信，核心素养的一端支撑的是"健全的人"，另一端联结的是"真实世界"②。

我们必须明确，学习方式只能在特定情境中展开，学习方式是情境的产物，是在情境中生成的。

1. 情境及其特征

我国有的学者在论及"教育情境"时，曾区分"教育环境"与"教育情境"。他们认为"教育环境"更多地指活动主体置身于其间的物质的、外在的、客体的存在对象，而"教育情境"更多地指活动主体所拥有的"文化的、精神的、心理的、内在的、主体的"体验、氛围和人际互动③。我们在谈及课程学习中的"情境"时侧重指具体的教育教学场合，而非宏观的社会、经济、文化环境。前者对人的发展的影响是直接的，后者则需要通过具体的情境间接起作用。情境与通常所说的背景有联系，一般提供关于事件来龙去脉的信息（所谓"背景化信息""情境脉络化"等），比较完整地呈现事件发展的态势，并吸引人进一步理解和处置情境，完成相关任务（所谓"问题情境""任务情境"）。

教育观象极为复杂，教育情境的种类难以尽述，它们之间又是紧密联系

---

①　何永红，龚耀昌. 学校如何设计课程体系：基于课程统整的思考 [J]. 教育科学研究，2014 (3).

②　刘坚，魏锐，等.《面向未来：21 世纪核心素养教育的全球经验》研究设计 [J]. 华东师范大学学报（教育科学版），2016 (3).

③　柳夕浪，张珊珊. 素养教学的三大着力点 [J]. 中小学管理，2005 (9).

甚至互相包容的。"情境"的特征表现为：

其一，与社会现实有紧密的联系。

其二，是复杂的，是一个结构不良领域。

其三，感性因素比较丰富，具有直观性。

其四，内部蕴含主题，具有典型性。

其五，可以反复感知，具有稳定性。

2．情境与素养的内在联系

有研究指出，不同的情境对人的素养发展的影响是不一样的。素养教学改革和研究必须努力揭示情境与素养的内在联系。下列分类维度对相关研究有一定的参考价值。

（1）从情境蕴含的目的和意图分类：认知学习的情境与陶冶性情的情境

认知学习的情境，重在将知识技能嵌入具体可感的情境中，要求学习者进行探究、思考，完成一定的学习任务，实现对知识的掌握与运用，比如：北京市第八十中学设计了"人与生物圈"情境教室，以绿色为基本色彩，展示动植物标本和鸟类生态场景；学生可以通过电脑触摸屏查询信息、获得知识；学校还配置了多媒体教学设备、实验设备和用具以及可随意拼接的桌椅，师生可以在这里开展多种形式的学习和实践活动，如参与小型生态系统的建立和对小动物的饲养、观察等，更加直观、有效地获得有关生物多样性的基本知识。在这个过程中，学习者与情境之间主要是认知与被认知、反映与被反映的关系。

陶冶性情的情境，重在通过创设情真意切的场景，陶冶学生的性情，它是一种"情景交融"的意境。早在 20 世纪 80 年代，特级教师李吉林就从我国古代文论中的"意境"理论中汲取营养，提出情境教学的主张。春天，她带着孩子们去寻找春姑娘的笑脸，观察春雨后的新绿；秋天，她带着孩子们去捡拾落叶，编写《秋叶讲的故事》，循着桂花的芳香寻找桂花，坐在草坪上创作《桂花姑娘》。大自然浓郁的芳香和鲜艳夺目的色彩使师生陶醉其中，流连忘返。在情境教学中，语言学习与观察想象、审美感受等融为一体，反映出中国语文学习的特点，更有利于学生修习涵养。

（2）从素材来源分类：虚拟情境与真实情境

受教学设施及组织管理方式的制约，通常教师设计的课业情境更多的是虚拟或模拟性质的，现在比较常见的是借助网络、多媒体技术设置的模拟情境。比如：上海市风华中学近年来专门研发了拥有自主知识产权的数字化实验系统（DIS），为学生开展探究性实验提供技术支持。这类模拟情境确实为课堂学习带来诸多便利，但它不能完全代替真实情境中的学习。尤其是在人文、社会领域中，模拟虽然逼真，但它终究是虚拟性的，未必能解决现实情境中的真实问题，如同在戏剧里扮演母亲角色与在现实生活中当妈妈不能等同一样。现代学习理论更加强调分析解决现实生活中的真问题、真任务。真实情境中的学习更易激发学生的学习动机与兴趣，也必然涉及价值的分析与判断、选择与践行，更加有利于综合素养的形成。

　　（3）从与学生生活经验联系的角度分类：简单情境与复杂情境

　　简单情境通常问题明确、结构清晰、信息完整，同时与已有知识经验相衔接，是学生所熟悉的。复杂情境正好与之相反，具有相当的挑战性。对学生而言，复杂情境的复杂程度应恰当，既不应是学生完全熟悉的，也不应是他们完全陌生的。问题的实质是什么？需要哪些知识与技能？情境一般不直接告诉学生，而是需要他们自己去找出来，学生有进一步探究、行动的空间。学生要完成这一任务，需要尽可能调动与某种能力有关的知识与技能，特别是那些概念性知识、方法性知识、价值性知识，而不只是事实性知识，它不是对某个规则、公式、法则的简单应用和练习。

3. 学科课程中情境的利用

　　一般来说，真实情境中的课程学习具有跨学科的特点，这在综合实践活动和学校开发的活动课程中表现得特别明显。不可忽视的是，情境在学科课程学习中也有很重要的意义，可以为学科素养靠近核心素养打开一道"门户"。

　　（1）富集课程资源

　　在新一轮基础教育课程改革中，课程资源的开发与利用成为大家关注的问题。课程资源，简单地讲，就是形成课程的要素来源以及实施课程的必要而直接的条件，它包括：要素来源——作用于课程并能成为课程要素的资源，如知识、技能、经验、活动方式方法以及情感、态度、价值观和培养目标等；

实施条件——作用于课程却并不形成课程本身直接来源的资源，如人力、物力、场地、设施、环境等。

（2）获取替代经验

课程内容不可能、也没有必要都与学生的直接经验相对应。人类在长期的社会历史实践中积累起来的文化科学知识，可以通过"替代经验"的获得去理解和掌握。除了了解别人的实践探索事例、感受知识产生的过程、体会追寻真理的艰辛外，还有一种很重要的方法就是提供一种图像或模型素材，唤起学生感性的、直接的经验。

事例点击

看照片学习过去时态

这是一节英语听说课，本节的练习内容是通过观看《走向未来》英语电视节目，学会如何用英语谈论过去，重点练习在口语中过去时的应用。教师并未一上课便打开电视机让学生观看，而是通过投影仪给学生展现一些自己在不同年龄阶段的照片。看到老师真实的成长照片，学生的兴趣顿时来了。不用说，他们急切地想听老师讲讲他的过去。于是，教师便很自然地用英语讲述起了他的成长历程。学生听得专心致志。不知不觉中，第一步——教师演示如何谈论过去已完成，而且比直接看电视更生动有趣，更吸引人。

为了继续引起学生对自己的过去的兴趣，这位教师又给了学生一个向自己提问的机会，即用英语询问老师有关过去的事情。这样，学生在提问时不仅无意中使用了这节课要练习的过去时，而且会觉得用英语交流并没有那么困难。

然后，教师导入"看电视"环节。此时学生不仅已被激发起很大的兴趣，而且对所看的内容也容易听懂并模仿，因为一切都已在老师的演示与指导下实践过一次了。

（3）促使感同身受

情境是一种最广泛的存在，教学情境可以说无处不在。有时，实情实境可以给学生带来一种感同身受的惊喜，平添几分乐趣。这就需要教师从课程意识中突发"灵感"，抓住可能转瞬即逝的课程资源，使之成为学生学习的"触媒"，促进学生对知识的内化和体验。

（4）提供学习诱因

对学习者来说，产生学习行为的诱因是多种多样的。美国心理学家林格伦曾经讲过："最可能的是，个体所做的一切，都是内外两方面许多力量相互作用、相互影响的结果。"因此，他认为，"人类有机体也可以看成是生存在由刺激物所构成的环境中的一个能量系统"。我们在这里谈到的"提供学习诱因"，着重指的是通过对教学情境中"刺激物"的精心安排，激发学生的好奇心、求知欲，使之变成学习的兴趣和要求。这就是苏联教育家巴班斯基所说的内容、形式和方法的"新颖效应"、不同看法的"冲突效应"、出乎意料的"惊奇效应"等。

学习《人类的出现》时的角色模拟

在讲授说明文《人类的出现》时，教师把学生分为五组。第一组为"人类进化博物馆"解说组，负责写解说词，他们在讲人类的出现时，应将各部分内容有机串联起来。第二组为古猿组，要求以第一人称现身说法，写介绍性文字，在课堂上以第一人称做自我介绍。第三、四、五组依次为猿人组、古人组、新人组，要求与古猿组相同。第六、七组为在"人类进化博物馆"参观游览的人们，他们可随时提问，由古猿组等四个组给予解答。

三、　教学改革的关键举措

党的十九大提出要"发展素质教育"，课程与教学改革走向新征程。中国学生核心素养的研究，为我们新时代的教育改革拓宽了视野。

（一）素养培育的教学哲思

1. 人的主体性

综合国际经验以及我国国情和教育实践，构建我国学生发展核心素养，目标需要指向全面发展的人。以"全面发展的人"为根本出发点和最终归宿点，首先必须承认和确立人作为独立生命个体的存在性，即人的主体性。马克思曾经指出，自由的、有意识的活动恰恰就是人类的特性，这是"全面发展的人"的内涵之一。

主体性是人作为对象性活动的主体所具有的本质特征，是作为认识主体的人在处理与外部世界的关系时表现出来的一种功能特性，是主体在作用于客体的活动中表现出来的能动性[①]。

相对于依赖性、被动性、模仿性、简单适应性，主体性作为人的一种特性，集中体现为人的自主性、主动性和创造性。具有主体性的人，能正确认识客观事物，认识自己，掌握规律，改造世界，实现自己的目的。只有培养学生的主体性，才能使他们成为教育认识的主体，促进他们的社会化和个性化，才能真正实现学生生动、活泼、主动的发展。

"主体性"主要涉及自我发展方面的素养，包含身体（生理）、精神（心理）、智能、个性品质等多方面。

2. 人的社会性

"人的本质并不是单个人所固有的抽象物，在其现实性上，它是一切社会关系的总和。"这一科学论断深刻地揭示了"全面发展的人"的另一个内涵，即人的社会性。

对于人性中的社会性，叶澜教授认为，社会性是指人出生以后在社会交往过程中逐渐形成的各种能力与特性。它以自然性为其自身的物质基础，以个人的社会关系、生活方式、职业、政治、社交活动为基本内容，主要表现在人的各种心理品质以及由此构成的个性之中[②]。可见，人的自然性与社会性，在来源上有先天与后天之分，在出现顺序上有初始与后继之分，在内容性质上有自然与社会之分，在载体上有身体与心理之分。然而，这一切都体现在不可分的同一个人身上。核心素养对社会参与的要求正是基于人的社会性提出来的，特别强调交往、对话、合作互动对学生社会性发展的重要意义。

---

① 裴娣娜. 现代教学论：第三卷［M］. 北京：人民教育出版社，2005：1-9.
② 叶澜. 教育概论［M］. 北京：人民教育出版社，2006：186.

"社会性"主要涉及社会交往方面的素养，需要发展能处理好个体与他人、家庭、社会、国家乃至国际等多种社会关系的素养。

3．人的文化性

与动物相比，人的本质还在于其是符号的、文化的，即在于人能够利用符号来创造文化。这揭示了"全面发展的人"的又一内涵，即人的文化性。

"文化"是什么？"文化"在人类学中通常指人类社会的全部活动方式。1871年，泰勒在他的《原始文化》一书中给"文化"下过一个著名的定义："所谓文化或文明，就其广泛的民族学意义来说，乃是知识、信仰、艺术、道德、法律、习俗和任何人作为一名社会成员而获得的能力和习惯在内的复杂整体。"这个定义基本为当今学术界所接受。

文化是人认识世界和改造世界的手段，更是人认识自己、改造自己、发展自己的工具。德国哲学家卡西尔说，文化作为一个整体，是"人不断自我解放的历程"。同样可以说，文化作为一个整体，是一个不断开拓自我的历程。教育既有选择和传递文化的功能，又有更新和创造文化的功能。教育对文化的作用可以归结为两点："使文化代代相传的是教育，开辟文化道路的也是教育。"一个学生如果不能从书本里汲取文明的成果，就难以获得生存的本领，难以成为一个有理想、有道德、有文化、有纪律的新人，他也无法"站在巨人的肩上"，实现他的高远目标。

"文化性"主要涉及文化学习方面的素养，强调发展能学习与传承内含"人类智慧成果"的优秀文化的相关素养。

需要强调的是，"全面发展的人"这一教育目标要求所有学生必须全面、自由、和谐、充分地发展这三类素养。因此，个体的主体性、社会性和文化性虽各有差异，但彼此关联。三者互为补充，相互影响，互相支撑，是一个有机的整体。

（二）以学习为中心的教学理念

学习方式的变革和更新，在当前学校教育的条件下，更多的是在课堂教学的环境中来实现，因此，以学习为中心的课堂教学，正是自主、合作、探索等学习方式得以生成和展开的"用武之地"。

以学习为中心的课堂，是指以学生的学习活动作为整个课堂教学过程的中心或本体的课堂。在以学习为中心的课堂，课堂教学过程的组织要尽可能让学生独立地学习，但教师的教导作用仍然是不可缺少的，只不过教导在教学过程中的地位和功能要进行调整，即要从课堂的本体、目的调整为引起和促进学生能动、独立和有效学习的条件或手段。

我国著名教育家陶行知先生曾提出："先生的责任不在教，而是教学生学。"陶先生鲜明地表述了"以学定教"的思想。教育（特指学校教育）从本质上讲必须是以学定教的，这种本质不因时代、地区的差异而有所区别。教育就是一种有教师参与帮助的学习，教师必须依据学生的学习规律和学习状况安排自己的工作，成为学生学习的帮助者、促进者。学是教的起点，也是教的终点。目前大家所说的以学定教、为学而教或以学评教，其实都是教育本质的必然要求①。特别是在学习型社会建设的背景下，当下的课程改革孕育了"以学习为本"的新动向②，教学始终贯穿着对学习的重视、尊崇和虔敬。

1. 教学应服务于学生的学习

相对于学习而言，教学并非人生的必需元素，因为无论有无教学活动，学习始终在人的一切生活时段与空间中发生着。"有教之学"与"无教之学"之间存在的只是效率的差异。对学习活动而言，教学只是一个必要条件，而非充分条件。学习是人一生的主题，教学只是人生中的一段序曲。

教学的目标是加速学习活动的进程，提升学习的效能，增进学习的深度，优化学习的品质。"学"是"教"永恒的服务对象，一切教学的概念、原理、现象皆根源于学习，都无法与"学"割裂开来。

"为学而教"是教学的内涵。教学只是学生学习过程中的一个附加。教学的一切价值与意义都体现在它对学生学习活动的积极改变所做出的努力中，学习活动的多面性、多层性决定了教学活动的价值指标体系。学习是过程与

---

① 刘次林. 以学定教的实质 [J]. 教育发展研究，2011（4）.

② 曾文婕，黄甫全. 课程改革与研究的新动向：彰显学习为本 [J]. 课程·教材·教法，2013（7）.

结果的统一，目标与行动的复合，动力与智力的交汇①。

2. 学习乃教学的原发性动力

郭思乐教授认为，教学要形成良好的动力体系，必须最充分地依托和发挥人的生命力量，必须找到和拥有教学的原动力，促使原动力更有效地发挥作用。教的原动力是儿童的学习天性，是儿童的学。这是因为学是先发的、本原的、自然的，是教育本体的因素，是最活跃的、多变的目标性因素，是教的目的和归依；而发自外部的教，是后来的和可改变的，是居于助动力地位。因此，解决基础教育问题的关键，是通过把主要依靠教转变为主要依靠学。在某种意义上是通过教育"生产关系"的改变，来实现教育生产力的巨大解放。郭思乐教授提出如下观点：学先于教——学是推动教育教学活动的原动力；学决定教——学是教育的真正主导力量；学成就教——学是教育教学的工作本质和核心；学大于教——学是创造教育教学业绩的根本动力②。

3. 教是为了达到不需要教

我国著名教育家叶圣陶认为，教是为了达到不需要教。他说："凡为教者必期于达到不需教。教师所务，唯在启发导引……展卷而自能通解，执笔而自能合度。"叶先生的意思非常明确，"不需要教"是因为学生有了自主学习和学以致用的本领，即"展卷而自能通解，执笔而自能合度"。这显然是教导我们走"能力为重"的路子。我们都知道，能力总是在活动中表现出来并通过活动不断增强和发展的。学生自主学习和自我发展的能力，只能在学习活动中提高。"教"正是由"学"去达到"不需要教"的，这是教学的真谛，也是教学的目的。

（三）能动学习的教学范式

"能动学习"③是课程与教学论专家提出的一个概念，是学习者彰显"主

① 龙宝新. 为学习而教 [J]. 教育科学论坛，2012 (2).
② 郭思乐. 学校教学的动力分析 [J]. 课程·教材·教法，2008 (1).
③ 钟启泉. 能动学习：教学范式的转换 [J]. 教育发展研究，2017 (8).

体性"、"协同性"、能动地参与学习的教学方式的总称。"能动学习"的基本理论是以学生的高度参与为特征的"有意义学习经验"的理论。钟启泉教授特别强调，从某种意义上说，"能动学习"即"深层学习"，或者说，实现"深层学习"是提升能动学习型教学的策略。他还列出深层学习与浅层学习的特征。

深层学习与浅层学习的特征

深层学习	浅层学习
在既有知识与经验的基础上展开思考与链接 探索范式与重要原理 持有根据，做出结论 关注逻辑与议论，进行批判性探讨 领悟在学习中成长的真谛 极其关注学程的内涵	把学程视为知识点的堆积 死记硬背，照本宣科 一旦出现新的思考，觉得难以理解其意涵 不求甚解，不去追寻学程的任何课题的价值与意义 得过且过，不体现学习的目的与战略 感到负担过重，忧心忡忡

他提出，从能动学习的目标可以引申出能动学习的实践需要三大要件：探究性学习、协同性学习、反思性学习。所谓学习活动的指导，无非就是让儿童理解、思考、判断，以小组学习的方式达成课题，觉悟到自身的变化（成长）。

1. 能动学习是探究性学习活动

思维，唯有在"探究"这样一种具体的情境中才能活跃地发挥作用。在能动学习中儿童通过"质疑、思考、判断"这样一种情境化的探究学习活动，培育建构探究的"质疑、思考、判断、传递"等思维能力。因此，教师不是把教学视为"了解、记住"的过程，而必须是构成理解、思考、判断的过程，必须是这种有情境的探究性的学习活动，即便是"知识、技能"，也是通过这种探究学习活动必然地在运用过程之中习得的。

其一，要培育儿童的探究能力，就得积累基于"精密编码"的对话的经验。伯恩斯坦（B. Bernstein）论述了中等阶级儿童与底层阶级儿童之间存在的文化背景的差异，揭示了两种家庭的亲子之间对话结构的差异。他把前者称为"精密编码"，把后者称为"限定编码"。

① 精密编码

亲：早点儿睡吧。

子：为什么？

亲：不早点儿睡，明天上学就要迟到了。今天你不是赖床了吗？

子：明早我一定按时起床。我想再读一会儿书，可以吗？

亲：那好，你自己把控，别忘了关灯。

② 限定编码

亲：早点儿睡！

子：为什么？

亲：别啰唆！让你早点儿睡就早点儿睡！

后者的"限定编码"的对话结构是权威性命令式的、习惯性的，对话在亲子之间是不可能发展性地持续下去的。儿童的思考被家长的权威性、命令式和习惯性封闭了，被服从的方式切断了。儿童会陷入以下状态：①不会思考学习课题；②不能洞察教师的意图与课题的旨趣，不能把自己的思考与不懂之处适当地告诉教师；③对完成课题缺乏积极性与自信。这样，其在学习活动中就处于不利的地位。

"精密编码"的对话结构中亲子之间的对话像接球那样持续地发展，儿童的思维得以精密地展开，可以形成如下能力：①质疑、被问、推察、解释、预想、想象、判断、决策等探究性思维能力；②从对方的表达洞察对方所想表达的内容以及根据对方的表达方式来说明自己所想表达的内容的沟通能力；③自己决定自己的行为、负责任地监控自己的行为的能力。所以，对于学校教育与课堂教学而言，应该借助展开精密编码的对话的经验，消弭客观存在的家庭文化背景之间的差异。

其二，要培育儿童的探究能力，就得把学习活动同具体的生活经验联系起来，借助学科群或跨学科的"综合学习活动"，使儿童能够切实感受到学习活动的目的、方法，提升学习活动的可视性，也提升自我能力成长的可视性。这是一种儿童自身思考与情感强烈参与的真正的学习，同传统的学习活动形成了鲜明的对照。

2. 能动学习是协同性学习活动

能动学习是儿童以小组学习的方式致力于课题达成与问题解决的协同性学习活动，也就是说，这是通过相互交流，从而建构课题，达成问题解决的新知识与见解的"最优解"的学习活动。能动学习就是培育这种沟通能力、参与建构新的意念的活动，并贡献自己的主张的一种教学范式。学习活动不是在各个儿童的头脑中各自借助孤立的作业实现的。教师必须以小组的方式，通过沟通协同活动来建构，从某种意义上说，就是引出儿童集体的教育力。如何更好地发挥儿童集体的教育力，是教师作为学习指导者如何发挥专业作用的课题。

能动学习就是在儿童之间自主地开展共同活动，是儿童一起思考的学习活动。因此，教师必须从"背靠黑板向儿童单向传递知识"转变为主讲者与对话内容的审批者。教师对学习活动的指导是对儿童集体的指导。在这里，教师需要琢磨一系列的教学指导行为。

（1）倾听

儿童倘若不能倾听同学的发言，儿童之间自身的主体性的沟通就不可能产生。所谓"倾听"，不是被动性的观念，而是能动地听取——倾听者必须同发言者一道思考、帮助发言者思考。

（2）议论

议论是激活儿童设定质疑、思考判断的一种自主性探究。在议论中，儿童自主性、主体性的协同关系也就开始了。一旦禁止了议论，儿童就不会再倾听，心理活动也就戛然而止，不再思考，成为课堂的"客人"。这样，儿童之间展开"质疑、思考、判断"的协同探究是不可能产生的。一个儿童的议论往往会引出众多儿童的议论，学习活动或许一时会处于脱轨状态，但这种脱轨状态是能动学习的雏形。在这期间儿童自由地交谈，获得赞许之后自然会回归原本的话题。在这里，教师的指导力表现在激励儿童一起质疑、思考判断，就像儿童自身发现了新的知识与技法那样，引导学习活动顺利展开。教师指导的方向应当是引出儿童的议论，提升反应的品质。

（3）洞察

所谓"洞察"，是通过沟通理解他者的意义世界，从他者的经验中学习。

沟通能力就是从他者的经验中得以学习的能力。

3. 能动学习是反思性学习活动

能动学习是儿童在进行探究性、协同性学习时展开的。在这个过程中，伴随着与伙伴的高密度的沟通。也就是说，在能动学习中，自主性、主体性、探究性、协同性的学习活动产生着关于学习课题的高密度的意识流。不过，即便有高密度的意识流，思考是如何发挥作用的，知识是如何活用的，沟通是如何展开的，观念是如何发展的……仍然处于未梳理的原始状态。因此，有必要对这个过程中思考的概念、运用的知识、展开的沟通等进行反思，展开一番梳理。这样，这个活动才能作为一种学习经验加以建构，才有可能向下一步的学习活动延伸与发展。因此，在能动学习中，一节课或整个单元终结时需要有个反思的过程。

所谓"反思"，就是对学习活动中自己思考的内容与思考的方法进行反省。比如，学到了什么？是怎样学习的？

能动学习不是单纯的教学方法与形态，而是教育的原理与基础。在"探究性、协同性、反思性"的能动学习实践中，儿童借助自身的努力，不断拓展交互作用的世界，不断丰富新的意义世界，同时伴随着自身个性的成长。

从对现成知识的死记硬背走向自主地思考与建构知识，或者说从"记忆者"教育走"思考者"教育，这是一种大转变。在这里，教学不是教师向学生传递知识的单向型教学，而是师生之间、生生之间对话协商的双向乃至多向型的教学；教师的作用不是"灌输知识"，而是"促进学习"。这就回归了教育的本质。

四、　学习方式的变革诉求

在一个知识激增、信息资源极大丰富和获得手段十分便捷的时代，以被动接受和积累存贮为目的的学习已经越来越不合时宜。在我们今天这样一个终身学习的时代，让学生超越因袭与传承的樊篱，改变以被动接受为主的学习方式，成为主动获取与创造知识的策略型学习者，成为具有创新精神和实践能力的人才，是我们在课程改革中必须面对的重大课题。

我国正在全面推进的素质教育要求我们改变学生原有的单一、被动、陈旧的学习方式，建立和形成旨在充分调动、发挥学生主体性的多样化的学习方式，促进学生在教师指导下主动地、富有个性地学习，把学生培养成生气勃勃的富有创造活力的高素质的社会主义建设者和接班人。这就使得引导学生转变学习方式成为课程与教学改革的核心任务。

新课程强调以对创新精神和实践能力的培养为重点，力图通过建立课程标准、设置综合实践活动课程、强化信息技术教育、改革教材及考试与评价制度等一系列举措，提倡、引导并促进学生建立新的学习方式。

（一）学习方式的界说

学习方式是一个至今人们仍没有形成一致认识的概念。正如托马斯·贝勒（Thomas Bello）所说："有多少理论家就存在多少种学习方式的定义。"按照多数学者的意见，学习方式指学生在完成学习任务的过程中基本的行为和认知取向。学习方式不是指具体的学习策略和方法，而是学生在自主性、探究性和合作性方面的基本特征。也就是说，它是学习者在完成学习任务时在认知和行为上所乐于采取或习惯于运用的一种选择性倾向，一种带有个人特点的"风格"，一种偏好。

学习方式较之于学习方法是更为上位的东西，二者类似于战略与战术的关系：学习方式相对稳定，学习方法相对灵活；学习方式不仅包括学习方法及其关系，而且涉及学习习惯、学习意识、学习态度、学习品质等心理因素和心智力量。所以，学习方式的转变对促进学生发展更具有战略性的意义。学习方式涉及学生学习活动最重要的三个方面：

- 动机与态度倾向　　被动→主动→自主
- 教学方式偏好　　　接受→探究
- 社会环境选择　　　个人（单独）→同伴（合作）

我国学者曾分析相关的文献，认为学习方式有如下三个特点①。

1. 学习方式是教学过程中的基本变量

温尼（P. H. Winne）等人在教学模式研究中列出了"学生信息处理方式"的变量，舒尔曼（L. S. Shulman）在教学研究纲要图中列出了"学生的思想、感受和意义"这一重要变量，卡彭特（T. P. Carpenter）等人的研究模式则列出了"学生的认知"等变量。随着对课堂学习的研究不断发展，研究者愈来愈发现学生的学习方式已经成为教学研究的一个重要组成部分。

2. 学习方式是一个组合概念

美国学者纽曼（F. M. Newmann）从学生的活动方式角度出发，认为学习方式是指学生在教学活动中的参与（Engagement）方式。研究者在研究学生学习方式的概念时，往往根据自己的研究角度，把学生的学习方式作为一个组合概念，看作行为参与、情感参与或认知参与方式及社会化参与的有机结合。其中学生的行为方式是载体，认知和情感因素表达了学习方式的实质内涵。学生学习方式的改变意味着要改变学生的学习态度、学习意识和学习习惯。

3. 学习方式反映了学生在完成认知任务时的思维水平

学生学习中存在不同的思维水平，这些思维水平与认知任务的要求有关，这些认知任务的要求可以通过教材体现出来。教学内容的认知任务和实际教学活动大致可以分成三类：第一类，记忆操作类的学习，如操练简单计算等；第二类，理解性的学习，如学生听教师讲授，理解了一个公式；第三类，探索性的学习，如学生经过自己的探究，得出结论。学生学习的思维层次和教师的教学法有关。

我国研究者指出，学习方式就是人们在学习时所具有或偏爱的方式，即学习者在研究解决其学习任务时所表现出来的具有个人特色的方式。学生的学习方式包括许多方面，如：有的学生较为冲动，而有的学生较为慎重；有的学生不管同伴怎样想，自己做出决定，而有的学生依赖于教师或伙伴的指

---

① 钟启泉，崔允漷，张华. 为了中华民族的复兴　为了每位学生的发展 [M]. 上海：华东师范大学出版社，2001：248-249.

导；有的学生喜欢独立学习，而有的学生喜欢在小组中学习；有的学生善于通过"听"来学习，而有的学生喜欢通过"做"或"读"来学习。典型的学习方式包括整体型与系列型、场独立型与场依存型、沉思型与冲动型等不同的类型。"稳定而独特"是学习方式的本质属性（本质特征）。"稳定"指学习方式在长期学习过程中逐渐形成，很少因学习内容、学习环境等因素的改变而变化。"独特"指学习方式在学习者生理结构及其机能的基础上受到特定的家庭、教育和社会文化等因素的影响，通过个体自身长期的学习活动形成，具有鲜明的个性特征，因人而异。

学习方式的具体阐释

什么是学习方式（learning styles）？这要从学习方法（learning methods）谈起。学习方法是指为使学生掌握学习内容、达到教育目标而进行的学习活动的类型、程序、策略、途径和手段等的总和。凡是如何进行学习活动的问题，都是学习方法的问题。学习方法可以从理论方面和实践操作方面来看，从理论上可称为学习方法论，以这个"论"字来作为理论的标志；从实践操作方面来看，包括宏观层次和微观层次，宏观层次即学习方式，微观层次即具体的学习方法。也就是说，学习方式是学习方法的宏观层次。

对于学习方式，可以下这样一个初步定义：学习方式是指学习活动的形态和操作范型。也就是说，学习方式是指要求学生进行哪些形态的活动，对于每一种形态的活动采取怎样的操作范型。这里的"范型"也是个宏观层次的术语，主要指学习活动的总体的操作程序和操作策略。例如，针对一定的学习内容，是采取接受学习的方式，还是采取发现学习的方式？是采取独立学习（包括自主学习和个别学习）的方式，还是采取非独立学习（包括教下学习和集体学习、合作学习等）的方式？发现学习采取怎样的操作策略？

为了更深入地理解学习方式的概念，我们需要把握学习方式概念的核心。那么，学习方式概念的核心是什么呢？1991 年出版的《国际课程百科全书》中"课程的组成部分"词条中，对应于本章中"学习方式"的术语是"执行模式"，该词条说："对执行模式的影响在强调以教师为中心和以学生为中心之间摆动。"从这一阐述及有关的课程理论与实践来看，学习方式的核心乃是学与教的关系。这是因为，学习活动有自主学习（即相对地独立于教师的教的学习，是独立学习的一种）和教下学习（即在教师教的情况下进行的学习），以及介于此两者之间的学习，学习方式的选择最根本的是在自主学习与教下学习以及位于此两者之间的各种学习活动中做出选择，也就是要在学与教的关系上做出选择。就学校学生而言，无论哪一类学习活动，都总是与教师的教存在着不同程度的关系。不同学习活动的根本区别，在于学与教的关系上的区别。

（二）现代学习方式的基本特征[①]

转变学习方式从根本上说就是要从传统学习方式转向现代学习方式。

传统学习方式把学习建立在人的客体性、受动性、依赖性上，从而导致人的主体性、能动性、独立性不断销蚀。转变学习方式就是要转变这种他主性、被动性的学习状态，把学习变成人的主体性、能动性、独立性不断生成、张扬、发展、提升的过程。这是学习观的根本变革。学习不是一种异己的外在的控制力量，而是一种发自内在的精神解放运动。但是现代学习方式不是特指某一具体的方式或几种方式的总和。从本质上讲，现代学习方式是以弘扬人的主体性为宗旨，以促进人的可持续发展为目的，由许多具体方式构成的多维度、具有不同层次结构的开放系统。

现代学习方式具有以下五个基本特征。

1. 主动性特征

这是现代学习方式的首要特征，其表现为"我要学习"。它强调教师要培养学生内在的、直接的学习动机，使学生越学越想学、越爱学，学习变成了学生生活中的最大追求。同时，学生认识到学习与自己的生活、生命成长密切相关，认识到学习不仅是一种乐趣，更是一种义务和责任。

---

① 朱慕菊. 走进新课程：与课程实施者对话 [M]. 北京：北京师范大学出版社，2002：133-134.

2. 独立性特征

这是现代学习方式的核心特征，其表现为"我能学会"。它强调教师要相信每一名学生身上都隐藏着发展的巨大潜力和能量，都具有很强的学习潜在能力。教师的责任就是要把这种潜在的能量和能力开发出来。尊重学生学习的独立性，鼓励学生独立学习，并创造机会让学生独立学习，逐步培养学生的独立学习能力。

3. 独特性特征

每一名学生都具有自己独立认识世界的方式、态度，也有着不同的精神世界和内在感受，也就是说，学生在学习的方式上存在着个性差异。教师的责任就在于承认差异，尊重差异，根据差异因材施教，把差异看成一种客观存在的并很有价值的教育资源。

4. 体验性特征

这是指学生在参与认识的过程、获得直接经验的过程中所产生的情感和意识。体验给知识注入生命，因为有了体验，对知识的学习就扩展到更深层次的心理的范畴。学习的过程同时是一个人身心发展和人格形成的过程。为此，新的教育方式注重让学生参与，强调让学生去感知、去操作、去实践、去思考，获得最直接的个人经验，并通过交流、合作，互相启发，互相交流，达成共识。

5. 问题性特征

人类的进步与发展都是从问题开始的，"提出一个有价值的问题，比解决一个问题更重要"。问题是生长新思想、新方法、新知识的种子。感知只能获得直接经验，产生的问题才是促使学生探究、学习的根本原因。没有问题就不能真正诱发学生的学习求知热情，学生也就不会深入地进行钻研和思考。由此可见，问题产生于实践，它是诱发学习的真正动力。教师要善于让学生在感知中观察、思考、提问，多问几个"为什么"，帮助学生形成问题意识，在教学设计中抓住"问题"这一线索，设计环环相扣的问题，引发学生积极进行思考、探究。

以上只是从不同的侧面阐述了现代学习方式的特征，它们是一个有机联系、不可分割的整体，教师要从全局的高度予以把握，领会其精神实质，从而修正自己的教学方式，达到改变学习方式的目的。

（三）转变学习方式是基础教育课程改革的重点

《基础教育课程改革纲要（试行）》提出：教师在教学过程中应与学生积极互动，共同发展，要处理好传授知识与培养能力的关系，注重培养学生的独立性和自主性，引导学生质疑、调查、探究，在实践中学习，促进学生在教师指导下主动地、富有个性地学习。教师应尊重学生的人格，关注个体差异，满足不同学生的学习需要，创设能引导学生主动参与的教育环境，激发学生的学习积极性，培养学生掌握和运用知识的态度和能力，使每个学生都能得到充分的发展。纲要强调，要倡导学生主动参与、探究发现、交流合作的学习方式，注重学生的经验与学习兴趣，改变课程实施过程中过分依赖教材、过于强调接受学习、死记硬背、机械训练的现状。本次课程改革的重点之一就是要让学生的学习产生实质性的变化。

1. 转变学习方式实质上是教育价值观、人才观和培养模式的变革

学生的学习方式一般有接受和发现两种。在接受学习中，学习内容是以定论的形式直接呈现出来的，学生是知识的接受者。在发现学习中，学习内容是以问题的形式间接呈现出来的，学生是知识的发现者。两种学习方式都有其存在的价值，彼此是相辅相成的关系。但是传统学习方式过分突出和强调接受与掌握，冷落和忽视发现与探究，从而在实践中导致了对学生认识过程的极端处理，使学生学习书本知识变成仅仅是直接接受书本知识（死记硬背书本知识即为典型），学生学习成了纯粹被动地接受、记忆的过程。这种学习限制人的思维和智力，摧残人的学习兴趣和热情，不仅不能促进学生发展，反而成为学生发展的阻力。转变学习方式就是要改变这种状态，把学习过程中的发现、探究、研究等认识活动凸显出来，使学习过程更多地成为学生发现问题、提出问题、分析问题、解决问题的过程。强调发现学习、探究学习、研究性学习因而成为本次教学改革的一个重要特征。

2. 转变学习方式的旨意是实现学习方式的多样化

学习方式作为学生稳定地表现出来的学习倾向与学习策略的总和，其本身是很难说有好与坏的区分的。比如说"接受性学习方式"，在学生需要高效地获得某些系统的事实性知识时，它也是有用的。学习方式变革的关键在于使用的对象、时间、场所和适用范围的选择，在于为什么样的目的服务，在于是否视其为唯一。

从学习方式对学生的影响来看，学生素质的发展是整体的和多方面的，学生多方面素质的发展是在多样化的学习方式和学习活动中实现的。对学生素质发展多方面的价值取向客观上决定了学生学习方式的多样化。尤其是在当前这种学生多样化需求、多样化发展、多样化课程结构和内容的背景下，学生学习方式的多样化是必然的。教师的责任在于，帮助学生正确认识各种学习方式的合理性和局限性，帮助学生处理好接受式学习与发现式学习、探究式学习的关系，个体学习与合作学习、班集体学习的关系，为每个学生的学习和需求提供咨询与帮助，引导每个学生找到适合自己的学习方式。除此之外，在信息技术日益发展、给人们的生活和学习日益带来诸多便利的条件下，教师要引导学生学会正确使用和利用信息技术，在资源开发、信息利用、课堂整合等方面为自己的终身学习和发展服务。

我国中小学生的学习方式亟须改变

教育部基础教育司调查专家组在《九年义务教育课程方案实施状况的调查报告》中指出，我国义务教育目前的教与学的方式以被动接受式为主要特征。

具体表现为：教学以教师讲授为主，很少让学生通过自己的活动和实践来获得知识与得到发展；以学生查阅资料、集体讨论为主的学习活动很少；教师经常布置的作业多是书面习题或阅读教科书，很少布置如观察、制作、实验、读课外书、社会调查这一类实践性作业；学生很少有机会根据自己的理解发表看法与意见，课堂教学在一定程度上存在着"以课堂为中心、以教师为中心和以课本为中心"的情况，忽视对学生创新精神和实践能力的培养。

这种单一被动的学习方式使学生感到学习索然无味。

孔企平等曾经对上海市 500 多名小学五年级的学生进行过一项研究[①]，结果表明：学生参与课堂教学的方式影响了学习结果。单纯的行为参与方式并不能促进学生高层次思维能力的发展，只有以积极的情感体验和深层次的认知参与为核心的学习方式，才能促进学生的包括高层次思维在内的全面素质的提高。由此看来，学生的学习方式对学生的学习结果具有决定性的影响。如果我们要发展学生的创新思维，就必须改善学生的学习方式。

转变学生的学习方式对目前进行的素质教育具有重要的现实意义。单一被动和陈旧的学习方式已经成为影响素质教育在课堂中推进的一个障碍。实际上，一部分学生虽然通过了考试，甚至成绩优良，但并没有完全具备我国教育目标所要求的和 21 世纪公民所需要的素质。研究者尖锐地指出，在可贵的高分下隐含着危机。因此，改变学生这种被动单一的学习方式是课程改革中一项迫切的任务。

（四）学生学习方式转变的必要条件

学生学习方式是在学习者生理结构及其机能的基础上，受特定的家庭、学校、社会文化影响，通过自身长期的学习活动而逐步形成的，主客观方面的多种因素交互作用使学生的学习方式一旦形成就具有相对稳定的特点。那么，从学校教育的角度讲，应当创造哪些最主要的条件，才能促进学生的学习方式有实质性的变化呢？

1. 改革教师的教学方式

教学过程是师生的双边活动，学与教是互动且不可分割的过程，教师的"教"和学生的"学"只有相互适应，才能取得好的教学效果。在教学过程中所采用的方式方法，从教师的角度讲是教的方法，从学生的角度讲是学的方法。某些方法为教师所偏爱，不管教学内容、教学对象的变化而表现出持续一贯的稳定性和个性特点，则称为教学方式。所以，有研究者将学习方式界

---

① 孔企平. 小学数学教学的理论与方法 [M]. 上海：华东师范大学出版社，2002.

定为学习者对一种或若干教学方式的偏爱，也是合情合理的。为了转变学生的学习方式，教师应当认真分析学生的个体差异，采用适当的策略，使学生能获得最佳的发展。

教学方式与学习方式的匹配策略与错位失配策略

教育和教学方式是影响学习方式形成、完善以及改变的重要因素。有效的教学应能充分发挥、发扬学生学习方式的长处与优势，弥补其劣势和不足。因此，根据学习方式制订的因材施教策略可分为两类：一是与学习方式的长处或学习者所偏爱的方式相一致的匹配策略，二是针对学习方式中的短处或劣势采取有意识的错位失配策略加以弥补。

匹配策略对知识的获得直接有利，它能使学生学得更快、更多，但无法弥补学习方式或机能上的欠缺。例如，偏爱独立学习的学习者在独立学习时能够集中注意力进行记忆、思维等认知活动，学习效率高。如果与他人结伴学习或进行小组学习，他们却可能因认知过程受到干扰而降低学习效率，出现"社会干扰现象"。喜欢小组学习的学习者在与其他同学一起学习时，则往往因为受益于相互激励、互相启发而取得较好的学习效果，表现出"社会促进作用"或结伴效应。因此，教师应该识别并帮助学生客观地认识自己所偏好的学习方式。对于学习方式不同的学生，教师应均衡地实施匹配策略，以使每一类学生均有机会按自己偏爱的方式接受教学的影响，避免只对一种学生实施过度的匹配而忽视其他学生的需要。

有意识的错位失配策略在一开始虽然往往会在一定程度上影响知识的获得，表现为学习速度慢、学得少，学生难以理解学习内容等，但它的特殊功效能弥补学习方式或机能上的欠缺或不足，使学生心理机能的各方面均得到发展。例如，对于偏好独自学习、不善交际的学生，教师应鼓励其积极投入小组学习活动，学习、实践与他人合作、交流与表达；以掌握动作技能或智慧技能（又称程序性知识）为目的的学习任务要求不喜欢动手操作的学生也一定要亲自操作，以确保学习质量。因此，教师应采用有意识的错位失配策略鼓励学生以灵活多样的方式学习，使他们适应不同的学习任务和学习情境。

在新课程实施的条件下，为了帮助学生习得新的学习方式，教师应当从四个方面调适自己的教学方式①。

（1）教师要明确自己的职责

教师在教学中有如下四个方面的职责：

· 帮助学生检视和反思自我，明了自己想要学习什么和获得什么；帮助学生寻找、搜集和利用学习资源；帮助学生设计恰当的学习活动。

· 帮助学生发现他们所学东西的意义。

· 帮助学生营造和维持学习过程中积极的心理氛围。

· 帮助学生对学习过程和结果进行评价，并促进评价的内在化。

（2）教师要重新认识教学和教学过程

教学的目的在于帮助每一名学生进行有效学习，使之按自己的方向得到尽可能充分的发展。教学以促进学习的方式影响学习者的一系列行为，但应更多地将其视为一项人际互动的过程。那种通过严格程式化的规则、过程、步骤进行监控的系统方法并不适合这项工作。教学过程由以下事件构成：

· 引起注意和唤起学习者的学习需要。

· 就教学要达到的目标形成共识。

· 激活学习所必需的先前经验。

· 规划学习领域并提供适当的学习资源。

· 引出作业并适时提供作业正确性的反馈。

· 促进保持和迁移。

（3）教师要认真分析学生在何种情形下学得最好

我们不妨思考一下"在何种情形下学生学得最好"这样一个问题，这对于我们如何在课堂中落实自主学习、合作学习与探究学习将很有帮助。我们认为在如下情况下，学生有可能学得最好：

· 当学生有兴趣时。

· 当学生的身心处于最佳状态时。

---

① 钟启泉，崔允漷，张华. 为了中华民族的复兴 为了每位学生的发展［M］.上海：华东师范大学出版社，2001：266-269.

- 当教学内容能够用多种形式来呈现时。

- 当学生遇到理智的挑战时。

- 当学生发现知识对个人的意义时。

- 当学生能自由参与探索与创新时。

- 当学生被鼓舞和被信任能做重要的事情时。

- 当学生有更高的自我期待时。

- 当学生能够学以致用时。

- 当学生对教师充满信任和热爱时。

（4）教师要合理采用教学策略

教师的教学采用如下策略，将有助于增进教学的效果：

- 帮助学生确立能够达成的目标。

- 教学方式服务于学生的学习方式。

- 密切联系学生的生活世界。

- 激励学生完成富有挑战性的任务。

- 及时反馈，建造沟通的桥梁。

- 不要限制学生思考的方向。

- 帮助学生发现知识的个人意义。

- 强调理解而非死记结论。

- 经常提示本课程与其他课程的关联。

- 引导学生创设融洽和谐的学习氛围。

- 勇于承认自己的过失或错误。

2．教材呈现方式的变化

教材的呈现方式是教材编写要研究的问题，同时是教师需要考虑的在教学情境下以什么方式向学生展示教学内容的问题。《基础教育课程改革纲要（试行）》中指出："教材改革应有利于引导学生利用已有的知识与经验，主动地探索知识的发生与发展，同时应有利于教师创造性地教学。教材内容的选择应符合课程标准的要求，体现学生身心发展的特点，反映社会、政治、经济、科技的发展需求；教材内容的组织应多样、生动，有利于学生探究，并提出观察、实验、操作、调查、讨论的建议。"这是对教材编写的要求，也为教师凭借教材进行教学指明了方向。当新课程进入实施阶段并根据国家课程标准为广大师生提供大批新教材的时候，教师如何更新观念、创造性地使用教材，如何按照新课程的改革目标变革教材的呈现方式、促进学生学习方式的转变就成为相当具体的问题了。

为了促进学生习得新的学习方式，教师应在认真研究教材和科学组织教材的基础上，充分利用现代信息技术，讲求教材呈现方式的多样化，改变过去那种以"现成结论"呈现的方式，充分注意让学生感受和理解知识的产生与发展的过程，使学生能通过整合自己已有的知识和经验，借助自己的活动，积极地建构教材的内在意义。其主要的方式有：

- ·新旧知识相互作用的策略。
- ·"先行组织者"策略。
- ·素材提示策略。
- ·问题研究策略。
- ·情境蕴含策略。
- ·活动展现策略。

3．开发利用课程资源

课程资源是教育资源的重要组成部分，是课程系统中物质、能量和信息等结构元素的源泉，是课程实施中富有潜能的内容系统和活动支持系统，是课程实施得以高效开展的依托和保证。学生学习方式的变革是新课程中最重要、最核心的任务，它必然要求学校和教师在内容材料、物质设备等方面提供支持与保证。无论是课堂内的问题性学习与自学辅导、课外开展的综合实践活动与自我计划的学习，还是计算机辅助教学与网络条件下的学习，都需要寻求新的活动载体，获取新的信息资料，得到新的物质支撑。因此，开发和利用各种促进学生自主、探究、合作以及体验学习的课程资源也就成了转变学生学习方式的重要条件。

从最广泛的角度来看，我们试图带给学生的和学生体验到的一切都是课程，凡是为学生的成长发展活动所开发与利用的物质的、精神的材料与素材都是课程资源，如图书资料、音像资料、风俗习惯、文史典故、名胜古迹、自然风光、与众不同的人和事（如独特的个性、卓越的创新、超常的表现）等。一所学校课程资源的丰富程度取决于所在地区的历史与文化积淀、人口素质以及经济与社会的发展水平。积极开发与利用多种多样的课程资源对于密切学校与社会的联系、密切教育与学生生活的世界的联系、优化教育资源的配置、提供给学生尽可能优越的成长环境都有着重要的价值。就转变学生的学习方式而言，课程资源的开发和利用不仅是促进这种转变的支持系统，而且开发和利用课程资源本身也是转变学生学习方式的活动的一部分。

开发利用课程资源，促进学生转变学习方式，要特别注意校本课程的建设。校本课程是文化民主化的重要标志，也是落实教育民主化的重要途径。它对于学校办出特色，满足不同经济、文化发展水平地区的需要，向学生提供最适切的教育，以便使他们能获得最满意的发展，有着重要的价值。校本课程对于学生理解自身的生活、贴近最直接的生活、走进现实生活本身，从而采用最具有实际意义的学习方式解决问题，其作用也是不可低估的。

4. 增强学生主体意识

学生学习方式的转变，最重要的内在条件就是学生主体意识的觉醒。学生是学习的主体、自我发展的主体，学生学习方式变革的过程其实就是他们主体意识和自我发展意识逐步增强的过程。学生的学习积极性、主动参与的行为、超越与创新的精神、自我监控与自我调节的意识等，既是学生学习方式转变所必需的内在要素，又是学生学习方式转变的标志和结果。因此，教师要通过情境的创设、反馈的调节，增强学生的主体意识，使他们自觉地、主动地习得新的学习方式。

学生的主体性及其基本的特征[①]

主体性是一个对象性范畴，只有在对象性关系中才能获得自身的规定，并通过主客体之间的相互作用才能具体表现出来。所谓学生的主体性，是指在教育活动中，作为主体的学生在教师引导下处理同外部世界关系时所表现出来的功能特征，具体表现为选择性、自主性、能动性和创造性。

---

① 张天宝. 主体性教育［M］. 北京：教育科学出版社，2001：21-29.

1. 选择性

学生在教育活动中的选择性突出地表现在学习对象（客体）的选择上。同时，学生对外界信息的接收、加工、整合和改造也都是有选择的，都要进行过滤、筛选和优化组合。学生选择的正确与否对学生的身心发展有着重要影响。学生的选择必须按照学校教育目标的要求，在教育的现实条件和可能性之中进行选择。学生的选择性特征要求教育活动应满足以下两个条件：一是要适应学生的认识和实践能力，二是能满足学生个人的主体需要。

2. 自主性

学生在教育活动中的自主性首先表现在具有独立的主体意识，有明确的学习目标和自觉积极的学习态度，能够在教师的启发、指导下独立地感知教材、学习教材、深入地理解教材，把书本上的科学知识变成自己的精神财富，并能够运用于实践。其次，学生还能够把自己看作教育对象，对学习活动进行自我支配、自我调节和控制，充分发挥自身的潜力，并利用内、外两方面的积极因素，主动地去认识、学习和接受教育影响，积极向老师质疑、请教，要求答疑，相互研讨，以达到自己所预期的学习目标，这在学生的自学活动中表现得尤为突出。

3. 能动性

所谓能动性，是指主体在对象性关系中自觉、积极、主动地认识客体和改造客体，而不是被动地、消极地进行认识和实践。学生在教育活动中的能动性首先表现在能够根据社会的要求积极参与教育活动，并以此作为自己今后学习的努力方向；其次，能以自己已有的知识经验、认知结构和情意结构去主动地同化外界的教育影响，对它们进行吸收、改造、加工或加以排斥，使新、旧知识进行新的组合，从而实现主体结构的建构与改造。

4. 创造性

如果说能动性的实质是对现实的选择，那么创造性的实质则是对现实的超越。创造性是以探索和求新为特征的，它是个人主体性的最高表现和最高层次，是人之主体性的灵魂。所谓创造性，包含两层含义。一是对外在事物的超越，主体通过变革和改造旧事物，产生新颖的、独特的新事物，它常常与改革、发明、发现联系在一起。二是对自身的超越，对学生的学习而言，其创造性不限于首创前所未有的新知识、新见解，而应包括以下更多的内涵：在学习上能举一反三，灵活运用知识；有丰富的想象力，喜欢出"新点子"和解难题；爱标新立异和发表与别人不同的见解；善于利用所学的知识解决日常生活中遇到的各种问题及喜欢小发明、小制作、小设计等。也就是说，创造性这个概念不仅与学生的学习活动及结果相联系，更重要的是指向学生主体的品质、特征和属性。

（五）学习方式更新的重要意义

学习方式对个体发展和文化发展都具有重要的意义。

1. 对个体发展的意义

学习方式是影响个体发展的一个重要因素。个体发展的根本途径之一是学习活动，而学习活动总是以一定的方式进行的，方式不同的学习活动对个体发展的具体作用也各不相同。一般来说，学习方式对个体发展的意义表现在以下三个方面。

第一，学习方式是决定学生学习成绩的重要因素。1991 年出版的《国际课程百科全书》在"课程的组成部分"词条中解释"执行模式"时说："执行模式被认为是学生成绩的主要决定因素，特别是由于它们影响学生的态度及其对内容的掌握。"这里的"执行模式"的作用相当于学习方式的作用。我们认为，虽然学习方式不是决定学习成绩的唯一因素，但完全可以被认为是最重要的因素之一。学生要掌握一定的学习内容，就必须借助于一定的学习方式，不同的学习内容要求有不同的学习方式，学习方式是否适合直接决定着学生的学习成绩的优劣。例如，对于需要理解的学习内容——大多数的学习内容都是需要理解的，用意义学习方式的效果会很好，用机械学习方式的效果则会很差；对现成知识的学习，以接受学习方式效果为佳，而用发现学习方式的效果相对较差。

第二，学习方式是影响学生"一般发展"的重要因素，苏联学者赞可夫曾经针对学习成绩的提高和现成的知识的掌握提出"一般发展"的概念，它是指儿童个性的整体性发展，亦即儿童身心各方面的发展。这里可以借用这一概念。学生从总体上讲处于迅速发展的时期，发展总是要通过活动才能实现，而学生时代的活动中占主导地位的乃是学习活动，正是通过学习活动，学生在智力、性格等方面都得到发展。没有学习活动，就很难有智力和性格等方面的发展；不同的学习活动方式，对学生的智力和性格发展所起的具体作用也不相同。例如，以记忆为主的学习活动会促进学生的记忆能力的发展，以思维为主的学习活动会促进学生的思维能力的发展，以发现为主的学习活动会促进学生的探究能力和科学精神等各方面的发展。又如，通过一定的学习方式的持续作用，学生可以逐渐形成一定的学习风格，学习风格一方面受认知风格的影响，另一方面又对认知风格的形成和改变起到一定的作用，而认知风格既具有智力的性质，又具有性格的性质。

第三，学习方式构成学生的丰富的生活方式的一个重要方面。生活对于个人来说是极其重要的，个人正是在生活中存在，在生活中表现自己、形成自己、发展自己的。"个人怎样表现自己的生活，他们自己也就怎样。"[①] 在西方的传统教育中，人们较普遍地把学生的学习看作未来生活的预备。现在，人们日益深刻地认识到，学生的学习就是学生的生活本身，就是活生生的、现实的生活。再进一步看，学生的生活虽然与成人生活一样都是真实的生活，但是又不同于成人的生活，是一种"成长性"的生活。学生的成长性生活区别于成人生活的主要特点（其区别不是有和无的区别，而是范围和程度的区别）在于：它是基于学生的不成熟性，以身心发展为主要指向的，并需要成人较多的介入和指导，在一定范围内和一定程度上需要成人替代选择生活的价值。那么，学生的生活如何体现这种成长性呢？这主要是通过学习。因此，学生的生活中占最大分量的是学习生活，这是一种基本的事实，也是学校教育中一种基本的追求、基本的属性。学习方式构成学生的生活方式的一个极为重要的方面。

2. 对社会文化的意义

学生的学习过程同时也是一种文化过程，因此学习方式具有重要的文化意义。

---

① 马克思恩格斯选集：第 1 卷 [M]. 北京：人民出版社，1972：25.

第一，学生的学习方式本身构成文化的一个重要方面。我们知道，学校文化是整个社会文化的一个重要方面，学校文化的一个重要方面是行为文化，学校的行为文化是由学校中各种成员的行为、活动形成的，而学生的学习活动是其中一种非常重要的类型，这种类型又包括课堂学习、主题活动、文体活动、社团活动、竞赛活动、公益劳动、社会实践活动等。人的行为态度和行为方式是构成文化的重要因素，而在学校文化中，学生学习的方式是人们行为方式的重要内容。学生如何学习，即学生的学习方式，就构成学校文化的重要特征的一个重要方面。

第二，学生的学习方式又影响学校文化的其他构成因素。我们知道，以学生发展为本是学校活动的一个重要特征，而学生的发展是通过学生的学习来实现的，因此，学校中的各种活动往往都要围绕学生的学习活动来进行，都要受学生的学习方式的影响。例如，教师教的活动就要受学生的学习方式的影响，也就是说，"如何教"必定直接地取决于"如何学"。

第三，学生的学习方式在一定范围内和一定程度上改变和更新着社会文化。学生的学习方式影响着学校内的舆论、气氛，学校文化具有一定的辐射作用，这主要表现为学校中学生的形象和精神面貌、学校中的舆论、气氛影响着当前的社会舆论、社会气氛和人们的社会行为，尽管这种影响是有限的。再有，学生的学习方式对学生的观念与行为有着长远的影响，当学生毕业成人进入社会之后，他们就会将这种影响带入社会，在社会生活中发挥作用，从而间接地影响社会文化，即改变和更新着社会文化。

在学习方式的文化意义上，特别值得我们注意的是，学习方式的民族色彩、地域色彩和人群色彩是存在的，但更为显著、更为重要的是个人色彩。如果将来我们的文化研究更深入、进一步关注文化的个人性，那么学习方式的文化意义就将显得更加重要，学习方式的个人性等问题也将得到更深入的研究。

第二章

如何指导学生自主学习

发展变革中的社会对学校教育提出了一系列新的要求。自主学习不仅是经济、社会与科学技术迅猛发展对人类提出的要求，是适应学习化社会和终身教育的需要，也是个人自身成长发展必然选择的路径。

发展变革中的社会对学校教育提出了一系列新的要求。自主学习不仅是经济、社会与科学技术迅猛发展对人类提出的要求，是适应学习化社会和终身教育的需要，也是个人自身成长发展必然选择的路径。这就使得自主学习成为当前教育改革聚焦的问题之一。《基础教育课程改革纲要（试行）》指出：要注重培养学生的独立性和自主性，引导学生质疑、调查、探究，在实践中学习，促进学生在教师指导下主动地、富有个性地学习。

一、 自主学习的要义

"自主学习"是就学习的内在品质而言的，是相对"被动学习""机械学习"和"受控学习"而言的。自主学习并不专指哪些学习方式，所有能有效地促进学生发展的学习都是自主学习。

（一）自主学习的界定

关于"自主学习"的界说历来存在着从不同角度提出的看法。

我国学者一般认为，自主学习是指学生自己主宰自己的学习，是与他主学习相对立的一种学习方式。自主学习可分为三个方面：一是对自己的学习活动的事先计划和安排，二是对自己实际学习活动的监察、评价和反馈，三是对自己的学习活动进行调节、修正和控制。自主学习具有能动性、反馈性、调节性、迁移性、有效性等特征。美国自主学习研究方面的专家、纽约城市大学的齐莫曼对自主学习的有关定义做了系统的总结，归纳出它们所共有的三个特征。

1. 强调元认知、动机和行为等方面的自我调节策略的运用。

2. 强调自主学习是一种自我定向的反馈循环过程，认为自主学习者能够监控自己的学习方法或策略的效果，并根据这些反馈反复调整自己的学习活动。

3. 强调自主学习者知道何时、如何使用某种特定的学习策略，或者做出合适的反应。我国研究自主学习的学者庞维国综合各方面的看法，主张从横向和纵向两个角度来定义自主学习[①]。

从横向角度是指从学习的各个方面或维度来综合界定自主学习。如果学生本人对学习的各个方面都能自觉地做出选择和控制，其学习就是充分自主的。具体来说，如果学生的学习动机是自我驱动的，学习内容是自己选择的，学习策略是自主调节的，学习时间是自我计划和管理的，学生能够主动营造有利于学习的物质和社会性条件，并能够对学习结果做出自我判断和评价，那么他的学习就是充分自主的。反之，如果学生在学习的上述方面完全依赖于他人指导或控制，其学习就是不自主的。

从纵向角度界定自主学习是指从学习的整个过程来阐释自主学习的实质。如果学生在学习活动之前自己能够确定学习目标，制订学习计划，做好具体的学习准备，在学习活动中能够对学习进展、学习方法做出自我监控、自我反馈、自我调节，在学习活动后能够对学习结果进行自我检查、自我总结、自我评价和自我补救，那么他的学习就是自主的。如果学生在整个学习过程中完全依赖教师或他人的指导和调控，其学习就不是自主的。

从横向和纵向两个角度来综合界定自主学习的好处是，横向界定自主学习可以帮助教师澄清学生究竟在学习的哪些方面是自主的，哪些方面是不能自主的，为教师确定培养学生的自主学习能力的阶段性目标提供依据，也可以更好地根据学生的不同学习特点因材施教；纵向界定自主学习可以帮助教师明确在学生的学习活动过程中，什么时候更多地需要给予监督、指导，什么时候较少需要引导、帮助。这两种界定方式各具功能、互为补充，为教师分析和指导学生的学习提供了完整而清晰的思路。

从横向与纵向的角度分析以下三名学生的学习

一

A 是一名小学五年级学生，在班里学习成绩平平。他对各科学习谈不上

---

① 庞维国. 自主学习：学与教的原理和策略 [M]. 上海：华东师范大学出版社，2003：4-5.

有兴趣，但是一个"乖孩子"，上课时能够按老师的要求认真听讲、做练习，放学后也能按照父母的要求按时完成作业（外部动机，他人监控）；他的课外作业一般在家里完成，有时边做作业边看电视（学习的社会性环境和物理环境）；作业完成后，由父母来检查；他认为做好了的作业，父母常能检查出一些错误（学习结果的评判）；课外除了完成老师布置的作业，他自己很少找一些书看（学习内容的选择）；假期作业一般放到开学前一两周内完成，为了完成假期作业，有时晚上会学到十一二点（学习时间的计划、管理）；对于自己是否还要改善学习方法，他"说不上来"（学习策略）。

B是一名小学五年级学生，本学期的数学考试成绩不理想。他准备利用寒假时间补习一下数学，争取下个学期的数学考试成绩达到班里的前十名（自定目标）。为了补习好数学，他用寒假的前10天复习课本内容，后20天做数学辅导书上的习题（自定计划、自选学习内容）；在补习过程中，他时常对照习题答案以检查自己是否做对，理解了学习内容（自我检查、反馈），并对有难度的习题及其解答方法做了笔记（学习策略）；遇到自己实在解答不出来的习题时，他请同学或父母帮助自己分析解题的思路（利用社会性资源）；寒假结束前，他对自己一个假期的补习做了总结，认为补习的收获很大（自我总结和评价）。

从横向分析的角度看，A生学习的几个方面基本上是不能自主的，而B生在学习的几个方面基本上都是自主的。

二

星期四的晚上，C（八年级的学生）正在为第二天的历史考试做最后的复习准备。在上一个星期六的晚上，她为自己如何准备这次考试制订了一周的学习计划，并且确定了学习的目标。她首先明确了哪些是必须学的内容，自己应该如何学，在什么时间完成什么学习任务。她从星期一开始学习，主要掌握学习要点和重要的历史事实。她对课本中的每一节逐一进行复习，并且通过给自己提问考试中可能出现的题目来监控自己的学习质量。星期三晚上，她意识到所学的几个历史事件记起来有困难，于是她画了一个表格，把几个事件的背景、过程、结果与影响等列出来。通过进行比较、对比记忆，她发现考试碰到这些内容时，回答起来不会有什么困难了。

大约 8 点钟，姐姐回家了，带来了几个同事，在客厅里大声说话。C 让姐姐关照同事们要小声交谈，并且关上自己房间的门继续学习。学习了 1 个小时后，她发现自己笔记上的有些内容记得不详细，于是给同学打电话，把这些内容补充完整。大约 9 点 30 分，她感到自己有些疲劳，不能很好地集中注意力，于是休息了 15 分钟，回房间继续完成当晚要完成的学习任务。

从纵向分析的角度看，案例中的 C 生在学习过程中的几个方面基本上都是自主的。

国内外自主学习研究概述①

关于自主学习，国内外已经有大量的研究。行为主义心理学家认为，自主学习包括三个子过程：自我监控、自我指导、自我强化。自我监控是指导学生针对自己的学习过程所进行的一种观察、审视和评价；自我指导是指学生采取那些使学习趋向学习结果的行为，包括制订学习计划、选择适当的学习方法、组织学习环境等；自我强化是指学生根据学习结果对自己做出奖赏或惩罚，以利于积极的学习得以维持或促进的过程。认知建构主义学派认为，自主学习实际上是元认知监控的学习，是学习者根据自己的学习能力、学习任务的要求，积极主动地调整自己的学习策略和努力程度的过程。自主学习要求个体对为什么学习、能否学习、学习什么、如何学习等问题有自觉的意识和反应。

在综合不同流派学者理论的基础上，有西方学者提出："当学生在元认知、动机和行为三个方面都是一个积极的参与者时，其学习就是自主的。"他进而又从学习动机、学习方法、学习时间、学习的行为表现、学习的物质环境、学习的社会性等六个方面对自主学习的实质做出了解释。他认为："自主学习的动机应该是内在的或自我激发的，学习的方法应该是有计划的或已经训练到自动化程度的，自主学习者对学习时间的安排是定时而有效的，他们能够意识到学习的结果，并对学习的物质和社会环境保持高度的敏感和随机

① 钟启泉，崔允漷，张华. 为了中华民族的复兴 为了每位学生的发展 [M]. 上海：华东师范大学出版社，2001：259-260.

应变的能力。"

我国学者庞维国认为，如果学生在学习活动之前自己能够确定学习目标，制订学习计划，做好具体的学习准备，在学习活动中能够对学习进展、学习方法做出自我监控、自我反省和自我调节，在学习活动后能够对学习结果进行自我检查、自我总结、自我评价和自我补救，那么他的学习就是自主的。他还将"自主学习"概括为建立在自我意识发展基础上的"能学"、建立在学生具有内在学习动机基础上的"想学"、建立在学生掌握了一定的学习策略基础上的"会学"、建立在意志努力基础上的"坚持学"。

（二）自主学习的特征

从课程改革的角度出发，结合自主学习的基本含义，可以看到自主学习有以下六个特征①。

1."自主学习"在教学条件下进行

自主学习不同于完全放任自流的自学。新课改中所提倡的自主学习是有教师帮助的、主要在班级中完成的，也就是在教学条件下进行的。它的外延要比完全的自学来得小，不过，教师必须放弃自己过去在教学中的中心地位，转而在学生的自主学习过程中充当辅导和促进者的角色。

2.学生具有自主学习能力

学生应该有充分的自我意识，他应该明白自己的地位和价值，明白自己有选择教育的权利；学生要有基本的知识基础，包括一些方法论知识，这是他学习其他知识的先决条件；学生的自学能力还意味着他应该有基本的意志控制的能力。

3.学生对整个教育过程充满兴趣

教学的目标如果是适合学生的，课程内容是丰富而实用的，课程的展现方式是多样而具体的，教师的教学手段是新颖而有趣的，那么在学习的过程中学生就能享受到交流的乐趣和进步的快乐。

---

① 郑金洲.基于新课程的课堂教学改革［M］.福州：福建教育出版社，2003：100.

4．学生主动参与了整个教学过程

在新型课堂上，占主体地位的应该是学生。这里所说的整个教学过程指的是包括教学目标的制订、教学内容的选择和教学过程的发展以及教学结果的评价等全程。

5．学生对于整个学习过程中的认知活动能进行监控，并对认知策略做出调整

这一点实际上就是齐莫曼所说的元认知，强调的是学生只有在元认知参与和监控的条件下，才能有效地学会学习方法。

6．每个学生的学习过程和学习进度会有所不同

由于个体的兴趣和能力各不相同，有些人想学这些内容，有些人想学那些内容，有些人能学这些内容，有些人暂时还不能学这些内容，这一切都要在教学中加以注意，有时可采用异步学习方法。

从学生学习的特点看自主学习的特征[①]

在学习动机上，自主学习表现为学生有内在学习动力的支持，有丰富情感的投入，能够积极参与制订自己认为有价值和有意义的学习目标，而不是在外界的各种压力和要求下被动地、消极地从事学习活动。

在学习方法上，自主学习表现为学生在学习过程中能够努力摆脱对教师或他人的依赖，主动地对学习的各个方面进行自我选择和自我调控，积极采取各种调控措施使自己的学习活动达到最优化，并独立地开展各种学习活动，从学习过程中获得积极的情感体验。

在学习时间上，自主学习表现为学生能够自觉地从事和管理自己的学习活动，积极制订学习计划、调控学习进度，能够做到自我约束、合理安排学习时间，从而更好地实现预定的学习目标。

在学习结果上，自主学习表现为学生能够及时地对自己的学习结果进行

---

① 张天宝. 新课程与课堂教学改革［M］. 北京：人民教育出版社，2003：145.

自我检查、自我监控、自我判断，积极参与设计评价指标，并根据学习任务的要求做出相应的调整。

二、 自主学习的机制①

学生自主学习方式的习得是在复杂的内外因素的相互影响、相互作用下，经历一个逐步变化的过程而发展和完善起来的。以下我们从内部因素、外部条件以及自主学习能力形成的规律三方面来分析自主学习的相关机制。

（一）影响自主学习的内部因素

自主学习受个体内部诸多因素的影响，目前，研究者最为关注的是自我效能感、归因倾向、目标设置、认知策略的获得、元认知发展、意志控制水平、性别角色等因素在自主学习中所起的作用。

1. 自我效能感

自我效能感是由著名心理学家班杜拉提出的概念。根据班杜拉的界定，自我效能感是指个体相信自己有能力完成某种或某类任务，是个体的能力自信心在某些活动中的具体体现。自我效能感是与具体任务联系在一起的，它并不是一种概括性的个性特征。例如，学生可能在解决数学问题上有高自我效能感，而在演讲方面持低自我效能感。

与学习有关的自我效能感被称为学业自我效能感。一般认为，学业自我效能感会通过几种方式来影响学生的学习成绩。首先，自我效能感影响学生对学习任务的选择。在自由选择的情境中，学生倾向于选择那些自认为能够完成的学习任务，回避那些自认为难以完成的任务。与怀疑自己学习能力的

---

① 本部分材料多引自：庞维国. 自主学习：学与教的原理和策略［M］. 上海：华东师范大学出版社，2003：48-94.

学生相比，那些高自我效能感的学生为自己确定的学习目标更高，更愿意通过独立学习实现自己的预定目标，证实自己的学习能力。面对困难的学习任务，他们付出的努力更多，更倾向于坚持不懈地进行下去。其次，自我效能感影响学生在某项学习任务上付出多少努力，遇到困难时能够坚持多长时间，面临复杂的情境时有多强的适应能力。一般来说，自我效能感越强，学生的学习越努力，坚持的时间越长，适应能力就越强。面临学习失败时，高自我效能感的学生更有可能付出更多的努力去争取成功，而低自我效能感的学生往往把困难看成不可克服的，较快地放弃学习努力。再次，自我效能感影响学生从事某项学习任务时所体验到的紧张和焦虑。高自我效能感的学生从事学习任务时冷静、沉着，更多地关注学习中的问题；而低自我效能感的学生会感到紧张不安，更多地关注自己的情绪反应。通过这些机制，自我效能感最终影响了学生学习成绩的高低。

大量的研究表明，自我效能感是影响学生自主学习的一个重要的动机性因素，它不仅影响学生的学业目标选择、付出的努力、意志控制，还会影响他们所选择的学习策略。因此，要想促进学生的自主学习，改善其学习质量，应该把改善学生的自我效能感作为一项重要的目标。

2. 归因倾向

归因是个体对自己的成功或失败所做出的因果解释。韦纳（Wener）指出，学生一般把自己的学习成败归因于四类因素，即能力、努力、任务难度和运气。能力是一种内在的、稳定的、不可控的因素，努力是一种内在的、不稳定的可控因素，任务难度是一种外部的、稳定的、可控的因素，运气则是外部的、不稳定的、难以控制的因素。学生的学业成败归因不同，对他们的学习动机所产生的影响也就不同。例如，如果学生把自己的学业成功归因于自己的努力，就可能加倍努力；如果学生把自己的学业失败归因于能力，就可能放弃努力。

研究业已表明，个体的归因对其自主学习具有重要的影响。一般说来，如果个体把自己的学业成功归因于能力，把学习失败归因于努力不够，这样就更容易激发自主学习；如果个体把自己的学业成功归因于外部不可控的因素，把学业失败归因于自身能力不足，就会影响其学习的主动性。那些把学习失败也归为稳定的内部原因的学生，在学习过程中会表现出消极、焦虑、低自尊的状态。自主学习者倾向于把自己的学业失败归因于可以弥补或纠正的原因，把自己的成功归因于自己的能力，即使学习不断伴随着不良的学习结果，这种自我保护性的归因也会引发积极的自我反应。如果个体把成功或失败归因于策略的运用，会直接诱发他们积极的自我反应，譬如改善学习策略。但是如果把自己的成功或失败归因于能力，往往就会引发消极的自我反应，譬如不去努力或放弃努力。

3. 目标设置

自主学习本质上是一种自我调节的学习，亦即个体主动选择、调节、控制自己的学习的过程。要对学习进行自我调节，就必须有用于引导行为的参照点。道理很简单，如果个体不能够比较自己的当前行为状态和预想状态的话，就不可能对自己的行为进行调节。目标在个体的学习过程中就充当着参照点的作用，个体正是在既定学习目标的引导下，不断调控着自己的学习过程和学习策略。因此，目标被看成自主学习的核心构成成分。

尽管研究者对学习目标的分类不完全一致，但已有的研究表明，个体为什么、如何、形成什么样的目标定向，对其自主学习的不同过程都会产生影响。例如，如果个体旨在学习和掌握学习材料，他就会把注意力定向在对学习过程的监控上，密切注意学习的进展情况，关注某些有效的学习策略（如深加工策略），以便使学习朝既定的目标前进；如果他把目标定向在考试分数上或在等级上超越别人，那么他的监视和控制过程在性质上就有可能不同，因为他还要监控别人的学习情况和等级，试图调节自己的动机和认知来超越别人。采用趋向-掌握目标的学生与采用其他目标的学生相比，表现出更多的深度认知加工，更多使用自主学习策略。研究还表明，学生所设置指标的特征也会影响其自主学习动机。为了促进学生的自主学习，我们应该注意为学生设置或者提倡学生自我设置具体的、近期的、能够完成而又有挑战性的学习目标。

此外，目标由自己选择或设置，还是由他人指定或分配，也对学生的自主学习具有一定的影响。目标会通过影响个体对学习任务的承诺进而影响其行为表现，而增强目标承诺的一种方法是参与目标选择的过程。研究表明，那些被用语言鼓励并为自己确定学习目标的学生感到自信心、能力和对目标实现的承诺都在增强。当个体选择而不是被指定、分配学习目标时，他们更加会接受、承诺并相信自己有能力完成这些目标。

4. 认知策略的获得

自主学习具有相对独立性，许多时候是在没有他人指定或帮助的情况下进行的。个体要做到自己"会学"，就必须掌握一定的学习策略。学习策略是个体习得的、用来改善自己在某一学习任务上的表现的活动、技术或程序。在现代认知心理学中，研究者一般把学习策略分为两个领域：认知策略和元认知策略。认知策略关系到个体如何加工信息，元认知策略关系到个体如何选择、监控和应用个体所建构的认知策略。

认知策略是指个体对外部信息的加工方法，是个体为了提高自己的认知操作水平而采用的各种程序和方法。认知策略有一般性和具体性之分。一般性的认知策略适合于任何学科的学习，如做笔记、复述、背诵、画重点、列提纲、做小结、画示意图等。具体的认知策略适合于特定的学习内容，例如逆推法适于解某些数学题，首字母法适合于记忆英语专有名词。自主学习既需要一般性的认知策略，又需要具体的认知策略。

魏因斯坦（Weinstein）和梅耶（Mayer）区分出一些一般性的认知策略：复述策略、精加工策略、组织策略。复述策略是指对学习材料进行重复记忆，反映了对学习材料的一种"表层"或肤浅的加工。精加工策略是指对学习材料补充细节、解释意义、举出例子、做小结、做出推论或使之与有关的观念形成联想等。组织策略是指找出学习材料之间的层次结构关系以帮助记忆和理解，如列提纲、画结构图等。类似地，加西亚（Garia）和宾特里奇（Pintrich）也把认知策略分为三类：一是记忆策略，用于记忆事实性的知识，包括复述、聚类、利用表象、记忆术等策略；二是精加工策略，用于深入理解学习材料，包括释义、做小结、创设类比、做概括性的笔记、提问等策略；三是组织策略，它也用于深入理解学习材料，包括选择要点、列提纲、组织观点等。

认知策略的类型及具体的认知策略

具体的认知策略随着任务情境的变化而呈现出各种各样的形式。有的研究者把认知策略分为信息获得策略、信息贮存策略、信息表达策略、能力展示策略四个方面，每一方面又包含若干具体的认知策略。研究表明，采用这些策略能够很有针对性地解决学习问题，很好地改善学习困难的学生的自主学习能力。

表1 认知策略的类型与具体的认知策略

认知策略的类型	具体的认知策略	具体策略的运用
信息获得策略	单词识别策略	找出文本中不熟悉的单词
	释义阅读策略	解释意义，促进理解
	自我提问策略	阅读时给自己提问题
	视觉-表象策略	阅读时把情境和行动采取视觉化处理
	解释图片策略	从图片中读取信息
	多通道策略	阅读课本中的一章，以寻求关键信息
信息贮存策略	记忆首字策略	组织和记忆成序列的信息
	匹配联想策略	成对成分组记忆信息
	聆听、笔记策略	听、记、组织信息
信息表达策略	句子写作策略	写出简单、复合和复杂的句子
	段落写作策略	书写基本的和复杂的段落
	错误检测策略	识别和纠正写作错误
	主题写作策略	写出一篇有创意的主题文章
能力展示策略	考试策略	若干充分有效的应试方法
	作业完成策略	若干更为有效地完成作业的策略

认知策略的学习关键在于能够应用和迁移。因此研究者主张，为了促进学生的自主学习，在认知策略的教学上应该确立三类子目标：第一，让学生掌握大量的认知策略知识；第二，让学生掌握关于何时何地以及为什么使用认

知策略的条件性知识；第三，激发学生运用策略的动机，训练学生对认知策略的实际运用。

5. 元认知发展

从发生学的角度来看，自主学习是在自我意识产生之后才出现的，自我意识应该是自主学习最为基本的内部条件。这是因为，如果没有自我意识的形成，个体就不可能有"自我"与"客我"的分化，就不可能既将自己视为学习活动的主体，又将自己视为学习活动的客体，有意识地控制、调节自己正在进行的学习活动。

在现代认知心理学中，自我意识大致等同于元认知。根据弗拉维尔（Flavell）的意见，元认知是指主体对自身认知活动的认知，包括元认知知识、元认知体验、元认知监控等。元认知知识是关于认知主体、认知任务、认知策略等方面的知识；元认知体验是主体在从事认知活动时所产生的认知和情感体验；元认知监控是指对自己的认知活动进行积极而自觉的监视。控制和调节的过程包括制订计划、实际控制、检查结果、采取补救措施等环节。显然，如果儿童的元认知能力没有发展起来，就不可能将自己的学习活动作为意识的对象而主动做出监控和调节，也就不可能进行自主学习。

加西亚（Garcia）和宾特里奇（Pintrich）把自主学习过程中的元认知成分称为自我调节策略，认为它们包括计划策略、监控策略和调节策略。计划指的是学生在学习时试图为自己设置学习目标；监控指的是采用自我提问或自我测验策略来检查学习和理解情况，它是元认知的关键成分；基于来自学习监控方面的信息，个体可以调整自己的认知活动，这一过程就是调节。大量的研究表明，自我调节策略的使用能够提高学生的学业成绩，改善学生的学习质量。

在元认知中还有一种重要的成分就是认识论，亦即个体对"知识"和"学习"的看法。研究表明，学生关于知识和学习的认识论，不仅影响他们学习的主动性、坚持性，而且会影响他们对学习策略的选择，而这些因素都与自主学习密切相关。因此也可以推论，学生的认识论会影响他们的自主学习水平。

6. 意志控制水平

意志控制是以考诺（Corno）为代表的意志学派极为强调的一种自主学习品质。他们认为，在学习的过程中，学生难免会遇到这样那样的学习困难和干扰，如一时难以理解的问题、身心的疲劳、情绪的烦恼和外界因素的干扰等，这时候就需要学生用意志努力来控制自己，使学习坚持下去。

意志控制在自主学习过程中所起的作用不同于学习动机。一般来说，学生在学习之初都具有一定的学习动机，但是随着学习的进行、学习困难的增加，学习动机的推动作用会逐渐减弱，而使学习得以坚持的力量是意志控制成分。换言之，学习动机对自主学习具有更强的启动作用，意志控制对自主学习具有更强的维持功能。因此，再强的学习动机也无法取代意志控制在自主学习过程中的作用。正是有了较强的意志控制能力，自主学习的学生才能够顽强地克服学习过程中的困难，排除学习的外界干扰，实现自己的学习目标。

除了以上的内部因素以外，有研究还指出，在自主学习中还存在着性别的差异。这种性别角色的差异对自主学习的影响是通过上述心理因素的中介作用而表现出来的。

（二）影响自主学习的外部因素

从学校教育中的因素看，主要是教学模式、教材内容的组织、教育技术、课堂管理方式、同辈群体等因素在影响学生的自主学习。

1. 教学模式

教学模式是在一定的教学思想或教学理论指导下建立起来的较为稳定的教学活动结构和活动程序。一般认为，以教师为中心的讲授式教学不利于学生的自主学习。这是因为，在这种教学模式中，教师是知识的传授者，学生是知识的接受者，学生的"学"是围绕着教师的"教"进行的，它往往使学生处于被动、服从的学习地位，没有学习的自主权，学习的自觉性和主动积极性得不到发挥。

那么，什么样的教学模式有利于学生的自主学习呢？无论是人本主义心理学家还是建构主义心理学家都认为，有利于学生自主学习的教学应该以学生为中心，教师要由知识的传递者、灌输者转变为学生学习的组织者、指导者、帮助者和促进者。在整个教学环境中，教师应该利用情境、协作、会话等学习环境要素，充分激发学生的学习主动性和积极性。教学中一般要包括创设问题情境、学生自主学习、小组讨论、结果评价等环节。

当然，有利于学生自主学习的教学模式不仅仅体现在教师在其中扮演的角色不同，它们还具有自己独特的结构和操作程序。有利于学生自主学习的教学既有一般性的模式，也有具体性的模式。

表2　自主学习方式和传统教学中教师的角色

自主学习中教师的角色	传统教学中教师的角色
1. 介入学生的学习计划	1. 为学生制订学习计划
2. 根据学生的发展需要布置作业	2. 给予全体学生同样的作业
3. 学生设置自己能够达到的个人目标	3. 为全班预设目标
4. 多数测验是让学生显示自己的知识和技能	4. 多数测验属于纸笔测验
5. 为了长期的目标而学习	5. 采用记忆化的学习方式
6. 为了深度理解意义而阅读	6. 阅读方式机械，解读词义
7. 教学生自己控制自己的行为	7. 纪律是支配性的
8. 教学是演示	8. 教学是讲授
9. 教学是评估学习的具体方式	9. 教学是布置作业
10. 教学是给予学生必要的自由	10. 教学是控制
11. 知识被看成能力	11. 知识被看成学习成绩

续 表

自主学习中教师的角色	传统教学中教师的角色
12. 教师是现代管理者	12. 教师是老板
13. 教师和学生寻找需要改变的东西，把未来看成获得新观念的机会	13. 教师更多地把未来看成与现在一样
14. 学生监控自己的行为，自己约束自己的行为	14. 教师监视、引导学生的行为
15. 监控学生的知觉，定期开设一些帮助学生生活自理的课	15. 对于改善学生的知觉和态度没有正式的考虑

2. 教材内容的组织

教材是根据课程标准和教学的实际需要编制的教科书、讲义、辅助资料和图片等的总称。教材与学生、教师一起，被称为教学活动中的三个基本要素。教材不仅是教师授课的素材，而且是学生选择学习和自主处理的素材。在不同的历史时期，人们提倡的学习方式不同，对教材的内容和编写方式分别提出了不同的要求。

教材的内容及其合理的组织对学生的自主学习具有重要影响。一般说来，教材内容生动活泼，贴近学生的生活经验，符合学生的兴趣特点，具有明显的应用价值，就有助于激发学生主动学习的愿望。教材按照学生的心理逻辑而不是学科逻辑编排，符合学生的能力水平和认知发展特点，更有利于学生自学。教材中把教师对学生的"教法"编排进去，可以使学生在阅读教材时与教师虚拟互动，增强他们的自学效果。此外，还有一些具体的心理学技术可用于指导教材的编排，以促进学生自主学习。

3. 教育技术

对学生自主学习能力的培养可以采用班级教学、小组学习的方式，也可以采用个别化教学的方式。20 世纪 50 年代以来，在自主学习的个别化教学中，以教育技术的应用为典型特征。以教育技术应用为特征的教学模式又被称为技术辅助教学模式。它先后经历了程序教学、视听教学和计算机辅助教学三个阶段。

近年来，网络技术、多媒体技术在教学中的应用日益普遍，教学内容日趋网络化，计算机辅助教学的地位越来越重要，课堂上的师生交流更多地为人机对话所取代，学生可以超出课堂教学的限制、根据自身的需要获取学习材料，自主安排学习时间和地点，自由选择学习内容，自行安排学习计划，随时提出学习中的问题并能够得到及时解答。可以说，现代教育技术的发展为学生的自主学习提供了更多的机会和便利条件。

4.课堂管理方式

课堂管理是指在师生互动的教学活动中，教师为建立和维持良好的学习气氛、教学环境而采取的一切管理活动。良好的课堂管理能够支持教学，帮助学生获得自我控制的能力。在课堂管理中，教师扮演着最为重要的角色，教师的管理方式会直接影响学生的学习方式和质量。

不同类型的管理方式

古德（Good）和布罗菲（Brophy）把教师管理方式分为四种类型，分别为"不能应对型""贿赂学生型""铁腕统治型"和"与学生合作型"。下面的四段描述分别代表了这四类管理方式。

1. 教师 A 的班级秩序混乱，嘈杂喧闹。A 老师一直试图把本班建设成一个秩序井然、可以控制的班集体，但是从未取得成功。命令甚至威胁对学生往往不见效果，惩罚对学生也早已失效。

2. 教师 B 的班级也很吵闹，但是课堂气氛要积极得多。B 老师尽量让学生感到学校生活很有趣，他给学生讲了许多故事，看了很多电影，组织了丰富多彩的活动。尽管 B 老师尽可能地减少学生的课业负担，而且力求使学生能够轻松、愉快地学习，但是学生上课时注意力仍然不够集中，作业马马虎虎、不按时完成的大有人在。

3. 教师 C 的班级比较安静，纪律也比较好。C 老师已经建立了一套行之有效的班规，学生都能够遵守这些规范，违规行为在班级里很快会被注意到，并且马上会受到警告甚至惩罚。虽然学生对 C 老师比较敬畏，但是当他不在的时候，教室里就像开了锅。

4. 教师 D 的班级看起来是自己在运转。D 老师把大部分时间用在了教学上，而不是用于处理纪律问题。在没有严密监视的情况下，学生也能够遵守班级的规章制度，按部就班地独立学习，按时完成作业。学生在学习时常常产生互动，尽管有时发出一些声响，但也不会引起课堂秩序的混乱。在课堂教学中，如果学生出现一些纪律上的问题，D 老师的一个简单提醒就可以把问题解决。在 D 老师的课堂上，总能让人感受到一种温和的气氛。

显然，在这四种管理方式中，"与学生合作型"的管理最有利于学生的自主学习。因为这种管理方式能够逐步培养学生在课堂上的行为自律，能够使学生更多地依靠自己来管理自己的学习，能够把讨论和向他人求助作为一种帮助自己学习的资源来利用。

5. 同辈群体

同辈群体是指年龄相同或相近的儿童由于某种关系而组织起来的团体。

在课堂教学情境下，学生的同辈群体指的是自己班级的同学。学生的同辈群体至少从三个方面影响其自主学习：一是同辈群体的学习行为或成绩影响个体对自身自主学习能力的评估，二是同伴的自主学习会对个体产生榜样示范作用，三是同伴关系影响学生的学业求助。

从社会文化环境中的因素看，主要是家庭与文化因素会对自主学习产生一定的影响。

（1）家庭因素

家庭是个体社会化的一个重要动因。个体社会化的一个重要方面是由他律走向自律，或者说是从外部调节转向自我调节。因此，家庭因素必然会通过影响学生的自律水平进而影响他们的自主学习。

戴西（Deci）和赖恩（Ryan）认为，学生自主学习能力的获得是外部调节的整合和内化的结果。人际环境会影响这一内化过程。在缺少控制的条件下，外部施加的调控会逐渐变成一个人的自我调控。如果想让学生自律，外部调控者必须逐渐放松对学生的控制，让他们自我负责。在这其中，环境还要为学生提供一种包含着指导和干预的情境。

父母是学生人际环境中的重要因素，因此他们对儿童的自律持何种态度将会影响学生的自主学习水平。家长在一定的价值取向和期望的驱使下会选择相应的教育教养方式。在四种典型的教养方式——溺爱型、放任型、专制型、民主型中，对学生的自主学习最具有促进作用的教养方式是民主型，因为这种教养方式可以使学生更加自信、自立，具有更强的求知欲，也能够促进学生与别人良好地交往。一些研究还指出，在父母对孩子教养行为的三个维度——自律-控制、关怀、指导中，在这三个方面给予孩子积极关注的父母，他们的孩子在学校中表现为高自我效能感，自我控制能力更强，学习中出现的问题更少，阅读和数学成绩也更好。有的研究结果显示，父母对孩子示范、鼓励自主学习的方式，为他们提供学习资源（如学习环境、学习资料）方面的支持，能够明显改善他们的自主学习水平，并通过孩子自我调节能力的改善，提高了他们的学业成绩。还有些研究发现，父母可能通过影响孩子的学业成败归因来影响他们的自主学习。

（2）文化因素

在不同文化背景下成长的学生，其自主学习也具有明显不同的特征。珀帝（Purdie）与哈提（Hattie）的研究表明，西方国家和亚洲国家的学生相比，自主学习具有明显的差异。西方国家的学生更多地采用主动学习的方式，他们果断、独立、自信，愿意提问，接受多元的结论，喜欢采用与别人不同的思维和行为方式。亚洲国家的学生更多地依赖机械学习，更为关注把所学的内容复现出来，他们相信知识是由权威传递的，在学习中表现出更多的被动、顺从。但是研究结果同时表明，与西方国家的学生相比，亚洲国家的学生在追求学业成绩方面具有更强的自我控制能力。

以上介绍了影响自主学习的因素，需要指出的是，尽管这些因素都对自主学习产生一定的影响，但是它们所产生的影响不是孤立的，一种因素对自主学习的影响往往以另一种因素为中介，而且它们与学习行为之间的关系往往是双向的。例如，自我效能感是自主学习的重要动机性因素，但它经常通过目标设置、策略选择影响自主学习的结果；自我效能感既是学习的动力，又是努力学习的结果。努力学习所取得的成绩往往被个体看成自己有能力的表现。正是这些内外因素相互交织、交互影响构成了人类复杂的自主学习机制。

（三）自主学习能力获得的基本规律

作为一种能力，自主学习是随着认知和自我的发展，通过多种途径，经过长期的学习实践活动发展起来的。

1. 自主学习能力获得的途径

无论是国外学者还是国内学者，都十分关注自主学习能力的获得途径问题。国外学者一般认为，自主学习能力主要通过三种途径来获得：一是有针对性的指导，二是观察他人的学习，三是学生自己设计和实施的学习实验。尽管自主学习能力可以通过三个途径来获得，但是齐莫曼指出，通过个人学习实验和偶尔的观察这两种途径来获得自主学习能力，任务繁重，充满挫折，效率低下，其效果比采用直接的、有针对性的教学指导要差得多。为了更好地培养学生的自主学习能力，教师应该把教学作为一个最主要的途径。

与国外的研究者相比，在自主学习的获得途径上，我国学者更多地强调教学的主导作用，他们认为自主学习是在教师的指导下实现的。在低年级，学生的学习主要依赖教师的讲解和指导；随着年级的升高，学生的学习能力增强，教师在教学中的地位由讲转向导，学生由依赖学习转向独立学习，由他主学习转向自主学习。教师的指导要遵循"从扶到放"的原则，体现从教到学的转化。

2. 自主学习能力获得的基本规律

对自主学习能力形成的机制，有三种最重要的理论阐释，即：社会文化理论、自我决定理论、社会认知理论。根据这三种理论对自主学习能力获得机制的看法以及相关的研究结果，可以把自主学习能力发展的规律归结为以下四个方面。

（1）从他控到自控

所谓他控，是指学习活动由外界或他人来制约管理。所谓自控，是指学习活动由学习者自己来制约管理。在自主学习能力发展起来之前，学生的学习活动通常是在教师、父母等其他成人的指导和监督下进行的。在大多数情况下，学生只是按照成人的要求较被动甚至机械地从事和调整自己的学习活动。这时候的学生一旦离开成人的指导和帮助，往往会束手无策。随着学习经验的增加，学习技能、学习策略的逐渐增强，自我意识的逐渐发展和成熟，学生自觉或不自觉地对自己学习活动的独立监控、判断、评价日益增多，学生的自主学习能力就由无到有、由低级到高级地发展起来。在这时的学习活动中，成人的指导和监督就由主导作用逐渐变为辅助作用，学生的自我定向、自我控制和自我指导逐渐发挥主导作用。总的来说，学生的自主学习活动呈现着从他控到自控逐渐转化的趋势，即他控的成分逐渐减少，自控的成分逐渐增加。

（2）从被动依赖到自觉能动

在自主学习水平较低的阶段，学生学习的依赖性还很强，很难脱离教师或其他成人的指导。例如，小学低年级的学生在自习课上，如果教师不规定具体的学习任务，就不知道自己该学什么。教师布置的家庭作业一般要求学生以自主学习的形式来完成，但是如果缺少父母的监督，小学生的家庭作业往往完成得不好。小学生很少有预习的习惯，因此在课堂教学中，只能被动地根据教师的安排、跟随教师的教学进度来学习。随着年级的升高，学生自主学习中的能动性逐渐表现出来。自主学习能动性最典型的表现形式是学习的超前性和拓展性。所谓超前性，是指学生在教师正式讲授教学内容之前自己就完成了对教学内容的学习；所谓拓展性，是指学生不满足于课本上或教师讲授的内容，在此之外再为自己选择、补充一些额外的学习内容。一般说来，到高中阶段，学生学习的能动性已经比较突出，他们超前学习和拓展学习的情形已经比较普遍。

（3）从单维到多维

最初的自主学习表现为对学习的某一方面、某一过程的自我控制或调节。就低年级的学生而言，由于学习经验和认知发展，尤其是元认知发展水平所限，他们在对学习活动进行自我监控与调节时，往往只从某一侧面或角度去考虑。例如，小学三年级的学生对学习的自我评价往往局限于学习结果，而对学习动机和过程的评价较少。随着认知发展和学习经验的增加，学生逐渐会发现和领会到，学习的结果是由许多因素共同作用而形成的，只有从多个方面对学习进行自我监控和调节，才能保证整个学习活动的有效进行，由此便逐渐学会了对学习进行通盘考虑和安排。

（4）从有意识到自动化

学生最初的自主学习往往不够熟练和迅速，学习的自我计划、自我观察、自我监控、自我反应等过程常常是在高度集中的意识水平上依次发生和进行的，需要付出足够的注意和意志努力。随着自主学习能力的发展，其学习活动变得日趋娴熟，意识控制的成分逐渐减少，最终达到自动化的水平。此时，学生能够随机应变、自然而然地对学习进行控制和调节。伊兰-内扎德（Iran-Nejad）把自主学习的这种意识控制水平和自动控制水平分别称为主动的自我调节和动态的自我调节。他认为，主动的自我调节过程相对缓慢一些，它是在对核心的执行控制过程进行有意识的控制程序中出现的，需要占用心理资源，本质上是按顺序进行的；动态的自我调节较为迅速，它是在对非执行成分自发调节的过程中出现的，本质上是同时发生的。齐莫曼指出，自主学习这种由有意识状态到无意识状态的转化是学习适应的一种表现，是人类适应环境的一种手段。

3. 自主学习能力获得的规律对教学的启示

自主学习能力的获得途径、机制及其发展规律至少可以给教育者们如下一些启示。

第一，尽管自主学习能力在某些时候可以通过自己"发现"来获得，但是在更多情况下是"教"会的。这里的"教"不同于传统讲授式教学中的教，准确地讲是"导"，是为学生的学习提供"示范""支架"。自主学习能力的形成离不开系统的教学指导，因此学校教育应该把培养学生的自主学习能力作为教学中的一个重要目标，把指导学生的学作为教学的基本原则。同时，由于学生自主学习能力的获得经历了一种由低级到高级、由单维到多维的过程，这要求以培养自主学习能力为目标的教学一方面要尊重学生的认知，尤其是元认知发展的特点，另一方面要遵循教学、导学、自学的顺序，从单项能力或某个方面逐步过渡到多个维度或多个方面，逐步把学习活动交给学生独立完成。

第二，自主学习作为一种能力，其形成和发展要经历一个渐进的、相对漫长的过程。自主学习过程包含大量的子过程，这些子过程只有达到熟练、自动化，才能保证自主学习活动顺利进行。然而，任何技能要达到自动化都不是一朝一夕能够实现的。因此，要帮助学生在学习过程中进行自我调节，教师需要创设一些机会让学生实践、练习自主学习的过程，必须给予学生尽可能多的自主学习的机会和时间。而要做到这一点，教师需要把自主学习能力的培养作为一项长期的任务，需要在教学诸环节上尽可能地减少讲授的时间，给学生充分的自学时间，把学生能够自学的内容交给学生自己去完成。

第三，自主学习能力也可以通过观察模仿来获得，所以教师除了自己要给学生示范一些自主学习的技能外，还要注意利用学生中的自主学习榜样，要做到既给学生自主学习的机会，又能发挥学生中榜样的作用。课堂讨论和小组合作学习无疑是两种最好的方式。利用课堂讨论和小组合作学习，一方面可以让自主学习能力强的学生把学习策略展示给自主学习能力差的学生，帮助他们掌握自主学习的方法；另一方面可以充分利用学生中的教育资源，实现学生自己解疑答难、减少教师讲解的目的，使教师的作用真正定位在"导"上。因此，在自主学习的教学指导模式中，应该尽可能安排这些教学环节。

第四，要想更好地培养学生的自主学习能力，必须对传统的"先讲后学"的基本教学顺序进行彻底变革，变"先讲后学"为"先学后讲"。这是因为，自主学习的动机更多的是内在的，自主学习者具有高度的学习能动性。这种能动性的典型表现之一是学习的超前性。如果教师先讲授教学内容，再让学生学习、练习，自主学习的这种能动性就会受到限制，学习就变得相对被动、依赖。此外，教学中要充分发挥学生的自学潜能，知道什么内容学生可以通过自学掌握，什么内容不能通过自学掌握，为教师的重点讲解提供依据，也要求"先学后讲"。学生如果不预先学习，教师很难确定他们的自学能力和自学水平，也就很难找到自学辅导的目标和需要重点讲解的问题。

第五，自主学习能力的获得具有鲜明的年龄特征和阶段性特征，不同年龄段学生的自主学习水平不同。尽管自主学习能力最终能够发展到较为成熟的水平，但是这种发展绝不是封闭的。即使是自主学习能力较强的学生，在学习过程中也难免会遇到自己不能解决的问题，这时就需要教师的指导、帮助。因此，在自主学习的教学指导中，我们尽管把教师的作用主要定位在"导学"上，但绝不能取消教师讲解这一环节。应该注意的是，这种讲解不是一般意义上的讲解，而是有重点的基于学生需要的精讲，旨在引导、点拨，解答学生的疑难问题。

三、 对自主学习的指导

在对学生自主学习能力形成与发展的途径、机制与规律的分析过程中，我们不难认识到，在教学的条件下，特别是在课堂学习的情境中，教师对学生自主学习的指导是不可或缺的。这首先要求教师更新自己的教育观念，调适角色行为。在课堂教学中，"教师的职责现在已经是越来越少地传递知识，而越来越多地激励思考。除了他的正式职责外，他将越来越成为一位顾问、一位交换意见的参加者、一位帮助发现矛盾论点而不是拿出现成真理的人。他必须集中更多的时间和精力去从事那些有效果的和有创造性的活动：互相影响、讨论、激励、了解、鼓舞。如果教师与学生之间的关系不按照这个样子发展，它就不是真正民主的教育"。其次才是教师应把握自主学习指导的步骤和方法。

（一）自主学习教学指导的一般程序

为了便于说明自主学习教学指导程序中各教学环节之间的逻辑关系和时间顺序，我们根据系统论和控制论的观点以及前面所做的理论分析，概括出一份自主学习的教学指导流程图（见下图）。

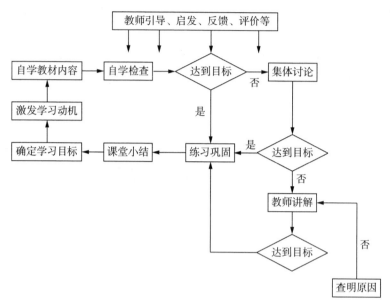

自主学习教学指导流程图

从上图可以看出，有利于学生自主学习的教学流程主要包括确定学习目标、激发学习动机、自学教材内容、自学检查、集体讨论、教师讲解、练习巩固、课堂小结等环节，这些环节构成流程图的主体部分。为了说明教师在学生自主学习过程中所起的作用，我们在流程图的上方添加了"教师指导、启发、反馈、评价"这一模块，意指在学生确定学习目标、自学教材内容、自学检查、集体讨论、练习巩固等各个环节中，教师主要起辅助、引导作用。

该流程图的主体部分包含三个闭合的环路。

第一个环路是由确定学习目标、激发学习动机、自学教材内容、自学检查、练习巩固、课堂小结等环节构成的。它所表达的意思是，学生明确学习目标后通过自学就能够达到目标要求。显然，在这种情况下，学习的几个环节主要是由学生自己完成的，教师从中只起引导作用。

第二个环路在第一个环路的基础上增加了集体讨论这一环节。它所表达的意思是，学生通过自学尚没有达到目标要求，但是通过集体讨论解决了自学中遇到的问题。由于讨论主要是在学生之间进行的，因此在第二个环路中与在第一个环路中一样，教师只对学生的学习起引导作用，学习主要是通过学生个人或集体完成的，学习的自主权主要还是在学生这一边。

第三个环路在第二个环路的基础上增加了教师讲解这一环节。它表明的情况是，学生通过自学和集体讨论后，仍有一部分问题没有解决，这时就需要教师进行讲解，通过讲解帮助学生克服学习困难，完成学习目标。当然，如果通过教师讲解学生仍然不能完成学习任务，教师就要查明具体原因，重新讲解，必要时甚至可以暂时终止讲解。尽管如此，这一环路中所包含的多数环节仍然主要依靠学生自己来完成。因此，总的说来，这一教学流程把学生的学置于教学的核心地位，教学过程的诸环节多数主要是由学生自己来完成的，教师在这些教学环节中主要起引导、点拨、反馈的作用，这样更有利于给学生提供自主学习的机会，体现其学习的主体地位，发展其自主学习的能力。

如果把流程图中的各教学环节与自主学习的构成成分或子过程相对照，可以发现，二者基本上是一一对应的关系。

下面按照教学发生的顺序对各环节的要求做一个详细说明。

1. 确定学习目标

在这一阶段，学生的主要任务是明确自己的学习目标，知道自己需要学什么，应达到什么标准，以及如何达到这些标准。如果从严格意义上要求学生自主学习，学生的学习目标应该由他们自己来制订。但是在现行的学校教育条件下，由于学生在课堂上必须在规定的时间内完成课程标准中规定的学习任务，他们自由选择学习内容、确定学习目标的机会较少。在多数情况下，他们的学习目标还是要由教师来制订。教师给学生制订的学习目标除了必须反映课程标准的要求、体现出一节课学习的重点和难点外，还要尽可能地具体、明确，便于学生对照着学习目标自学。为了培养学生的自主学习能力，教师还要注意教会学生设置学习目标的方法。例如，把长远目标分解成具体的、近期的、可以完成的目标，围绕目标分配学习时间等。对于低年级学生或处在试行自主学习课堂教学初期的高年级学生来说，教师为学生编写自学辅助提纲是一种有效的做法。自学辅助提纲是根据学习目标编写的一种辅助学生自学的提示材料，它把学习目标进行分解，渗透到具体的学习要求或练习题目中，让学生按照提示一步步完成学习目标。自学辅助提纲一般包含如下内容：①学习的基本内容和达到的标准；②对学习步骤和方法的提示；③自学练习题。一般来说，编写的自学辅助提纲要有利于学生回忆和应用已有的知识，要遵循学生学习和思考的顺序，要有利于学生掌握学习策略，能够让学生在自学提纲的引导下去看书学习，真正起到辅助作用。

根据已有的经验，小学生的自学辅助提纲一般在开始上课时下发，让他们当堂对照提纲学习。如果学习内容相对简单，也可以在上一节课结束前发给学生，让他们在课外完成。对于中学生来讲，由于学习任务较多，需要在课外自学，所以下一节课的学习目标要提前告诉他们。一般可以在一节课结束前发给他们下一节课的自学提纲，引导他们在课外预先学习下一节课的内容。

2. 激发学习动机

严格地讲，激发学习动机并不是一个独立的教学环节，它应该贯穿于教学过程的始终。在学生的每一步学习中，教师如果发现其有进步，就应该对他们进行表扬和鼓励，激发他们进一步学习的兴趣和热情。在学习目标呈现之后的学习动机激发可以分两种形式。一是激发学生的好奇心，鼓励学生尝试自学。例如教师可以这样引导："过去都是老师先讲，同学们再学，这堂课老师先不讲，请同学们先自学，看看大家能不能学会。"这种形式一般适用于自主学习教学指导的初期。二是对学生的自学进步进行表扬，对他们的成功做出能力和努力方面的归因反馈。例如教师可以这样引导："老师发现，同学们都有很强的自学能力。通过努力自学，许多同学掌握了一些老师本来要讲的内容。即便是过去学习成绩稍差的同学，这一阶段通过自学也取得了很大的进步，希望同学们继续保持这种好习惯。"显然，这种动机激发方法适用于自主学习的教学指导已试行了一段时间的班级。

3. 自学教材内容

制订了学习目标、编写了自学提纲后，教师就可以要求学生根据学习目标和提纲对课本进行自主学习了。但是自主学习并不是让学生简单地看看书，而是让学生先系统学习课本的内容，它是学生独立获取知识、习得基本技能的主要环节之一。在学生的自主学习过程中，教师要注意以下五个问题。

（1）要保证学生的自主学习时间

一般来说，在自主学习的初期，由于学生还没有完全适应，自学的能力和习惯没有形成和发展起来，给学生的自主学习时间要相对长一些；如果学生已经习惯了这种教学模式，给他们的自主学习时间就可以相对短一些。如果教学内容相对少或者是在低年级中，一般把自主学习的时间安排在课堂上。对初中生和高中生来讲，由于一节课中包含的内容更多一些，一般采用课外自学与课内自学相结合的方法。

（2）在自主学习教学指导模式实施的不同阶段，教学的方式要有所区分

就整个自主学习教学模式的实施过程来讲，一般遵循"教学""导学""自学"的顺序。在低年级或模式试行初期，由于学生的自学能力还较差，没有形成自学的习惯，一般要求教师带着学生一起看书，教授他们研读教材的方法。当学生具备一定的自学能力之后，就可以指导学生自学教材。在自学之前，教师要告诉学生阅读课本时重点看什么，解决什么问题，把重点内容和疑难问题用符号在书上表示出来，以便带着问题听老师讲解，也便于将来复习时参考。中学生由于学习的内容较多，应该要求他们记自学笔记。等学生掌握了一定的自学方法，初步形成了自学习惯后，有些内容就可以放手让学生自学了。

（3）在学生自主学习的过程中，要注意给予及时指导

要对学生的积极表现给予强化，对那些应付学习的学生要批评、督促。一般来讲，给学习自主性差的学生和低年级学生的指导和督促要多一些。

（4）要注意利用自学辅助提纲来指导学生自学

由于受知识水平和阅读水平的限制，学生有时很难完整地把握教材内容，有些学生甚至不知从什么地方学起。精心设计的自学辅助提纲既反映了教学目标，又遵循了思维的规律，能够给学生的学习以正确的导向。

（5）要保证学生自主学习的质量

学生的自主学习不能流于形式，随便看看书了事，必须要求他们通过自学尽可能地把自己能够掌握的内容先行掌握。

4．自学检查

自学检查的目的是检验学生自学课本或自学提纲的情况，为组织学生讨论和教师重点讲解做准备。自学检查的关键是及时掌握学生反馈的学习信息，因此要涉及如下内容：

（1）学生的学习目标哪些已经完成？哪些没有完成？练习正确与否？

（2）如果学习目标没有达到，有几种表现形式？

（3）学生没有达到学习目标的原因何在？

（4）差生的学习情况如何？困难在哪里？

自学检查的有效形式是让学生做紧扣课本内容的练习题。学生在做练习时，教师要勤于巡视，一方面及时了解学生解题的情况，掌握反馈信息，另一方面及时辅导差生。

5. 集体讨论

通过自学检查，一般可以发现，有些学生经过自主学习已经达到了某些学习目标，有些可能没有达到。这时候教师先不要讲解，可以引导学生对练习结果进行讨论，力求通过集体讨论，使学生自己纠正、解答一部分没有做对的习题，进一步理解、掌握学习的内容。

根据已有的教学经验，学生讨论一般从评议练习题着手为好。判定谁对谁错，学生就有话可说，教师可以接着引导学生讨论习题做对的道理以及做错的原因，把讨论引向深入。一般来说，正确运用一节课所学的知识、技能、策略才能做对练习题。因此讲出做对的道理就是解决了本节课的教学重点。容易做错的地方也就是学生学习困难的地方。因此说出做错的原因，也就是突破了本节课的教学难点。这样的讨论既解决了教学重点，又突破了教学难点，是一种简便有效的教学方法。

6. 教师讲解

经过自学和讨论，有些学习内容和问题已经被学生掌握或解决，而有些内容学生还没有理解或掌握，这时就需要教师进行讲解了。在学生自主学习基础上所进行的课堂教学是一种高水平的教学，它的特点是具有很强的针对性，是用于解惑的"精讲"。因此在这个过程中，对教师的讲解也有很高的要求。

第一，教师的讲解不要从头开始。在自主学习的教学指导模式下，学生经过自学课本、尝试练习与课堂讨论后，对新知识已经有了初步了解，因此讲授不必面面俱到，只要根据前几步的反馈信息，针对重点和难点讲解即可。

第二，对于理科性质的学习内容来说，由于它更多地属于智慧技能的范畴，讲解应以基本原理或规则为核心内容，最好结合练习题讲，重点分析学生做对的道理以及做错的原因，抓住导致理解困难的子技能。对于文科性质的内容来说，由于其多属于事实性的知识，因此讲解应侧重于知识的结构和逻辑关系。

第三，如果经过教师精心讲解，大多数学生仍不能理解重点或难点内容，说明教学的目标设置可能有问题。用维果茨基的话来讲，这些学习内容没有落在学生的发展区之内，暂时可以不讲，留待以后解决。

第四，有时候所学内容之间是一种极为严格的逻辑关系，亦即前面的学习内容是后面学习内容的先决条件，前面的内容不掌握，后继的学习就不能进行。这时候教师的讲解就必须与自学检查、讨论交叉进行。也就是说，在每一项学习内容经过学生自学、讨论后，如果发现学生没有理解或掌握，教师就要进行讲解，为后面的学习扫清障碍，而不能等所有内容经过自学检查和讨论后再加以讲解。

7. 练习巩固

如果学习目标设置得当，通过学生自学、讨论和教师讲解，大多数学生可以初步理解并掌握规定的学习内容。但是到这一阶段，学生们还不可能牢固地掌握和熟练地运用所学的知识、技能，甚至有些学生看似掌握而实际上是机械模仿例题，并没有真正系统深入地理解所学内容，因此还要通过系统练习来巩固所学的知识。

在这一过程中，教师要注意设计好变式练习，引导学生学会概括和迁移。有时候还可以设计一些难度较大的题目，使学习走向深入。在练习的过程中，教师还要视情况给学生以个别指导，尤其要给那些有困难的学生以指导。

8. 课堂小结

课堂小结的目的是对当堂所学的内容进行概括归纳，使之系统化，作为一个有机的知识体系纳入学生的认知结构中。为了发展学生的自主学习能力，培养他们独立总结和评价的能力，课堂小结可以由学生进行，教师适当给予补充。但是在自主学习教学的初期，由于学生还没有掌握课堂小结的方法，没有形成自我总结的习惯，教师要演示、指导学生对当堂学过的内容进行总结。随着教学的不断深入、学生自我总结能力的增长，教师可以把课堂总结逐渐交给学生自己完成。课堂小结必须注意以下四个方面。

(1) 要概括本节课所学的全部内容。

(2) 要体现所学内容之间的逻辑联系和内在结构，使之成为一个有机的整体。

(3) 要突出学习的重点和难点。

(4) 要简洁、精练。为了做到这一点，可以使用知识结构图、提纲或表格。

（二）自主学习指导的操作要点

自主学习指导的一般程序给了我们一个有序操作的框架，按照这一框架，具体的教学活动又应当注意哪些操作的环节呢？

1. 明确目标

学生自主学习并不意味着放任学生，让他们盲目地乱碰乱撞，教师要有目的、有步骤地指导学生认清应该做什么，每一步要解决什么问题，怎么去做，做的情况怎么样，让他们通过自主的活动逐步地掌握有效学习的策略。要注重把带领学生小步子逼近目标同教师的"引—扶—放"结合起来，循序渐进地培养学生自主学习的能力。

有目的地引导学生自读课文

特级教师于永正在教小学语文课文《小稻秧脱险记》时，在学生质疑问难后，他把学生写在纸片上的不明白的词语贴在了黑板上。

师：这是同学们刚才找出来的不明白的词语，老师都知道是什么意思，可我希望同学们自己通过读课文来理解这些词语。我相信，你们边读边想，多读几遍就能明白！

（学生按照老师的安排开始读课文）

师：刚才的词语是不是多少明白了一点儿？

生：（极个别同学）明白……

师：词语不重要，我关心的是课文读得是否正确、流畅！

（找学生读课文，这是第二遍读课文。中间教师点评、表扬，读得好的地方让全班学生"像这位同学一样读一遍"）

师：通过找同学读课文，我们画出的词语是不是又明白了一些？

生：（一半左右的学生跃跃欲试）明白了……

师：（发现还有将近一半的学生心存疑惑）很多同学明白了，很好！如果听老师读，你会明白更多！听老师读一读好不好？

生：好！

师：不过，你们一定要会听哟！

（老师第三遍读课文，伴随着音乐，学生沉浸其中）

师：听了老师的朗读，黑板上的词语是不是又明白了许多？

生：（三分之二的学生"喊"起来）明白了……

师：如果你们像老师一样放声再读一遍课文，你们就会完全明白了！

（于是学生学着老师的样子放声朗读，这是第四遍读课文）

师：是不是全明白了？

生：（几乎全班）是……

师：好！根据自己的理解，由老师演"小稻秧"，你们演"杂草"。谁想上台来和老师表演一下"一拥而上""团团围住""气势汹汹""蛮不讲理"等词语！随便上……

（学生纷纷上台，"一拥而上"把老师"团团围住"，"气势汹汹"地和老师"抢养料"，还"蛮不讲理"地说："把养料交出来！"）

从这一教学案例中我们可以看出，在学生对若干词语质疑问难以后，教师通过"练读""找学生分小节读""教师示范读""再读"来解决学生对课文的理解问题。这样，在教师有目的的引导下，学生在阅读中感悟，自然也就掌握了精读的方法，增强了自主学习的能力。

2．整合资源

学生的自主学习需要教师引导他们主动地寻觅学习的资源，提高他们收集处理信息的能力，因此，教师应当在激发起学生的学习动机和问题意识的基础上，引导他们开发和利用各种课程资源，学会围绕学习目标和要解决的主要问题，从社会文化环境中（包括去图书馆、实验室，上网，调查，访问等）获取各种有用的资料。

为了促使学生有效地进行自主学习，教师还要对教材进行创造性的加工、改组或整合，以利于学生通过独立的学习、思考、尝试与探究，自主地建构意义、掌握知识、习得学法。教师应当按照新课程的要求，编写学生自学的教材。

表3　自学式教材和一般教材的比较

自学式教材	一般教材
引发学习兴趣	预设学生有学习兴趣
预估学习使用时间	未估计学习使用时间
有明确的学习者	广大的使用群
提供学习目的及目标	很少提供学习目的及目标
采用多种学习途径	基本上采用单一学习模式
根据学习者的要求设计教材结构	根据学术、专业决定教材结构
强调自我评价活动	很少或没有自我评价活动
关注学习者可能遇到的学习困难	不太关注学习者可能遇到的困难
提供内容的总结	很少提供内容的总结
使用个人化的称谓	不使用个人化的称谓
内容详细陈述	内容精简、浓缩
版面留出的空白较多，低信息容量设计	版面充满文字，高信息容量设计
寻求学习者的评价反馈	很少顾及学习者的观点
提供学习技巧的建议	很少提供学习技巧方面的建议
需要学习者主动回应	学习者被动阅读

续　表

自学式教材	一般教材
以达成有效的学习为目的	以习得专业知识为主要目的
鼓励学习者共同参与	假设学习者个别使用
清楚鲜明的教材结构	较笼统的教材结构
简单的语法、词句	复杂、典雅的语法和词句
较短的课程片段	较长的课程片段
使用大量的范例、图表	不特别使用范例、图表
引用学习者的经验	以学科逻辑顺序为主
建议对知识进行应用	较不注重知识的应用

[资料来源：杨家兴. 自学式教材设计手册. 新北：心理出版社，2000.]

3.“解放”学生

学生的自主学习不可能在一切都听命于教师的控制之下进行，教师要放学生到一个自由的天地中去，让他们有机会放飞想象，抒发创意，释放潜能。陶行知先生在 20 世纪的前半期就呼吁“解放学生”的手脚、大脑、空间、时间，现在是应当得到实现的时候了。

我国教师提出的培养学生自主性的基本原则

给学生一个空间，让他们自己往前走。

给学生一个条件，让他们自己去锻炼。

给学生一点时间，让他们自己去安排。

给学生一个问题，让他们自己去找答案。

给学生一个机遇，让他们自己去抓住。

给学生一个冲突，让他们自己去讨论。

给学生一个权利，让他们自己去选择。

给学生一个题目，让他们自己去创造。

4．具体要求

学生习得自主学习的方式，离不开教师的具体指点，教师应当对学生怎样做提出明确的、具体的要求，由"细"而"粗"、而"简"，一步步带领，使学生形成有效地把握、逐步地迁移的能力。

魏书生指导学生批改作文

为了培养学生的自学能力，魏书生把批改作文的权利交给学生自己，由学生互相批改，并拟订十条标准，让学生一条一条地逐步掌握。

一开始，他只要求学生写五条批语。

第一条，看作文的格式正确不正确。这谁都会。看过之后，拿出红笔，批上：此文格式正确。

第二条，看卷面整洁不整洁，这连最淘气的学生也会。当他批上别人的卷面不整洁时，以后自己也就不能潦草了。如果他批的是一篇写得整整齐齐的作文，心目中也就有了个榜样。

第三条，看标点符号的使用是否基本正确，有没有一逗到底的情况。有几个不正确的，挑出来，扣分。

第四条，看有多少个错别字。批卷人看不出来怎么办呢？流水作业。你说本文错别字有五个，都具体指出来并改正过来。下一个学生再看，所以，凡有疑问，学生就都捧着字典去查。这样，人人都增强了辨别错别字的能力，也会要求自己尽量少写错别字。

第五条，找病句。看哪些句子有毛病，写得不通顺，还要琢磨怎么给人家批改，碰到不好批、拿不准的句子，也要搞流水作业，有人批，有人复查。

第六条，看作文的中心。注意两点：是否鲜明，是否集中。要求紧紧抓住主题。怎样辨别作文的中心是否鲜明和集中呢？魏老师通过一两篇作文的实例指导一下，学生一般就能掌握了。

第七条，看作文的选材是否围绕中心，是否真实。这一条，凭着已有的生活经验，学生一般还是能够分辨出来的。

第八条，看文章的结构、层次是否清晰，开头和结尾是否相互照应，过渡是否自然。

第九条，看表达方式是否符合要求。如：记叙文是否做到了以记叙为主，老师要求记叙、议论、抒情相结合，作者结合没结合。

第十条，看语言是否简练、准确，生动、形象不做要求。如果作者能够写得生动、形象，那当然更好。

为了让学生"自主"地批改作文，魏书生老师提出了非常具体的要求。

我们相信在反复的实践中，学生会养成好的作文习惯，这种"自主"的学习就会获得更大的"自由"。

5. 巧妙提示

教师善"导"充分地表现在巧妙的提示上。巧妙，应当是不着痕迹地提醒，不事张扬地启示，要言不烦地点到为止，这样可以留给学生思考的余地，不枝不蔓地抓好关键，以保证学生有效学习。

鱼有耳朵吗

实验室宽敞明亮。实验桌上摆放着晶莹透明的玻璃缸，几条鱼在水里摇头摆尾，游来游去。孩子们在各自的桌旁七嘴八舌地议论着。

这是小学常识课"鱼"的一个教学片断。

生：老师，鱼有耳朵吗？

（哄堂大笑）

师：（十分赞赏地，肯定地）问得好！想想，如果鱼是聋子，它能听到声音吗？

生：我用铅笔敲敲玻璃缸，它好像一惊，很快就游开了，证明它不是聋子。可是鱼明明没长耳朵呀！

师：那它靠什么感觉到振动呢？

生：可能凭眼睛吧？

生：不大可能。鱼的眼睛圆溜溜的，可是视力不大好。我拿铅笔戳它，它一眨也不眨。

生：这鱼可能患近视了，我划亮火柴照它，它好像没发觉似的。

生：我把酒精棉球给它闻，它也没什么反应。

师：对，鱼的视力很弱，只能看到近处的物体。

生：我发现了！鱼鳃后面隐隐约约有一条线。你们看，是不是这条线呢？

生：我也找到了！跟书上画的一个样。

生：鱼的两边都有一条线呢！

师：（让学生们用放大镜）你们要仔细观察一下！

生：不是线，是一个个的小孔，长在鳞片上。

师：完全正确！这长在鳞片的小孔，连成了一条线，叫侧线，它与神经相通，鱼就是靠它来感知水流和振动的。不过，鱼也有耳朵，只是藏在头骨里面，我们是看不见的，它也有听觉哩！

生：老师，动物的耳朵大多长在头上，鱼耳为什么藏在头骨里呢？

师：这是不是与鱼的生活环境有关呢？（鼓励课后继续探究）

……

由上面的细节可以看出，这位教师确实是与学生共存于教学情境之中的，他放手让学生自主地研讨，但又不失时机地提出问题、进行点拨，肯定、补充和引申学生的答案。他有作为但不代替，他有充分准备但决不简单给予。

6. 循序渐进

学生自主学习能力的发展有一个过程，学生习得自主学习的可行方式只能是循序渐进的，教师要细致分析学生的"学情"，根据教材提供的各种可能，耐心地、有计划地引导学生掌握自主学习的技能，增强信心，勇于践履。

三个"酒精溶于水"的教学设计

教学设计一：

1. 教师提出酒精和水的关系问题。

2. 请学生回忆在生活中什么地方可以遇到酒精，如食用酒。

3. 请学生凭自己的经验判断酒精是否溶于水，适当讨论。

4. 请学生谈谈自己的看法，并举出例证。

5. 教师总结：不论其量大还是量小，酒精都溶于水。

教学设计二：

1. 教师提出酒精和水的关系问题。

2. 让学生先猜想二者会是什么样的关系。

3. 请学生谈谈自己的看法。

4. 归纳出学生的主流意见。

5. 给每位或每小组学生提供一杯纯酒精和一杯水，请学生将酒精倒入水中，看看会产生什么现象，并看看酒精倒入水中的量是否影响酒精的溶解。

6. 教师总结出实验结果：酒精溶于水，并且不论量大量小。

教学设计三：

1. 教师提出酒精和水的关系问题。

2. 请学生大胆猜想这个关系会是怎样的。

3. 大多数学生知道酒精是溶于水的，这一点可事先预料到。关键在于从学生的讨论中引出：如何通过实验来证明这是一个事实。

4. 请学生集思广益，交流自己的实验方案，并且互相帮助，修改设计。

5. 提供尽量多的实验器材，如水、纯酒精、量筒、玻璃杯、玻璃棒、红墨水、有色食用酒。请学生根据自己的设计选择实验材料，然后进行探究，并做好记录。

6. 请学生就自己的实验方法和实验结果发言，并接受他人的质询和聆听不同的意见。教师肯定每一位或每一组学生的实验，并从中总结出酒精和水的关系：酒精可以溶于水，并且不论量大量小。

从引导学生转变学习方式的角度来说，这三个教学设计在凸显学生的自主性，组织学生进行探究、合作学习方面，具有不同的水平。

（三）自主学习的指导原则

儿童的发展遵循着顺序性、阶段性、不平衡性、互补性、差异性等规律，基础教育的发展则遵循着对外促进社会发展、对内适应儿童成长等规律。研究这些规律，我们发现，要培养学生的自主学习能力，必须遵循以下原则。

1.原型启发原则

当我们解决问题时，常常能够从其他事物中获得启示，从而找到解决问题的方法和途径，这种具有启示作用的事物就是原型。因此，在引导学生进行自主学习的过程中，教师应当注重原型事物的选择，引导学生通过联想、类比来理解新的概念，进而发现并拓展解决问题的办法。

2.最近发展区原则

维果茨基将学生已有发展水平和可能发展水平之间的差距称为最近发展区。在现实的学习场域中，教师一方面要了解学生已有的知识储备水平，另一方面，在新知识的构建和传授过程中，应注重新旧知识的不同衔接，通过适切的目标定向、启发诱导等调动学生的学习积极性，发掘他们的潜能，超越最近发展区而顺利转入下一个发展区。

3.研究性学习原则

研究性学习的本质在于让学生亲历知识产生与形成的过程，追求知识发现方法习得与态度形成的有机结合，这是培养学生自主学习能力的有效途径。因此，在指导学生进行自主学习时，教师要鼓励学生通过亲身参与实践活动，如观察访谈、调查、实验、设计、评估等，去获得知识、得出结论，并形成研究成果，而不是将已有的结论告知学生。

4.分层指导原则

在促进学生进行自主学习的过程中，不同学段的学生有着不同的诉求及相应的操作要求，总结起来可以分为三个层次，即相对于低、中、高学段的学生，对应的操作策略有"帮""扶""放"。"帮"，即鼓励引导，激发自主；"扶"，即形成自主的稳定性；"放"，即适当放手给空间。

以小学生为例。

第一，低年级要"帮"，鼓励引导，激发自主。低年级的学生因为年龄小，进入有意学习时间不长，在对校园生活的熟悉与适应方面比较弱，再加上低年级学生身心发展更稚嫩，学习基础、学习能力不强，因而他们学习的自主性还处在萌芽状态，既微弱又脆弱。教师需要创设安全的心理环境，在情感意志上多给予鼓励、引导，促使学生产生自主性欲望，进而带动自身的行为自主性，在做好点滴小事的体验里强化认知上的自主性。教师要有耐心，清晰地为学生做好示范，并不时地加以重复、勤于巩固，供学生观察、模仿，帮他们掌握学习内容和任务，并使学生在这一过程中逐步认识到学习是自己的事，感受到积极主动地参与学习是件快乐的事。

这一阶段的学习以体验式为主，教师要鼓励学生用脑子去想，用眼睛去看，用耳朵去听，用嘴去表达，用手去操作，用身体去体验，用心灵去感受。学生在体验的过程中，能够更好地调动全部心智对学习内容进行反复体察、反思，从而形成一定的知识储备技能和品格。对于低年级学生来说，用耳朵听到的容易忘，用眼睛看到的记不深，而亲身实践并体验到的才可以牢牢记住。

第二，中年级要"扶"，形成自主的稳定性。在感情和认知领域，特别是在记忆、思维和想象等方面的技能不易改变，所以自主性一旦形成就具有一定的稳定性。中年级学生在经历低年级的适应与积累后，往往具有强烈的情意自主性，但智与行的发展相对滞后，即心气儿上积极进取，落实到理性认知和行动上，就比较欠缺了。这需要教师有意识地指出学生自主性中冲动、情绪化的因素，使学生养成克制冲动的认知、理性负责的行为，尝试有计划地、持续地学习，均衡情感、智力与行为的发展，使自主性趋于稳定成熟。

具体而言，在教学之前，教师可依据教学目标帮助学生确定自己的学习目标；在学习过程中，学生在教师指导下制订学习计划，选择学习策略，并能够在课堂学习中自我监视、调节、控制，由目标和情感特征引导和约束自身的认知、动机与行为，对学习的物质和社会环境保持高度的敏感性和随机应变能力；在学习之后，学生能够明确自身的学习效果并进行有效的总结评价。在此过程中，教师应当是一个引导者，主要任务是给予学生恰当的支持和修正，组织和引导学生进行自我检查、自我总结、自我评价和自我补救。

第三，高年级要"放"，适当放手给空间。自主性的顺利发挥，需要以下两种情境。一是熟悉的情境。学生对学习情境越熟悉，越感到可以有所作为，自主性程度也就越高。二是自由的情境。学生感到情境约束力小，有必要的自由度，自主性程度就越高。自由度与自主性在一定程度上呈正相关，有自由没有自主，不是真正的自由；想自主而没有自由，则无法自主。到了高年级，学生的自主性趋于常态，对校园的学习生活更加熟悉和适应，有驾驭知识和经验的能力与信心，需要教师放开学生，给他们自主发挥能力提供时间与空间，因为过多的"搀扶"或者"压制"会使学生丧失自主权，抑制学生自主性的发展。

在具体的学习场域中，教师应当做到七个"还给"：把学习时间权还给学生，把学习权还给学生，把主动权还给学生，把体验权还给学生，把话语权还给学生，把学习方法教给学生，把评价权还给社会。教师还应当为学生提供充分自由表达、研究、质疑和讨论的机会，不断启发诱导学生采用合作、质疑、实践、体验等方法，让学生自主整理、分析和加工信息，从而获取知识、提高能力。同时，鼓励学生开展同伴之间的交流与合作，在同伴互动中不断经历思维激荡、智慧分享、讨论协商，并最终形成团队共识。

（四）几种指导学生自主学习的教学模式和方法

从 20 世纪下半期开始，国内外就出现了一些以培养学生自主学习能力为目标的教学方法。尽管这些方法的理论基础和指导思想并不相同，适用的年级与学科也不一样，但这些模式与方法都突出了学生的主体地位，注重发挥学生的主观能动性，立足于培养学生的自主学习能力，对于我们指导学生习得自主学习的方式能起到借鉴与参考作用。

1. 建构主义倡导的两种教学方法

（1）支架式教学

支架式教学被定义为："支架式教学应当为学习者建构对知识理解的一种概念框架。这种框架中的概念是为发展学习者对问题的进一步理解所需要的。为此，事先要把复杂的学习任务加以分解，以便把学习者的理解逐步引向深入。"很显然，这种教学思想来源于苏联著名心理学家维果茨基的"最近发展区"理论。

建构主义者正是从维果茨基的思想出发，借用建筑行业中使用的"脚手架"作为上述概念框架的形象化比喻，其实质是通过这种脚手架的支撑作用（或曰"支架作用"）不停顿地把学生的智力从一个水平提升到另一个新的更高水平，真正做到使教学走到发展的前面。

支架式教学由以下五个环节组成。

①搭脚手架：围绕当前的学习主题，按"最近发展区"的要求建立概念框架。

②进入情境：将学生引入一定的问题情境（概念框架中的某个节点）。

③独立探索：让学生独立探索。

探索内容包括：确定与给定概念有关的各种属性，并将各种属性按其重要性大小的顺序排列。探索开始时要先由教师启发引导（例如演示或介绍理解类似概念的过程），然后让学生自己去分析。探索过程中教师要适时提示，帮助学生沿概念框架逐步攀升。起初教师的引导帮助可以多一些，以后逐渐减少，愈来愈多地放手让学生自己探索，最后要争取做到无须教师引导，学生自己能在概念框架中继续攀升。

④协作学习：进行小组协商、讨论，在共享集体思维成果的基础上达到对当前所学概念比较全面、正确的理解，即最终完成对所学知识的意义建构。

⑤效果评价：对学习效果的评价包括学生个人的自我评价和学习小组对个人的学习评价。

评价的内容包括自主学习能力、对小组协作学习所做出的贡献、是否完成对所学知识的意义建构等三个方面。

（2）抛锚式教学

抛锚式教学模式与情境学习、情境认知以及认知弹性理论有着密切的关系，这种模式主要强调以技术学习为基础。抛锚式教学模式是由温比尔特认知与技术小组在约翰·布朗斯福特的领导下开发的。

抛锚式教学的主要目的是"使学生在一个完整、真实的问题背景中产生学习的需要，并通过镶嵌式教学以及学习共同体中成员间的互动、交流，即合作学习，凭借自己的主动学习、生成学习，亲身体验从识别目标到提出并达到目标的全过程"。这种教学鼓励学习者积极地建构有趣的、真实的情境，把"锚"视为一种"宏观背景"，而与"微观背景"相区分。微观背景是课本后的互不联系的"应用题"的特征，而创设真实的"宏观背景"是为了使儿童和学徒制中的人们能够利用在背景中学习的优点。抛锚式教学的设计原则依据的是吉伯逊的"供给理论"。"供给"指情境能促进学习活动的潜力。"锚"不仅是学习者应用已掌握知识的情境，更重要的是使用"锚"来帮助学生发现学习的必要，从而重视树立学习目标。也就是说，教学应该帮助学生在完整的真实情境中确认学习目标。教师预先教授一些知识是为了提供帮助学生继续前进的资源和"脚手架"。由于抛锚式教学要以真实事例或问题为基础（作为"锚"），所以有时也被称为"实例式教学"或"基于问题的教学"。

抛锚式教学由以下五个环节组成。

①创设情境：使学习能在和现实情况基本一致或相类似的情境中发生。

②确定问题：在上述情况下，选择出与当前学习主题密切相关的真实性事件或问题作为学习的中心内容（让学生面临一个需要立即去解决的现实问题）。选出的事件或问题就是"锚"，这一环节的作用就是"抛锚"。

③自主学习：不是由教师直接告诉学生应当如何去解决面临的问题，而是由教师向学生提供解决该问题的有关线索（例如需要搜集哪类资料，从何处获取有关的信息资料以及现实中专家解决类似问题的探索过程等），并要特别注意发展学生的"自主学习"能力。

自主学习能力包括：确定学习内容表的能力（学习内容表是指为完成与给定问题有关的学习任务所需要的知识点清单）；获取有关信息与资料的能力（知道从何处获取以及如何去获取所需的信息与资料）；利用、评价有关信息与资料的能力。

④协作学习：讨论、交流，通过不同观点的交锋，补充、修正、加深每个学生对当前问题的理解。

⑤效果评价：由于抛锚式教学要求学生面对现实问题，学习过程就是解决问题的过程，即由该过程可以直接反映出学生学习的效果。因此对这种效果的评价往往不需要进行独立于教学过程之外的专门测验，只需在学习过程中随时观察并记录学生的表现即可。

2．几种国内教学改革中富有成效的教学法

（1）自学辅导教学法

自学辅导教学法是中科院心理研究所卢仲衡先生创立的一种教学方法。它是一种班级集体教学与个别化教学结合的教学模式，强调学生在教师的指导下自学教材内容，自己练习、检查和改正错误，培养学生的自学能力。为了便于学生自学，自学辅导教学的创立者根据九条心理学原则重新编写了教材。这九

条教材编写原则是：高而可攀的原则，当时知道结果的原则，铺垫原则，直接揭示本质特征的原则，从开展到压缩、从详尽到省略的原则，变式复习、避免机械重复的原则，按步思维原则，可逆联想原则，步步有根据原则。

自学辅导教学法有七条教学原则：班定步调与自定步调相结合的原则，教师指导下学生自学为主的原则，启、读、练、知相结合的原则，利用现代化手段来加强直观性的原则，采用变式复习加深理解和巩固的原则，自检和他检相结合的原则，强动机、浓兴趣原则。

自学辅导教学包括五个教学步骤。

①启发引导。每堂课开始的 4—5 分钟，教师从旧知识引进新问题，激发学生的求知欲望，了解本节课的学习目标，激发学生迫切需要阅读课本和解决实际问题的愿望。

②阅读课本。学生按照各自的步调阅读课本，快者快学，慢者慢学。

③自做练习。学生学到课本提示做练习处就做练习题。

④知道练习结果。学生做完练习题后自对答案。

前四个步骤大约需要 30—35 分钟。此时教师不打断学生的思维，在课堂上巡视指导优生，辅导差生，检查学生的练习，了解全班的学习情况，发现问题，以便在下课前 10 分钟对全班学生提问、答疑和讲评。

⑤教师小结。教师有针对性地概括、纠正学生的共性错误，使解题规范化，解决他们的疑难，促使知识系统化。

在这五个步骤中，启发引导和教师小结这两个环节是由教师在上课前和下课前在班级中集体进行的，其余的三个环节主要由学生独立完成。

自学辅导教学法主要是在初中数学教学中试行的。近 20 年的实践证明，自学辅导教学对于提高学生的学习成绩、发展学生的自学能力具有明显的促进作用。

（2）"八字"教学法

"八字"教学法是上海育才中学的段力佩先生在教学实践中总结出来的一种教学方法。"八字"教学法的基本精神是让学生成为学习的主人，变被动的听讲为积极主动的自学。"八字"是指教学遵循着"读读、议议、练练、讲讲"的顺序。

①读读。就是引导学生阅读课本，让学生主动地从课本中汲取知识。在读的过程中，教师巡视，个别辅导，搜集学生在学习过程中产生的疑难问题

以便解答。

②议议。在阅读的基础上，教师引导学生就遇到的问题进行讨论。前后左右四个学生为一小组，必要时可以跨组讨论。教师在编排座位时要有意识地让成绩好的学生与成绩较差的学生坐在一起。

③练练。练的目的是让学生在初步领会和理解课本知识的基础上进一步消化课本知识，形成技能。练包括做练习、口头问答、书面作业、开卷小结和实验等形式。初中各科作业应在课内完成，高中各科作业应基本上在课内完成。课外作业应尽量减少，让学生有时间和精力参加课外小组活动。

④讲讲。讲的主要作用是对学生引导、解惑和对教学进行总结。因此，它贯穿教学始终，渗透于读、议、练的整个过程。

"八字"教学法作为一项经验总结式的教改实验成果，为我国学导式教学的研究开创了一个具有范式意义的教学程序。它所阐发的基本主张，如"读是基础，议是关键，练是应用，讲是贯穿始终的"，具有较高的理论价值。事实上，其后许多教改实验所提出的教学程序几乎都可以视为"八字"教学法的变式。

（3）尝试教学法

尝试教学法是由我国著名的小学数学教学法专家邱学华于 20 世纪 80 年代初首创的，已在全国 30 个省市推广应用。尝试教学法不是教师先讲，而是让学生在原有知识的基础上先进行尝试练习，在尝试的过程中指导学生自学课本，引导学生讨论，在学生尝试练习的基础上教师再进行有针对性的讲解。它在课堂教学过程中体现三个"为主"，即以学生为主、以自学为主、以练习为主，使以"教"为中心转变成以"学"为"重心"。

尝试教学法的基本教学程序分五步进行。

①出示尝试题。新课开始，教师向学生指出本节课的学习内容和学习要求，然后呈现与课本中例题同类型、同结构的尝试练习题，让学生通过阅读课本去解答这些练习题。出示尝试题的目的是引起学生的好奇心，激发学生阅读课本的兴趣。

②自学课本。出示尝试题后，学生产生了解答问题的愿望，这时引导学生阅读课本例题就成为必要。阅读课本前，教师可以提出一些思考性的问题作为指导。学生通过做例题，举一反三，学会做尝试题的方法。在自学课本时，教师应鼓励学生遇到问题及时提问。

③尝试练习。通过学习课本中的例题，大部分学生掌握了解答尝试题的方法，这时就让好、中、差三类学生板书演示，其他学生同时在草稿本上练习，教师巡回检查，及时了解学生的答题情况。学生在练习时，可以继续看书上的例题，一边看，一边做。

④学生讨论。尝试练习后，可能一部分学生做对了，一部分学生做错了，教师根据板书演示的情况，引导学生讨论做对的道理和做错的原因。

⑤教师讲解。学生会做习题，可能并不懂得算理，理解不到知识的内在联系。因此在学生尝试练习后，教师要进行系统讲解，尤其要抓住教学的重点、难点进行讲解。

实践证明，尝试教学法对于培养学生的自学能力、提高课堂教学效率、调动学生的学习积极性、改善学习成绩都有明显的促进作用。但这种教学法也有其局限性，主要表现在三个方面：其一，应用尝试教学法，学生要有一定的自学能力，因此在低年级应用的范围较小；其二，对于初步概念的引入课，一般不适于应用尝试教学法；其三，实践性较强的教材内容不适于应用尝试教学法。

（4）六步教学法

六步教学法是由辽宁盘锦二中的魏书生经过长期教学实践创立的。六步教学法以知、情、行、恒相互作用的规律为依据。所谓知，就是使学生认识求知的重要性，唤起求知的欲望；所谓情，就是使学生体验获得知识的欢乐和幸福的情绪；所谓行，就是让学生了解自身学习活动的方向和规则，提高效率；所谓恒，就是在学习中要有恒心，坚持到底，不半途而废。

六步教学法主要是在语文教学中开展的，重在培养学生的自学能力。其基本的教学步骤是：

①定向。就是确定一节课的学习重点。

②自学。学生根据一节课的学习目标学习课本的内容，把不懂的地方标出来，等待解答。

③讨论。把班上的学生按前后左右每四人分成组，让学生把自学时不懂的地方提出来，互相讨论。讨论也不能解决的问题，留待答题时去解决。

④答题。先由学生自己去解答疑难问题，每个学习小组承担一部分。这样，疑难之处越来越少，然后由教师回答学生自己不能解决的疑难问题。

⑤自测。根据定向指出的重点、难点以及学习后的自我理解，由学生拟

出一组 10 分钟的自测题，全班学生来回答。学生自己拿出红笔来评分，自己检查学习结果。

⑥总结。下课前，每个学生在自己的座位上口头总结一下本节课的学习过程和主要收获，再从各类学生中选出一两名学生单独总结，使各类学生及时接受反馈。

在这种教学形式中，教师所起的作用是确定一节课的学习重点，解答学生自己不能解答的疑难问题，其余的环节基本上留给学生自己完成。

（5）异步教学法

异步教学法是湖北大学的黎世法经过多年教育调查和实验后提出的一种新型教学方法。异步教学法在 1981 年上半年被提出以后，立即引起了教育界的注意，至今参加实验的中小学已经扩展至 3 万多所，影响很大。异步教学法的目的是充分发挥学生学习的主体作用和教师的主导作用，实现学生学习的个体化与教师指导的异步化在教学过程中的有效统一。它是一种以个别教学为基础，集个别教学、分类教学、全体教学为一体的教学方式。

异步教学法的基本结构是：教师在上课时先向全班学生交代本节课的学习任务，接着教师针对本节课要解决的问题进行启发，然后学生根据教师的启发，按照"六步学习法"（自学—启发—复习—作业—改错—小结）在教师的指导下进行独立学习，逐个解决本节课要解决的问题。与此同时，教师走下讲台，在学生中间来回巡视，按照"四步指导法"（提出问题—启发思维—研讨学习—强化学习）对学生的自学进行宏观和微观的异步指导。宏观异步指导针对的是全班或部分学生存在的某一共同的问题，微观异步指导针对的是某个学生的特殊问题。

研究后期，研究人员又提出了一种宏观的学习过程和一个六步阶段的教学过程。宏观的学习过程包含八个具体环节：制订计划—主动自学—启发思维—及时小结—独立作业—改正错误—系统总结—运用创造。六步阶段教学包括自学教学、启发教学、复习教学、作业教学、改错教学、小结教学六个阶段。在这种教学中，教师所起的主要作用是启发引导学生的思维，解答疑难问题。

第三章

如何指导学生探究学习

探究是人类适应环境的一种天性。人为了认识新情境、解决新问题、创造新生活，就得有探究行为。年轻一代要成长为主动的学习者，成为具有创新精神和实践能力的人，就必须习得探究学习的方式。

探究是人类适应环境的一种天性。人为了认识新情境、解决新问题、创造新生活，就得有探究行为。年轻一代要成长为主动的学习者，成为具有创新精神和实践能力的人，就必须习得探究学习的方式。前面我们已经讨论了自主学习方式。那么，怎样认识探究学习与自主学习的关系呢？简要来说，"探究学习"以"自主学习"为基本前提，一般意义上的探究学习过程往往也是学生自主学习的过程。反过来说，真正意义上的"自主学习"往往以"探究学习"的方式展开。所以严格地说，"探究学习"与"自主学习"并不构成并列的关系，两者有大量交叉、重合的地方。

一、 探究学习的要义

（一）探究学习的界定

在汉语中，"探究"就是"探索研究"。"探索"是指"多方寻求答案，解决疑问"，"研究"是指"探求事物的真相、性质、规律等；考虑或商讨"。

现在大家比较多地引用的是《美国国家科学教育标准》中的定义："科学探究指的是科学家们用来研究自然界并根据研究所获事实证据做出解释的各种方式。科学探究也指学生构建知识、形成科学观念、领悟科学研究方法的各种活动。"这个定义的前句讲的是科学家的探究，后句讲的是学生学习时的探究。显然，我们可以把"学校课程中的探究性学习"理解为学生围绕一定的问题、文本或材料，在教师的帮助和支持下，自主寻求或自主建构答案、意义、信息或理解的活动或过程。这样，就把学校课程实践中的"探究"活动与教师讲授、学生听讲的"接受"活动区分开来并对应起来。

关于探究式学习、发现式学习、接受式学习

接受式学习与发现式学习是一对概念，探究式学习与授受式学习是一对

概念。探究式学习可以是发现式的，也可以是接受式的。授受式学习一定属于接受式的学习方式。发现式学习一定属于探究式的学习方式。

因此，探究式的学习不一定是发现式的，接受式学习也可以是探究式的。目前我们大力倡导探究式学习，并非仅仅大力倡导发现式学习。它们之间的关系如下表所示。

表 1

知识的建构		知识由教师直接提供，主要表现为教师讲（讲授或演示），学生听（或观看）。 接受式学习（他主接受式学习） 例如：课堂上教师讲解辛亥革命的历史，学生听。		学习
	知识由学生自主建构 探究式学习 （探究式学习具有多样化的模式，可以是发现式学习，也可以是接受式学习）	知识由学生自主地从现有资料或现有资源（如图书馆、因特网、科技场馆等）中直接收集或向有关人士直接询问。 接受式学习（自主接受式学习） 例如小论文：对三峡工程的支持意见与反对意见综述。	知识基本上是现成的，学生只需直接听取、获取，或稍加整理即可。 接受式学习	
		知识由学生在观察、实验、调查、解读、研讨等活动过程中，通过整理分析，自主建构起来。 发现式探究/发现式学习 ·观察蜗牛。（观察） ·设计一个1秒钟摆动1次的摆。（问题解决） 探究摆的频率与什么因素有关。（实验变量定性分析） 研讨：具有什么特征的事物才是有生命的？（概念澄清） 课文《在山的那边》中，"山"指什么？（文本解读）		

《美国国家科学教育标准》还指出："探究是多层面的活动，包括：观察；

提出问题；通过浏览书籍和其他信息资源，发现什么是已经知道的结论，制订调查研究计划；根据实验证据对已有的结论做出评价；用工具收集、分析、解释数据；提出解答、解释和预测；交流结果。探究要求确定假设，进行批判的和逻辑的思考，并且考虑其他可以替代的解释。"从以上分析可以看出，探究是一个围绕"问题"展开的活动，是逐步分析和解决问题的过程。探究学习是运用探究的方式进行的学习过程和活动，也就是学生在教师的指导下主动地发现问题，以一种类似科学研究的方法对问题进行分析和研究，从而解决问题和获得知识的过程和活动。同时，探究学习也就成了一种学习方式，是可供学生选择的学习方式的一种。根据以上的分析，我们可以这样来界定探究学习：所谓探究学习，即从学科领域或现实社会生活中选择和确定研究主题，在教学中创设一种类似于学术（或科学）研究的情境，通过学生自主、独立地发现问题、实验、操作、调查、搜集与处理信息、表达与交流等探索活动，获得知识、技能、情感与态度的发展，特别是探索精神和创新能力的发展的学习。经历探究过程以获得理智能力发展和深层次的情感体验、建构知识、掌握解决问题的方法是探究学习要达到的三个目标。

（二）探究学习的特征

探究学习作为一种新的学习方式和学习活动，体现了自身的诸多特征。

1. 综合性与开放性

探究学习的一个初衷是要消除以往教师分科教学、学生分科学习的弊端。现实生活中实际问题的解决需要学生具备综合应用知识的能力。探究学习为学生提供了综合学习的机会，它通过围绕某个问题组织多方面或跨学科的知识内容，让学生对知识融会贯通，多层次、多角度地思考问题。并且，探究学习的许多内容是学校无法提供的，其涉及的面相当广泛，即使在同一主题下，研究的视角或切入口也有相当大的灵活度，因而教师和学生要更多地发挥创造性。

2. 主动性与自主性

探究学习强调的是学生学习方式的转变，从以前的被动接受学习转变为主动发现学习。学生可以根据自己的兴趣、特长自主选择研究课题，从选题、组织课题组，到实施研究、撰写课题报告都是学生自己主动探索的过程，教师只承担指导者的角色。

3．探究性与创造性

探究是人类认识世界的一种最基本的方式。广大中小学生正处于充满好奇心和探究欲的身心发展时期，探究学习也正符合他们个性发展的特点。通过类似科学研究的过程，对未知的结论层层探索，在这个过程中，学习的结果主要不是知识的积累，而是学生创造性的发挥。

4．实践性与过程性

探究学习是以学生的主体实践活动为主线展开的，学生在做中学，在学中做，实践活动贯穿整个探究学习的始终。学生在学习间接经验的同时，更多的是获得直接经验，并在探究的实践中获得积极的情感体验。相对于接受学习，探究学习更注重学习过程，强调尽可能地让学生经历一个完整的知识的发现、形成、应用和发展的过程，从中感受到探究的魅力所在。

5．互动性与灵活性

探究学习是一个多向互动的学习过程：一方面是学习主体和学习客体之间的交互作用——通过活动来获取知识，培养能力；另一方面是教师和学生、学生和学生之间的交流与合作——通过师生间的交流、生生间的交互学习来进行探究学习。同时，其学习的形式也是多种多样的，教师和学生可以根据交流和合作的实际情况来选择灵活的方式进行探究学习。

6．层次性与超越性

学生参与探究学习是有层次差异和类型区别的，在专题目标定位上可以各有侧重，有的专题与实际生活联系得较为紧密，有的专题更偏向学术性。教师可以根据学生的不同情况，合理安排探究学习活动。探究学习在强调层次性的同时，也强调要发挥超越性的一面，要让学生大胆地怀疑，大胆地猜测，从而创造性地学习，不断地向自我挑战和超越自己。

（三）探究学习的原则

新课程突出强调对学生创新精神和实践能力的培养，而学生创新精神和实践能力的培养需要通过学生具体的探究活动来实现。怎样进一步认识和把握探究学习的要义呢？我国学者提出了探究学习的若干条原则。

原则1：应提倡多样化的学习方式及这些方式相互促进。

原则2：应在多样化的科目中开展探究式学习。

原则3：强调探究式学习的多样化设计模式。

原则4：应面向全体学生，并观照个别差异。

原则5：应提供足够的支持条件。

原则6：问题的设计应首先关注"儿童的问题"，面向生活，面向社会。

原则7：其重点不在探究的操作方法和操作技能上。

原则8：探究过程中要辩证地处理学生自主与教师指导的关系。

原则9：探究过程中教师先要充分地倾听学生的意见。

原则10：探究过程中教师要珍视并正确处理学生已有的个人知识和原始概念，引导学生积极反思。

原则11：珍视探究中学生独特的感受、体验和理解。

原则12：探究过程中要强调学生之间的合作与交流（学生间的相互倾听）。

原则13：在探究过程中体验挫折与成功。

原则14：不必一次探究透、探究完。

原则15：不仅强调探究中的动手，更要强调动脑。

原则16：针对不同学段，对探究的水平要提出不同的要求。

原则17：把探究式学习与现代技术（如多媒体与因特网）相结合。

原则18：探究式学习的评价应以形成性评价为主。

二、 探究教学的研究

教学活动是教师教与学生学的双边活动。在教学过程中，教与学、教师与学生是相互依存、相互作用的统一体，因此，教师的教学方式与学生的学习方式总是整体的教学活动的两个难以分割的方面。一定的教学方式会引发并促进某种学习方式的形成与发展，而一定的学习方式可能产生对某种教学方式的偏爱和选择。所以，当我们在讨论以学生学习为中心的"探究学习"的时候，必然要研究教师怎样变革自身的教学方式去引导学生习得新的学习方式，这样，对"探究教学"的探索与实践就是再自然不过的了。

（一）探究教学的实质

探究教学是对应于探究学习的一种教学方式。正如靳玉乐教授所指出的：探究教学的重心或出发点在于学生方面，探究是学生的探究，教只是为学服务，而不是要学服从教。因此，现有对探究教学的研究主要集中在探究学习上，把探究学习作为教的出发点。

靳玉乐教授认为，探究教学在实质上是一种模拟性的科学研究活动。具体来说它包括两个相互联系的方面。一是有一个以"学"为中心的探究学习环境。这个环境中要有丰富的教学材料、各种教学仪器和设备等，而且这些材料是围绕某个知识主题来安排的，不是杂乱无章的；还要有民主、和谐的课堂气氛，使学生很少感到有压力，能自由寻找所需要的信息，自己做种种设想，以自己的方式检验自己的设想。总之，这种环境要使学生真正有独立探究的机会和愿望，而不是被教师直接引向问题的答案。二是给学生提供必要的帮助和指导，使学生能在探究中明确方向。这种指导和帮助的形式与传统教学中教师的作用有很大的不同，主要是安排有一定内在结构、能揭示各现象间的联系的各种教学材料，以及在关键时候给学生必要的提示等。

安德森对探究学习的概括

安德森在他主编的《教学和教育百科全书》中对探究教学的几个方面做了高度的概括。

探究教学的本质特征是：不直接把构成教学目标的有关概念和认知策略直接告诉学生，而是教师创造一种智力和社会交往环境，让学生通过探索发现有利于开展这种探索的学科内容要素和认知策略。

这种教学的基本原则是：由学生自己制订获取知识的计划。这能使学科内容有更强的内在联系，更容易被理解，有利于激发内在动机，学生的认知策略自然获得发展。同时，在这个过程中，学生还认识到能力和知识是可变的，从而把学习过程看成是发展的，它既要以现有的学习方法为基础，又要对其不断地加以改进。

探究既是一种学生与环境（包括物质环境、精神环境、制度环境等）相互作用的建构过程，又是一种在人际互动中"内化"人类文明成果、获得经验与体验的社会化（包括智慧、情感、态度与价值观的社会性发展）过程。这就必然对教学结构中的各个要素提出新的要求：教师应当成为探究的促进者和合作者，学生应当成为具有探究精神、探究能力和探究策略的学习活动的主体，教材的编排组合和呈现方式要适应于探究活动的展开，学习环境与各种规范（制度、评价、管理控制等）也应当是民主、宽松、开放与灵活的。

因此，探究教学的要义可以简要表述为以下四个方面。

1. 探究教学是以促进学生发展为目的的

探究教学不仅可以促进学生智慧与能力的发展，而且可以使他们的情感、态度、价值观以及以"自我"为核心的人格都得到发展。

2. 探究教学以学生的自主、能动和创造为特点

探究教学充分发挥学生的主体性，重视他们的主动参与，强化他们的积极活动，培育他们的创新意识，引导他们的动手实践。

3. 探究教学是建构性的

探究教学强调学生在自己已有经验的支持下，在社会性互动中，经过有目的、自觉的主动活动去获取知识、建构自身的经验系统。

4. 探究教学是开放性的

在探究性学习中，课程不是预定的、僵硬的，而是生成性和动态性的，情境也是开放的，学习方式是灵活而多样的。

总之，以学生发展为本、以自主建构为特征、以开放活动为基本方式是探究教学的要义。

（二）探究教学的兴起

探究教学作为与知识授受相对应的一种教学方式，可以说源远流长，它是由早期的"发现法"和"问题解决法"发展而来的。

"发现学习是以培养探究性思维方法为目标，以基本教材为内容，使学生通过再发现的步骤来进行的学习。"其创始者是文艺复兴时期的一批启蒙思想家。后来经过20世纪20年代杜威的"做中学"和20世纪70年代布鲁纳的"发现教学"的张扬，发现教学开始风靡全球。

问题解决法从早期心理学的动物实验（包括桑戴克的"试误说"、哈洛的"学习心向论"等）到认知心理学的信息加工理论，再到苏俄"文化历史学派"以及晚近马赫穆托夫的"问题解决教学"，已逐步走向丰富与成熟。

明确把"探究学习"作为一种重要教学方式是20世纪50年代至60年代的事情，其首倡者是美国生物学家、课程专家、芝加哥大学教授施瓦布。1961年，施瓦布在哈佛大学的一次演讲中提出了"作为探究的科学教学"的观念，认为传统的课程对科学进行了静态的、结论式的描述，这恰恰掩盖了科学知识是试探性的、不断发展的真相。他极力主张要积极地引导学生像科学家那样对世界进行探究。在施瓦布等人的推动下，探究教学在英、美等国得到了蓬勃的发展，先后涌现出好几种著名的探究教学模式。如布鲁纳的发现法、萨其曼的探究训练模式、施瓦布的生物科学探究模式、马希尔斯和考克斯的社会探究模式以及学习环模式和5E模式等。

1. 布鲁纳的发现法

布鲁纳认为，发现法的实质是要求学生在教师的启发引导下按照自己观察和思考事物的特殊方式去认知事物，理解学科的基本结构，或者让学生借助教材或教师所提供的有关材料去亲自探索或发现应得出的结论或规律性知识，并发展他们"发现学习"的能力。在布鲁纳看来，"发现"包括用自己的头脑亲自获取知识的一切方式，诸如学生对未知世界的探索以及学生对人类已知而自己尚未知道的事物与规律的再发现。但是，发现学习中的再发现与科学上的原发现是有区别的，其区别仅仅是在程度上，而不是在性质上，因为它们本质上都是一种顿悟、领悟，布鲁纳常称之为直觉。布鲁纳曾指出发现法有四大好处：一是能提升学生的智慧，发挥学生的潜力；二是能使学生产生学习的内在动机，增强自信心；三是能使学生学会发现的试探方法，培养学生提出问题、解决问题的能力和创造发明的态度；四是由于学生自己把知识系统化、结构化，所以能更好地理解和巩固学习的内容，并能更好地运用它。在布鲁纳之后，发现教学法在世界范围内得到了广泛的运用。

2．萨其曼的探究训练模式和施瓦布的生物科学探究模式

萨其曼坚信课堂上要开展探究教学必须满足三个条件：第一，有一个集中学生注意的焦点，最好是一个能使学生感到惊异的事件或现象；第二，学生享有探索的自由；第三，有一个丰富的容易引起反应的环境。以这种观念为指导的探究教学模式，教师一般由一个惊异事件或现象开始教学。接着让学生对他们所观察到的现象提出"是"或"否"之类的问题，以收集数据。当学生对观察结果做出推测性解释（假设）后，他们进一步通过"是"或"否"之类的提问来检验自己的假设。无论在哪一阶段提出"是"或"否"的问题，都必须是操作性的，即能用实际经验或实验来回答。

生物科学探究模式是施瓦布所领导的生物科学课程研究会（BSCS）开发出的适用于高中生物教学的模式，它通过"确定研究对象和方法重点、学生构建问题、推测问题症结、解决问题"四个阶段来模拟生物学家的探究过程，引导学生积极树立正确的科学理念，掌握科学方法，尤其是实验方法。

3．马希尔斯和考克斯的社会探究模式

社会探究模式把主要用于科学教育的探究活动引入人文社会学科之中，以问题为中心，通过"定向、假说、定义、引申、求证、概括"六个阶段来建构课堂教学，引导学生关注社会问题，激发学生参与社会事务的意识，提高其解决社会问题的能力。

4．学习环模式和5E模式

学习环模式是卡普拉斯及其同事在科学课程改革研究中发展起来的。它以皮亚杰的发生认识论为基础，同时借鉴和运用奥苏贝尔等人的学习理论，将教学过程划分为概念探讨、概念介绍和概念运用三个前后相连的阶段，以

提高学生的探究水平、促进学生的智力发展，是基础科学知识教学的主要方式。

在学习环模式基础上建立起来的 5E 模式，有一套更完备、更符合学生认知特点的教学程序和教学策略。它将教学过程划分为五个紧密相连的阶段：吸引、探索、解释、加工和评价。

自 20 世纪 80 年代以来，由于提高综合国力和适应知识经济发展的需要，各国都普遍重视对学生创新能力的培养，对探究教学的研究也有了新的发展。不少发达国家纷纷将对探究能力的培养写进了自己的课程发展计划和课程标准。一些更为具体的教学方式，如"动手做（hands-on）"、小课题长作业等，也得到更普遍的推广。

（三）探究教学的模式

在借鉴国外各种探究教学模式的基础上，随着我国基础教育课程改革的全面推进，许多颇富新意、促进学生主动参与、乐于探究、勤于动手的教学模式不断涌现出来。

1."活动-操作"的教学模式

基于"活动-操作"的教学构想（一般称为"活动教学"），早在文艺复兴时期人文主义思想家们的自然主义教育理论中就已萌芽。此后，高举现代教育旗帜的杜威提出"做中学"的口号，皮亚杰的"发生认识论"将活动看作儿童智力发展的根本原因和机制，以维果茨基为代表的苏俄"历史文化学派"关于"活动与内化"的理论，以及 20 世纪后半期的种种改革探索，都为活动教学注入了新鲜血液。活动教学以极其强劲的势头和勃发的生机引起了教育界的重视。我国正在深入发展的素质教育提出以创新精神和实践能力为重点，更给这种教学模式注入了新的活力。

这种教学模式的教学设计如下：

• 指导思想

学生的知识获得、能力形成和社会性发展要依靠学生主体自主的、有目的的活动去建构；在教师指导下，学生的"活动-操作"可以内化为运演规则与认知图式。

• 操作框架

对于活动教学，美国教育家杜威（"做中学"）、苏联的加里培林学派（心智技能分阶段形成），特别是达维多夫等都进行过大量的实证研究。我国学者冯忠良等人在"结构化与定向化教学"研究中也对此做过概括。这些研究为我们建立操作框架提供了可贵的借鉴。如，达维多夫将学习活动的结构划分为五个要素——活动的需要、动机、任务、动作、操作，就很具启示性。

结合我国的实践经验，这种教学模式大体可以遵循以下步骤进行操作：

步骤1：建立学习目标，激起学习需要

主要是以"问题情境"和"目标任务"来唤起学生的内在积极性，发挥"认知定向"的激发与调节作用。

步骤2：参与实践活动，进行实际操作

围绕着学习的目标和任务，动手、动口、动脑，不断试探最好的解决问题的操作方式。教师要引导学生明确方向，提供操作活动线索或进行一般化的策略方法指导，在关键问题上做好提示与点拨。

步骤3：分析活动结果，概括学习所得

在教师指导下将获得的结果与过程结合起来分析，既要真正掌握自己在活动中获得的认识成果——知识结论，又要感受和理解知识的产生与发展过程。教师要帮助学生进行知识的概括与抽象，推动学生通过积极的思维加工活动"生成"概念与规则。

步骤4：反思活动过程，促进迁移运用

"反思"是指向学生自身的认知活动的，目的是使学生领悟思路与策略，让他们学习"怎样学习"。"运用"则是促使学生将其所得推广到各种新的情境，使学生加深对知识的理解与掌握，学会灵活运用，实现知识与技能的广泛迁移，发展学生的能力。

2."尝试-发现"的教学模式

"尝试"这个概念人们并不陌生，早在20世纪初，美国心理学家桑代克就从其实证的研究中推论出"动物的基本学习方式是试误学习"的著名命题。此后，尽管对人的学习机制有更加科学和接近于正确的解释，但并不否认人在学习活动中通过"尝试"去获得体验、积累经验、深化理解，从而增强能力的效用。"发现"则是布鲁纳颇富创意的概念系统中的一个关键词。他认为掌握学科结构的基本态度或方法便是"发现"。教学过程实际上就是在教师引导下学生自我发现的过程。学生利用教师或教材提供的材料，主动地进行学习，而不是消极地"接受"知识。因此，学生要像数学家那样思考数学，像历史学家那样思考历史，亲自去发现问题的结论和规律，成为一个"发现者"。

在探究教学长达三十多年的研究中，人们普遍感到，探究是在不同水平上进行的。所以，有的研究者划分了探究教学的三种水平。

一是有结构的探究。有结构的探究是指在探究活动中给学生提供将要调查研究的问题、解决问题所要使用的方法和材料，但不提供预期结果。学生要根据收集到的数据进行概括，发现某种联系，找到问题的答案。研究者们称此种探究为一级水平的探究活动。有结构的探究和相应的证实活动又被人们习惯地称作"食谱式活动"。

二是指导型探究。指导型探究是指在探究活动中只给学生提供要调查研究的问题，有时也提供材料，学生必须自己对收集到的数据进行概括，弄清楚如何回答探究问题。这种探究被称为二级水平的探究活动。

三是自由探究。自由探究是指在探究活动中学生必须自己独立完成所有的探究任务，当然也包括形成要调查研究的问题。从许多方面来看，自由探究类似科学探究。研究者将这种探究称为三级水平的探究活动。

很明显，"尝试-发现"的教学模式是一种建立在一级、二级水平上的探究教学，它重视教师在提出问题、建立假说、选择方法、收集材料和数据等方面的作用，倡导学生亲历尝试与发现的过程，而不直接奉送结论与结果。

这种教学模式的教学设计如下：

• 指导思想

"尝试-发现"的教学模式旨在为学生的发展提供各种机会，创造各种条件，让学生自己去尝试与探索，使之发现某种规律性的东西——概念、规则或原理。这样做不仅能使学生的认知积极化，促进知识的意义建构，而且对于培养学生的进取精神和探究意识、发展他们获取新知识的能力、形成健全的人格、强化学习动机都会产生极为深刻的影响。

• 操作框架

邱学华曾把尝试教学的通用模式概括为七个步骤，即尝试准备、出示尝试题、自学课本、尝试练习、学生讨论、教师讲解、第二次尝试练习。显然，这个操作框架是围绕对书本知识的学习搭建的，虽适用于一般的课堂常规教学，但很难涵盖整个"尝试发现"教学的全部意旨。所以，有人提出以下的操作框架[①]。

（1）提出让学生感兴趣的问题。由教师根据教学需要和学生想看、想知道、想做的心理状态提出问题，或把学生置于一定情境中使之产生问题，再由学生自己去发现。

（2）提出解决问题的各种可能的假设和答案。教师帮助学生把问题分解为若干需要回答的疑点，激起学生的探究兴趣，明确发现的目标。问题既要符合其已有的知识水平，又要经过学生的努力才能解决。

（3）树立假说。根据所要发现的目标，提出解决问题的各种可能假设或答案，引导学生思考的方向，推测各种可能的答案。

（4）协助学生收集和整理有助于下断语的资料。根据假说，尽可能提供可以发现的依据。

（5）组织审查资料。根据活动过程中的发现得出结论，提取原理或概念。

（6）引导学生分析、思考、证明结论，对假设和答案从理论与实践两方面加以检验、补充甚至修改，最后解决问题。

能自己发现吗？[②]
——两种教法的比较

教师先后两次上"磁铁"这一课，有意识地采用了两种迥然不同的教法。

[教法一]

教师出示一根条形磁铁。

---

① 余文森. 发现法及其应用 [J]. 中小学教学研究，2001（6）.
② 李玉宝. 能自己发现吗？// 特级教师教学案例集录 [G]. 杭州：浙江教育出版社，2001：127-128.

"磁铁能吸铁，是不是磁铁的每一处都能吸铁呢？"教师设问后，拿一根铁钉放在磁铁的正中间，学生们惊奇地发现磁铁竟没有吸住铁钉。

师："这说明什么？"

生："说明磁铁有些地方磁性强，有些地方磁性弱。"

师："到底磁铁的什么地方磁性最强呢？"

教师把条形磁铁平放进一堆铁钉里，拿起来，问："你们看到了什么？"

生："钉子都集中在磁铁的两端。"

师："这说明什么？"

学生毫不费力地得出了"磁铁两端的磁性最强"的结论。之后，教师又拿出两根一模一样的磁铁、两辆玩具小车，按照刚才的方法按部就班地进入磁铁的另一个性质的教学。

[教法二]

教师准备的材料与上次一样：两根条形磁铁、若干铁钉、一盒装在透明塑料盒里的铁末、塑料片、铜钥匙、两辆玩具小车等。

教师在向学生介绍完这些材料之后说："下面同学们自己去研究一下磁铁有些什么本领。"

学生们非常兴奋，教师的话音刚落，一名男生就迫不及待地动起了手，拿起一根磁铁到处碰，嘴里念叨着："能吸。""不能吸。"当他拿着一根磁铁靠近另一根磁铁时，似乎有了什么发现，激动地拉着旁边的同学："快来看！快来看！"

一名女生默默地坐在那里，拿着装有铁末的透明塑料盒，把一根磁铁放在盒子下面，用手指轻轻地敲击盒子，她的眼睛突然一亮，又马上摇摇头，重新试了一次。

另外一名男生用手直拍头，自言自语道："这两辆小车有什么用呢？"

学生们点子很多，一有新发现，立刻就有别的学生照着试。

活动了一定的时间后，教师让学生停下，汇报各自的发现。磁铁的本领被学生们逐一汇报出来，而且都能用自己的语言表述，只是对"同极相斥，异极相吸"这个性质，学生们表述得不那么精确、明白，有点儿含糊。教师于是指导学生利用小车再做一次实验，虽然也有一些小争论，但意见很快就统一了。

我们来听听执教老师的看法。

在"教法一"中，我们不难发现学生们是一个个"木偶"，在观察活动中先观察什么，后观察什么，都由教师领着"齐步走"，这样学生就用不着动脑筋去思考了。更大的弊端在于：学生独立观察事物的能力没有受到磨炼，养成了跟着指挥棒转的习惯，这样就丧失了培养主动性的机会。在"教法二"中，观察活动成了每个学生都争取有所发现的启发创造精神的活动，虽然秩序可能乱了一点儿，但对学生来说，他们不仅发现了一些科学知识，更培养了探索能力，体验到了成功的愉悦。常听一些老师说："我的学生基础不好，思维不活，能力不强。"那么产生这些问题的根源在哪里呢？是不是可以从老师身上找找病因呢？

3."探索-研究"的教学模式

这是一种高水平的"自由探究"的教学模式，是培养学生获取新知识的能力的一种理想方式。从方法论的角度讲，这种模式是以"独立探究法"和"研究法"为主建立起来的教法结构。在教学方法的体系中，发现法、独立探究法和研究法同属于"间接教学法"，其共同特点是知识都以问题的形式呈现，知识的结论都要经过学习者主动的、积极努力的思考、求索、探究。如果把"尝试-发现"教学模式与"探索-研究"教学模式加以比较，就可以看出各自的特征[①]。

表2 "尝试-发现"教学模式与"探索-研究"教学模式

模式	特点	主要智力
"尝试-发现"教学模式（发现法）	将问题、方法告诉学生，但不告诉结论	发现能力。发现能力具有认识客观事物、获得知识的基本功能。发现可以分解为直觉和专注。直觉是没有意识介入的，容易发现那些偶然的、突发的、新异的现象；专注则伴随着思维活动。发现主要靠观察来实现。观察的最佳品质是敏捷、正确、深刻、完整

---

① 余文森. 独立探究法和研究法 [J]. 中小学教学研究，2001（4）.

模式		特点	主要智力
"探索–研究"教学模式	独立探究法	将问题告诉学生，但不告诉结论和方法	探究能力。探究能力主要是指心智活动的分析综合能力。个体通过分析认识事物的各种属性，了解其各个侧面，通过综合把握事物的本质特征、形成整体认识。这种心智的分析和综合过程构成探究活动。探究能力取决于概括和抽象的水平
	研究法	问题、方法和结论都不告诉学生，让学生自行提出问题，自行寻找解决问题的方法或设计实验，最后找到问题的答案，得出结论	创造力。创造性是指人们根据一定的目的，运用一切已知信息，产生出某种新颖、独特、有社会或个人价值的产品的能力。创造力的核心因素是求异思维和创造想象

值得注意的是，"探索–研究"教学模式中的"问题"也与"尝试–发现"教学模式中的问题不同。"探索–研究"模式中的问题更具开放性，它一般有以下三个主要特点。①非常规性。即问题的内容不是教材内容的翻版，而是有意义的延伸和超越；解答也不能依赖于模仿，而需要较多的创造性。②情境性。即给出的问题往往不是纯教学化的"已知""求解"模式，而是一种情境、一种客观现实中存在的矛盾和疑问。它的解答需要克服更大的困难。③开放性。即所给问题不一定有解，答案不必唯一，条件还可以冗余。它注重的是探究的思维价值，而不是结论的正确与否。

这种教学模式的教学设计如下：

• 指导思想

以培养学生的创新精神与实践能力为出发点，以让学生获得亲身参与研究探索的体验，培养获得新知识的能力，学会分享与合作，培养科学态度、科学道德、社会责任心和使命感为目标，引导学生根据社会与自身发展的需要，充分发挥自身的主体性和创造性，从现实生活中发现问题、提出问题，并采用类似科学研究的方法，在开放的真实的情境中探求问题解决的各种途径与方法，取得具有一定原创性的发现。

• 操作框架

"探索-研究"教学模式具有很大的灵活性。由于研究的内容与方式不同，学段和学生发展水平有差异，"探索-研究"教学模式有不同的操作程序。其一般的步骤是：

阶段1：进入问题情境阶段

本阶段要求师生共同创设一定的问题情境，一般可以开设讲座、组织参观访问等。目的在于做好背景知识的铺垫，调动学生原有的知识和经验。然后经过讨论，提出核心问题，诱发学生探究的动机，在此基础上确定研究范围或研究题目。同时，教师应帮助学生通过搜集相关资料，了解有关研究题目的知识水准、题目中隐含的争议性的问题，从多个角度认识、分析问题。在此基础上，学生可以建立研究小组，共同讨论和确定具体的研究方案，包括确定合适的研究方法、如何收集可能获得的信息、可能采取的行动和可能得到的结果。在此过程中，学生要反思所确定的研究问题是否合适，是否需要改变问题。

阶段2：实践体验阶段

在确定需要研究解决的问题以后，学生要进入具体解决问题的过程，通过实践、体验，形成一定的观念、态度，掌握一定的方法。

在本阶段，实践、体验的内容包括：搜集和分析信息资料，调查研究，初步的交流。

阶段3：表达和交流阶段

在这一阶段，学生要将取得的收获进行归纳整理、总结提炼，形成书面材料和口头报告材料。成果的表达方式要提倡多样化，除了按一定要求撰写实验报告、调查报告以外，还可以采取开辩论会、研讨会、搞展板、出墙报、编刊物（包括电子刊物）等方式，同时，应要求学生以口头报告或通过指导教师主持的答辩的方式向全班发表。

学生通过交流、研讨与同学分享成果，这是研究性学习不可缺少的环节。在交流、研讨中，学生要学会欣赏和发现他人的优点，学会理解和宽容，学会客观地分析和辩证地思考，也要敢于和善于申辩。

蜻蜓为何越来越少①

一、发现问题

我班学生在考察学校周边村的自然生态环境时，很多农民朋友向我们提问：蜻蜓为何越来越少了？为了探究这一问题的原因，学生们组织成立了"蜻蜓为何越来越少"探究小组，还特地聘请了5位农民做顾问。

二、猜想原因

回到学校，学生们分成小组进行了讨论、推测、猜想，最后通过交流，大家一致认为，蜻蜓越来越少可能出自下面四个原因。

1. 农民为了给庄稼、果树防虫治虫，每年都要喷洒大量的农药，一些较小的昆虫中毒后被蜻蜓捕食，从而导致蜻蜓中毒死亡。

2. 酸雨和工厂污水影响了蜻蜓的繁殖和生长。

3. 旱地季节性增多，水域面积减少，一些水虿因失去水源而在尚未变成蜻蜓时就被干死了。

4. 农村的池塘和水田是鸭和鹅的主要生活之地，一部分水虿可能被它们吃掉了。

三、查阅资料

为了验证自己的猜想，各小组进图书馆、书店、上网查找资料，请教生物教师，访问有经验的农民。经过两周时间，学生们掌握了蜻蜓产卵、卵变成水虿、水虿在水中要生活1至2年或2至5年并经过约10至15次蜕皮才能变成蜻蜓等知识。

四、实践验证

通过查阅资料，学生们获知水虿在水中生活的时间较长。他们通过讨论交流认为，短时间内是无法证实各种猜想的。于是大家决定将这项探究的期限定为一年，分四季进行探究，并分组验证上述四个猜想。

在秋收的日子里，一组学生选择曾受稻飞虱侵害而又喷洒了大量农药的

---

① 汪宜江. 蜻蜓为何越来越少［N］. 中国教育报，2004-03-31.

四块稻田作为观察基地，共寻找到 17 只蜻蜓的尸体（大部分尸体已干瘪），而在用来对比的其他 4 块稻田里仅寻找到 6 只蜻蜓的尸体。由此看来，蜻蜓农药中毒的现象是存在的。

另一组学生通过调查了解到，因附近砖厂、水泥厂、发电厂、石灰厂、化工厂等每年都排放大量废气，我区存在酸雨状况（这已被我区环保部门所证实）。酸雨汇聚在田间、池塘，对蜻蜓的繁殖和生长极为不利（学生们没有查找到有关这方面的知识，但理论推测应该是成立的）。另外，附近四条小河有三条被严重污染，学生们在河里寻找了 4 次，才找到 13 只体质较差的水蚤，而在未被污染的那条小河里一会儿就寻找到了 42 只水蚤。

在附近村民的配合下，第三组学生整理出了详尽的统计资料。他们发现，近 10 年来，附近 4 个村的近 1 万亩地中，约 30% 改为旱地，60% 在一年中仅有约 3 个月时间是水田状态，其余 10% 在一年中虽基本上是水田状态，但大都被鸭和鹅所占领。28 个池塘一年中约半年为干涸状态。在调查过程中，学生们在干涸的稻田和池塘中均发现了大量水蚤的尸体。

为了验证第四个猜想，学生们捉来 5 只水蚤放在盆里，分别喂给两只鸭和一只鹅，结果全被鸭和鹅吃了。学生们调查发现，在春、夏、冬季节，大部分水田和池塘里都有鸭和鹅在觅食和栖息。学生们又通过对比调查，发现在没有鸭、鹅生活过的水田和池塘里，水蚤数量明显更多。

五、得出结论

通过一年四季的多次观察探究，学生们和 5 位农民一道将观察收集到的资料进行了整理。大家一致认为：药害、酸雨危害（两者在理论上确实应该存在，但还需进一步实践证明）、鸭害、鹅害等是蜻蜓减少的次要原因；水污染、水源的季节性失去、水域面积的逐年减少是导致蜻蜓产卵减少、大量水蚤不能生存，从而使蜻蜓越来越少的主要原因。

为了使这一原因为广大农民朋友所熟知。学生们打算将整理出来的资料印发给周边 4 个村的村民，以引起他们的关注，从而给蜻蜓一个健康的生存环境。最后学生们通过讨论商议，准备拟订"拯救水蚤行动计划"，作为下一年综合实践活动的主要内容。

从上面三种探究教学的模式中，我们大体可以归纳出探究活动的一般过程，即：确定问题情境→分析因果→提出假设→设计方案→验证假设→分析数据→得出结论→反馈与反思①。

三、 对探究学习的指导

（一）选好课题

并不是任何学习内容都适合探究学习，那种表达事物名称、概念、事实等方面的陈述性知识就不需要学生花时间去探究。

适宜于探究性学习的内容大多是程序性知识、个人化的内隐知识，而不是公式化的、外显的陈述性知识。就程序性的知识来说，要选那些学科领域中的核心知识，选择那些能引起学生兴趣的、对提高学生的理解能力和创造性思维能力具有重要价值的知识，内容的难度要适合于学生的年龄和能力水平。而且，供探究的材料间能发生多种相互作用，形成不同的联系方式，以便学生能借此运用多种途径进行探究活动。当然，因为每种程序性知识均具有两种表现形态：一是"技术的知识"，如操作步骤、技术规范等，这种知识可以被"告知"，可以通过明确表述的程序语言加以外显化；二是"实践的知识"，这种知识是内隐的、个人化的知识，它不能以文字的方式直接由一个人传递给另一个人，只能通过学习者亲身的参与、行动或实践才能逐渐被意会到或被体验到。换言之，"实践的知识"不是被"教"会的，而是在"做"的过程中被"悟"出来的。

---

① 靳玉乐. 探究教学的学习与辅导 [M]. 北京：中国人事出版社，2002：143-144.

靳玉乐对两个问题的回答①

问：教师是否应该在每一堂课中都进行探究教学？

答：不是的。事实上，许多教学方法都可以促进科学学习目标的实现。

人人都知道，科学探究比其他学习方式要花费更多的时间，而且学生在校学习时确实也没有足够的学时或天数通过探究来学习一切。教师面临的挑战是：如何明智地选取那些通过探究才能达到最佳效果的学习目标以及应组织什么性质的探究活动，其他教学策略则为实现另一些教学目标服务。

问：如果教师采用探究教学的方法，怎样才能完成全部教学内容呢？

答：不建议用探究获取所有科学知识，然而探究是促进深刻理解科学内容的重要途径，也是帮助学生发展探究能力的唯一方法，因此，仍需要解决计划完成的学习内容与采取的学习策略之间的矛盾的问题。

教育工作者可以采用多种办法来解决这个问题。他们可以重新考虑课程中所提出的教学要求，悉心选择少数内容作为重点，花较多时间进行探究教学；他们可以通过仔细分析课程要求，把多项学习目标综合到一个单元来完成；他们可以与其他年级的教师协调删除课程中一些常见的、且于加深理解无益的重复内容；如果他们讲授科学以外的内容，还可以把科学课的一部分内容放到这些学科中去完成，比如将报告探究活动结果放到语文课中。

（二）设置情境

要引发学生探究的欲望，激发他们探究的热情，有时需要设置一定的"问题情境"，使学生产生"欲罢不能"的解决问题的探求欲，并试图采用种种办法来摆脱当前的困境。当学生面对一种具有挑战性的真实任务情境时，学生的内部潜能就会被全面地激发出来，各种探究的行为也自然指向关键问题的有效解决。

---

① 靳玉乐.探究教学的学习与辅导［M］.北京：中国人事出版社，2002：143-144.

事例点击

圆周有多长①

在学"圆的周长"一课时，教师先为学生提供大小、材料不同的圆。这些圆有的是用硬纸板做的，有的是用软布做的，有的是直接画在一张纸上而没有剪下来。学生拿到学具后，分小组探究圆的周长与直径的关系。学生在"想办法找出这些不同圆的周长"这一问题的指引下，积极合作。他们发现，用硬纸板做的圆用滚动或绕线的方法可以测出周长，但用软布剪的圆不能用这样的方法测量周长，这就诱发了学生探索与创新的欲望。通过交流，学生们采用折叠的方法，先量出圆的二分之一或四分之一的周长，再推算出整个圆的周长。对于在纸上画的圆不宜直接测出周长这一问题，学生又转入探究周长与直径的关系。学生们经过了一次探究圆周长公式的历程，实现了数学学习的"再创造"，满足了把自己当作"发现者、研究者、探索者"的心理需要。

（三）提供支持

教师对学生探究的支持表现在许多方面，如认可学生的探究行为并鼓励学生尝试，精心组织和引导探究活动的过程，指导学生寻找可供利用的资源，帮助学生排除学习中的困惑，提高学生分析、概括和提升研究结果的能力，重视学生研究心得的交流与成果的展示评定等。

 事例点击

《端午日》的探究学习②

学《端午日》这一课时，根据课文内容，我事先设计了五道题目：

①沈从文其人其事。

---

① 张永臻. 圆周有多长 [N]. 现代教育报，2004-05-14.

② 王莹. 新课程下如何教好语文 [N]. 中国教师报，2003-02-19.

②端午节的来历。

③端午节的风俗习惯。

④湘西凤凰的美丽风光。

⑤沈从文的作品简介（《边城》《长河》）。

确定这几个与课文有关的题目之后，我再给学生提出要求：

①五个学习小组按不同题目查找资料，每小组推出一名发言人。

②在课余时间搜集和整理资料，不断分析和互相交流。

③拿出一节课的时间做小组汇总分析，一起确定所需要的信息，准备在下一次"展示会"上展示。

学生们对这些题目很感兴趣，他们表现出了极大的热情：有的上网搜集资料，有的在图书馆一泡就是半天，有的跑到书店寻找自己所需要的材料。在这期间，我并不是对此不闻不问，撒手不管。因为学生在收集资料的过程中总会遇到各种各样的问题，我会一直关注学生准备工作的进展情况，发现问题及时帮助他们解决。

准备的过程中我看到了学生的风采。在展示会上，每个小组拿出的成果都异彩纷呈：有关于沈从文生平的幻灯片，包括作家照片、故居图片、生平介绍等；有介绍沈从文的故乡湘西凤凰的美景图，秀丽的青山、澄清的河水、古朴的吊脚楼、盛装迎新的苗家人，这让没去过凤凰的学生叹为观止；有关于端午节九种来历和风俗习惯的详细介绍，学生们知道了端午节除了纪念屈原这一来历以外，还有其他的来历和说法，增长了学生们的见识；有学生自己做的和四处搜集的与端午节有关的风俗饰品，如布老虎、线粽子等，色彩艳丽，生动逼真；有对沈从文的两部作品《边城》和《长河》的详细介绍以及学生自己对文章的透彻独到的感悟赏析。

这些展示让学生和我眼界大开。学生们笑逐颜开，注意力十分集中，课堂上不时传出阵阵惊叹声和热烈的掌声。他们或为湘西凤凰的美景惊叹，或为沈从文的求学精神感动，或为一个个精致可爱的端午节饰品而欣喜，或为《边城》中美丽而痴情的翠翠而动情。这节课使学生印象十分深刻，许多学生在当天的日记里记下了他们在这节课上的美好感受。他们说："今天的语文课生动有趣。同学们大显身手，短短的一节语文课使我们学到了许多以前课堂上学不到的知识。我们真希望以后多上这样的课。"

这个教例不仅主题明确,选材适合探究,而且要求也很具体,在学生搜集资料、运用资料、展示成果方面,教师都给予了学生有力的支持。因此,学生的知识积累、方法习得、情感体验都能有所收益。

(四) 相机引导

在学生的探究学习中,教师仍然是学生学习的促进者、组织者、指导者和咨询者,因此,对于探究的目标、探究的步骤、探究的方法、探究的组织以及探究中关键问题的解决都应当以"平等者中的首席"的角色介入,多做些点拨、建议和帮扶的工作,甚至可以为学生的探究提供必要的"脚手架",如探究的问题单、学习报告单之类,逐步引导他们从教师辅助向独立操作过渡。

"三角形面积计算"的教学[①]

这一课是教"三角形面积计算"。

(屏幕出示 3 个形状各异的三角形,画在一张布满方格的纸上)

师:请同学们观察屏幕上的三角形,用数方格的方法数一数它们的面积各是多少。每个小方格的面积是 1 平方厘米,不满一格的按半格计算。

(过了约 3 分钟,有几名学生举起了手)

师:同学们,你们感到用数方格的方法来计算三角形的面积怎么样?

生 1:数不好。

生 2:数得太慢。

生 3:容易出错。

…………

(教师让学生用数方格的方法计算三角形的面积,亲自体验、感受数方格

---

① 赵徽. 什么样的问题容易引起学生的探究 [N]. 中国教师报,2003-01-22.

方法"慢并且容易出错",从而激起学生去寻求简捷有效的方法来计算三角形的面积的动机)

师:那么,咱们能否想一种更好的方法来求三角形的面积呢?请同学们以小组为单位,用学具袋里的三角形、平行四边形试一试,好吗?

(过了约 10 分钟,大部分小组已找到求三角形面积的方法)

师:每组请一名同学汇报你们小组找到的方法。哪组先发言?

生1:我们组用剪的方法。我们把一个平行四边形沿一条对角线剪开,发现一个三角形的底、高与原来平行四边形的底和高分别相等。所以,一个三角形的面积等于原来平行四边形的面积的一半。

生2:我们组用拼的方法。我们用两个完全一样的三角形排成了一个长方形,发现一个三角形的底、高与拼成的长方形的长和宽分别相等。因为长方形面积等于长乘宽,所以一个三角形的面积等于拼成的长方形的面积除以 2。

生3:我们组也是用拼的方法。我们用两个完全一样的直角三角形拼成了一个正方形,一个三角形的底、高与拼成的正方形的边长相等,所以,用一个正方形的面积除以 2 就是一个三角形的面积。

生4:我们组也用了拼的方法。我们用两个完全一样的三角形拼成了一个平行四边形,一个三角形的底、高与拼成的平行四边形的底和高分别相等。因为平行四边形的面积等于底乘高,所以一个三角形的面积等于拼成的平行四边形面积的一半。

师:同学们都找到了求三角形面积的方法。刚才我听大家的汇报,有的小组把两个完全一样的三角形拼成了正方形,也有的小组用剪的方法把平行四边形分成两个一样的三角形,你们的做法都对!因为长方形、正方形都可以看作平行四边形。下面请同学们结合自己小组的操作再讨论一下:一个三角形的面积公式该如何表示?

(学生很快说出:底×高÷2=三角形面积)

(在认知冲突的基础上,学生们借助已有的知识和经验,或用剪的方法,或用拼的方法,通过观察、讨论等探究策略自主发现了"拼成的平行四边形的底、高、面积与原来一个三角形的底、高、面积的关系",顺利地掌握了本节课的教学重点)

（五）掌握技能

对于当代学生来说，探究是一种素养。探究既表现为一种欲求和意向，又表现为一种能力和技巧，最终会成为个体人格特征的一个组成部分。

学生的探究学习是在强烈的探究倾向性主导下去习得的一种行为方式。提高学生探究学习的水平应当从培养探究学习动机和习得探究技能入手，有步骤地使外显的行为转化成为内在的素养。

关于探究学习的技能①

桑德和特罗布雷奇曾对探究学习技能做了大量探讨，他们提出在科学教学中，学生应掌握以下五个方面的探究技能。

表3　探究学习技能

探究技能	收集的技能	组织的技能	创造的技能	操作的技能	交流的技能
具体内容	倾听 观察 发问 探究 明确问题 收集资料 调查研究	记录 比较类似点 比较相异点 体系化 概括 评论 分类 评价 分析	展望 设计新问题 发明 综合	器具保管 演示 实验 修理 制作 观测	讨论 说明 报告 记录 批判 图表化 会教

（六）总结交流

在探究学习中学生的"所得"，必然是社会性建构的结果。因此，学生应

---

① 靳玉乐. 探究教学的学习与辅导［M］. 北京：中国人事出版社，2002：9.

在认真分析和总结探索的基础上开展学习交流活动。教师还应鼓励和指导学生尽量把自己探究的成果展示出来，努力将它们迁移和应用到不同的情境之中。

探究学习中的交流

交流是探究学习不可缺少的重要环节。在探究"影响蒸发快慢因素"的教学中，有一个小组选用了 4 块玻璃片，在玻璃片上各滴上 1 滴酒精，并将其中 1 片玻璃片通过晃动增大液体的表面积，1 片置于盛有热水的烧杯上，还有 1 片让同学用本子在玻璃片上方扇动，试图加快其上方的空气流动。结果，他们发现这 3 块玻璃片上的酒精均比那块没有经过处理的玻璃片上的酒精干得快。这说明温度越高、表面积越大、上方空气流动越快，酒精蒸发得越快。之后，其他学生针对这个小组的实验提出问题，进行交流。

通过这样的交流，可以激发学生的好奇心与探求欲，刺激他们的多向思维和创新热情，同时培养了学生倾听别人看法、修正自己不足的良好习惯，使他们在积极的互动中建构知识的意义。

第四章

如何指导学生合作学习

教育行动研究是一种以学校教师为主体的应用性研究，其目的一方面是"成事"——解决工作中的问题并概括出其中带有规律性的东西，另一方面是"成人"——提高教师的专业素养，形成自我发展的意识和能力。

合作学习是 20 世纪 70 年代初兴起于美国，并在 70 年代中期至 80 年代中期取得实质性进展的一种教学理论与策略体系。由于它在改善课堂气氛、提高学生的学业成绩、促进学生非智力品质发展等方面实效显著，很快就受到世界各国的普遍关注，并成为一种主流教学理论和策略。美国著名教育评论家埃里斯和福茨指出："如果让我们举出一项真正符合'改革'这个术语的教育改革的话，那就是合作学习。"美国教育学者沃迈特认为："合作学习是近十几年来最重要和最成功的教学改革。"

一、　合作学习的要义

（一）合作学习的界定

世界各国的合作学习研究与实践普遍认为，合作学习是以学习小组为基本组织形式、以教学各动态因素的互动合作为动力资源、以团体成绩为评价依据的一种教学活动和策略体系。具体言之，合作学习的内涵涉及以下四个层面的内容。

1. 合作学习是以学习小组为基本形式的一种教学活动

虽然合作学习不排斥班级教学，但它的根本特色还在于小组活动的科学组织与展开。在小组活动中，合作学习通常采用异质小组的组织方式，力求小组成员在性别、成绩、能力、背景等方面具有一定的差异，使之具有一定的互补性。当然，合作学习有时也采用同质小组的形式来组织活动。

2. 合作学习是以教学动态因素的互动合作为动力资源的一种教学活动

教学因素有静态与动态之分。其中，动态因素主要是指教师（或教师群体）或学生（或学生群体）。合作学习要求所有的教学动态因素都应当保持互动，特别是合作性互动，由此推进教学进程。

3. 合作学习是一种目标导向的教学活动

所有的合作学习活动都是围绕着达成特定的共同目标而展开的。教学目标的设计、确定和管理是合作学习特别强调的重要教学环节。

4. 合作学习是以团体成绩为奖励依据的一种教学活动

合作学习通常不以个人的成绩作为评价的依据，而是以各个小组在达成目标过程中的总体成绩作为评价与奖励的标准。这种机制可以把个人之间的竞争转化为小组之间的竞争，从而加强小组内部的合作，使学生在各自的小组中尽其所能。

总之，合作学习是以现代社会心理学、教学社会学、认知心理学、教育教学技术学等为理论基础，以开发和利用课堂中人的关系为基点，以目标设计为先导，以全员互动合作为基本动力，以班组授课为前导结构，以小组活动为基本教学形式，以团体成绩为评价标准，以标准参照评价为基本手段，以全面提高学生的学业成绩和改善班级内的社会心理气氛、形成学生良好的心理品质和社会技能为根本目标，以短时、高效、低耗、愉快为基本品质的一系列教学活动的统一①。

（二）合作学习的理论背景

合作学习提出的理论背景之一是教育家们越来越认识到未来信息社会是建立在合作的基础上，而不仅仅是竞争。合作学习被研究者看作解决教育问题的一剂良药。认知理论认为，合作学习可以促进学习的意义建构，促进学生的高水平的思维和学习活动。行为主义的观点则认为，学生看到同伴们的成功，会提高他们自身的自我效能感。

合作学习可以促进学生学习的意义建构活动有三个原因：一是学习者之间交流、争议、意见综合等有助于学习者建构起新的、更深层的理解；二是在合作学习中，学习者之间的交流过程使他们的想法、解决问题的思路都被明确化、外显化，学习者可以更好地对自己的理解和思维过程进行监控；三

---

① 王坦. 合作学习：原理与策略［M］. 北京：学苑出版社，2001：45-72.

是在学习者为解决某个问题而进行的交流中，他们要达成对问题的共同的理解，建立更完整的表征，这是解决问题的关键。

合作学习作为一种复合活动，它的理论基础也具有复合的特色。我国学者王坦根据国外的研究，分析了合作学习理论根源的三个观点，提出了"合作学习的理论框架"（如图所示）①。

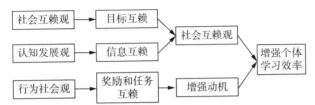

工坦还从综合的观点指出了合作学习的理论基础：群休动力理论、选择理论、教学工学理论、动机理论、社会凝聚力理论、发展理论、认知精制理论。他认为，正是合作学习理论基础的多元性和深刻性，才使得合作学习的策略丰富、方法多样。合作学习的不少理论观点也存在着互补的关系。

（三）合作学习的基本理念②

合作学习尽管在理论上和实践中有着不同的表现形式，却有着许多共同的基本理念，与传统教学有许多质的不同，并由此与之形成鲜明的对比。因此，中小学教师首先必须真正理解、掌握合作学习的基本理念，然后在教学实践中加以灵活运用，这样才能逐步走向形神合一、真正有效的合作学习。

1. 异质分组，追求学生之间的互动与合作

传统的课堂教学强调师生之间的双边互动，合作学习则强调教学各动态因素之间的多向合作性互动，特别是把生生之间的互动合作当作教学系统中尚待进一步开发的宝贵的人力资源，当作教学活动成功的不可或缺的重要因素，从而把生生互动提到了前所未有的地位，为课堂教学注入了新的活力。

实现生生互动的一种重要方式就是把学生分成一个个合作学习的"异质"

---

① 王坦. 合作学习：原理与策略［M］. 北京：学苑出版社，2001：45-72.

② 刘吉林，王坦. 合作学习的基本理念（一）［J］. 人民教育，2004（1）.

小组。

这里的"异质"分组，即把学习成绩、能力、性别甚至性格、家庭背景等方面不同的2—8名学生分在一个合作小组内。这样，小组内的学生之间在能力、个性、性别等方面是不同且互补的，便于学生之间互相学习、互相帮助，充分发挥小组的作用。由于各小组是异质分组，这样就使得各小组间是同质的，为各小组站在同一起跑线上进行公平竞争打下了基础。这是合作学习的分组原则，是实现"组内合作，组间竞争"的重要方法，在实践中一定要牢牢把握。

异质合作小组的规模是不确定的。如果学生不习惯合作学习，教师就应有意识地安排他到2人配对的小组中，完成一些简单的、认知目标明确的任务，以便使他获得一些经历，进而从事涉及范围更广的工作。多于6人的小组必须有一位有才能的领导者，否则，学生们就不可能在没有经验和不经训练的条件下相互帮助。2人、3人或4人组成的合作学习小组是最普遍采用的形式，是开展合作学习初期的主要合作形式。

2. 通过角色、资源等的分配，让学生承担起个人责任并相互依赖

在传统的小组活动中，小组成员往往没有明确的个人责任，这容易导致"责任扩散"，小组成员各自为政、一盘散沙，没有实现真正意义上的合作，小组成为学生逃避学习责任的"避风港"。因此，合作学习特别强调小组活动中必须明确每个组员的个人责任，以实现小组成员之间的良性互动和合作。要使学生们认识到，他们不仅要为自己的学习负责，而且要为其所在小组的同伴的学习负责，也就是小组成员必须互相依赖，"荣辱与共"。

在合作学习小组中，往往通过角色、资源等的分配来明确小组成员的个人责任，使他们相互依赖。比如，让不同的小组成员担任不同的角色：记录员负责记录小组的决议并编写小组报告，检查员负责保证小组所有成员都能清楚地说出小组得出的结论或答案，纠错员负责纠正小组成员在解释或总结中出现的错误，总结报告员负责重述小组的主要结论和答案，联络员负责小组与教师及其他小组的联络和协调。这样，小组成员分工负责，共同实现小组目标。再如，把一篇课文或资料的不同部分分给小组成员，每个成员只阅读其中的一部分，每个人要想掌握全部内容，必须依赖其他成员，通过互教

互学才能实现。在一节学习《毛泽东传记》的课上，教师就把文章分成"童年""战争岁月""中华人民共和国成立初期""晚年"四个部分。小组中每个学生负责熟练掌握其中的一个部分，然后教给同组其他同学，以便让每个学生全面掌握学习任务。最后，学生参加包括所有学习内容的测验。这种方式实现了学生之间的相互依赖和合作。

　　另外，还可以采用其他方法来明确学生的个人责任，实现积极的相互依赖。比如，把总任务分解为子任务分配给每个成员，总任务的完成质量通过子任务的完成质量来评价；随机提问小组中的某个成员，根据他的表现来评价小组活动的质量；学习时小组成员可以相互交流、帮助，但测试是每个成员必须独立完成的，并综合每个成员的成绩来评价小组的活动。这些方法使每个成员在小组中成为不可或缺的一员，都有自己明确的责任，而且必须相互依赖，也体现了每个人在小组活动中的价值。

3. 交往训练，培养学生的合作意识和社交技能

　　交往是人的基本存在方式之一，是个性形成的因素。学校作为一个社会性群体，师生间、生生间的社会交往能够促进学生更好地适应社会。生活在学校群体中的学生更需要交往，因为同学提供的经验通常容易被接受。同学间的交往活动能使学生理解社会角色规范，有效地培养规范意识、任务意识、合作意识、责任感及团结合作精神。此外，同学间的交往还可以使学生产生群体的归属感、认同感，学会正确认识自己和评价他人。尤其是在独生子女多的特殊环境中，更有助于学生克服以自我为中心的倾向，培养自尊、自信、自强、自立的自我意识和合群、利他的社交品质及众多社交技能。合作学习追求均衡地实现认知、情感和技能上的目标，特别是它把社交技能作为一种重要的学习内容，而不像我们以往的教学那样，只重视学术性目标。但是，这一点恰恰很容易被忽略，导致在合作学习小组刚组建时，学生往往具有很强的合作愿望，而经过一段时间之后，则变得兴趣全无，应付了事。

　　在组建合作学习小组的过程中，教师要有意识地对学生进行社交技能训练，使其熟练掌握。一般来说，学生在合作学习中要掌握三种类型的社交技能：一是组成小组的技能，包括向他人打招呼问候、介绍自己、介绍别人等；二是小组活动的基本技能，如表达感谢、对别人的感谢做出回应、倾听他人

谈话、鼓励他人参与、用幽默活跃气氛等；三是交流思想的技能，包括提建议、对别人的建议做应答、询问原因、说明原因、有礼貌地表示不赞同、对别人的不赞同意见做应答、说服他人等。

教师应让学生由易到难地掌握这些基本技能。首先，教师可结合生活中的事例或小组活动中出现的社交问题，让学生亲身体验社交技能的必要性和它的价值所在。其次，教师应与学生一起讨论各项社交技能的具体表现，如针对"注意倾听他人谈话"这一技能，教师可以引导学生罗列出许多具体的行为指标，像"应该看着讲话人""用点头、皱眉等行动来表示正在倾听""用'嗯''对'等词语来应答""简要记录讲话的要点"等，这样，学生就能清楚地知道自己应当怎样去倾听别人讲话，怎样判断别人是否在倾听自己的讲话，比笼统地要求学生"认真听""专心听"更能有效地影响学生的行为。再次，教师要提供机会，让学生在课堂的小组活动中使用特定的社交技能，并提供及时的反馈，以便学生不断改进。最后，教师要鼓励学生在平时的校园活动和社会生活中有意识地练习使用一定的社交技能，如向提供帮助的人表达感谢、对别人的讲话进行恰当的评价等。

4．教师参与合作过程，建立新型的师生关系

从合作学习的含义出发，我们可以看到，学生显然应该是合作学习的主体，教师则应以决策者、组织者、支持者、沟通者的角色出现，师生关系会因这种教学形式而发生变化。很多情况下，教师不仅是学生学习的"向导"，更是他们学习的"伙伴"。

把课堂的舞台留给学生并不意味着教师可以无所事事。相反，教师要担负更大的管理和调控职责。因为在学生合作学习的过程中，随时都会有意料之外的问题发生。如果这些问题得不到及时有效的解决，往往会阻碍合作学习的顺利开展。因此，教师要对各个小组的合作学习进行现场观察和介入，为学生提供及时有效的指导。教师要对小组中每个学生的学习情形做到心中有数，以此判断小组合作成功与否，并将结果反馈给各个小组的每个成员，让每个学生都感受到与其他人合作学习的重要性，也知道谁需要支持、鼓励和帮助。

由于中小学教师多数是在比较缺乏合作的传统教育体制下成长起来的，所以普遍缺乏合作学习的能力和技巧。这导致教师无法依据学生的特点和学

习内容的性质灵活地组织学生开展合作学习活动，也不能为学生的合作提供有针对性的指导，只能简单地要求学生以小组形式进行活动，而这种单调的、形式化的活动很难激发学生持久的学习兴趣，也就无法调动学生参与的积极性。因此，要使学生学会合作学习，教师首先要学会合作学习，有意识地提高自己的合作能力与技巧。

5. "基础分"与"提高分"，不求人人成功，但求人人进步

在合作学习中，引入了"基础分"（指学生以往学习成绩的平均分）和"提高分"（指学生测验分数超过基础分的程度），这是合作学习中一个非常有特色的评价方法。学生只要比自己过去有进步就算达到了目标。同时，合作学习还把个人计分改为小组计分，把小组总体成绩作为奖励或认可的依据，这样就把个人之间的竞争变成了小组之间的竞争，形成了"组内合作，组间竞争"的新格局，使得整个评价的重心由鼓励个人竞争达标转向鼓励小组合作达标。

能否用好评价机制是合作学习成效高低的关键。从评价方式看，合作学习中有个人评价与小组评价、自我评价与同伴评价、学生评价与教师评价，这几组评价以前者为主，但又可以多重结合。其中，小组自评非常重要，它是对在小组活动的某一时期内，哪些小组成员的活动有益或无益，哪些活动需要改进的一种反思。其目的是提高小组在实现共同目标中的有效性。合作学习的评价方式还可以分为过程评价与结果评价，其中以过程评价为主，主要评价学生在小组合作中的行为表现、积极性、参与度以及学生在活动中情感、态度、能力的生成变化。通过上述多元评价，可以鉴别、评定学生的参与行为和效果，促进学生之间的相互学习；可以引导学生不断进行探究学习，在合作中不断地进行"碰撞、对接、融合"；可以使被评价者得到鼓励与精神支持，使其发挥更大的创造潜能和合作的积极性。

总之，合作学习追求的是教学中生生间、师生间的合作交往、民主平等、和谐融洽、相互信任、积极参与、共同提高。更重要的是，合作学习不仅是一种学习形式，更是一种教学思想和教学方式。只有真正理解和把握合作学习所秉持的各种理念，把它作为一种先进的教学思想在教学中加以贯彻，并在教学中灵活应用合作学习的各种基本策略，才能逐步走向真正有效的合作

学习，促进学生的主体性发展和社会化进程，真正实现从传统教学向现代教学的转变。

二、 合作学习的组织

我国学者曾琦在分析合作学习的基本要素时提出：相互依赖、个人责任、社交技能、小组自评、混合编组在合作学习中是不可或缺的。这一点在"合作学习的基本理念"中已经体现出来了。那么，在组织学生进行合作学习时，在具体的操作层面上又应当明确哪些问题呢？

（一）合作学习的策划

1. 确定在何种程度上运用合作学习

在日常教学活动中，教师运用合作学习的程度往往不同。因此，教师在采用合作学习策略进行教学之初就面临着三种不同的选择。

一是合作学习策略作为一种基本方法在整个学年里都采用。

按照一些专家的建议，学校在决定采用一些结构性较强的教学策略时，可以考虑合作学习策略的全面采用。

二是合作学习作为一种基本的教学策略在一个或几个单元的教学中采用。

这要求教师要选择好真正适合于学生自己运用合作学习策略的单元。

三是只偶尔采用合作学习，将之作为一种变化教学的手段。

从国内外实施合作学习策略的总体情况来看，教师们在各自的教学实验中选择在第二程度上运用合作学习的情况居多。第一程度上的合作学习活动通常对教师的要求很高。它要求教师接受过系统的合作学习训练，并能够非常熟练地掌握每种合作学习方式的操作技巧。第二程度上的合作学习对教师的要求则相对低一些，教师只需要依据合作学习指导手册或有关资料即可以进行教学。

2．决定何时运用合作学习策略

要确定运用合作学习策略的适宜时机，最好的方式就是制订一个年度教学计划，认真找出那些适合于运用合作学习进行教学的单元。不少研究发现，确定好运用合作学习进行教学的第一个单元十分重要。第一个单元的选择应该适合一定的标准。首先，所选单元的学术性不应太强，因为学生们首次运用合作学习策略，往往会对合作学习的新奇经历全神贯注，并要花大量的精力来掌握一些相关技能。另外，教师总是希望自己的学生有一个成功的开始。其次，所选择的单元应当适宜于进行合作活动。当第一个单元选定之后，其他的合作学习的教学单元就可以依次确定。不少应用过合作学习策略的教师建议，一定要多想慢做，循序渐进。

3．做好单元设计

成功的合作学习离不开认真细致的单元设计。对于第一次使用合作学习策略的教师来讲，合作学习是新生事物，是面临的一个新课题。这新的教学策略对教师的要求是比较高的，其操作的难度也较大。教师如果不事先做好课前的单元设计，在流程和细节上预测教学过程，则很难保证合作学习的有效和成功。

4．组成合作学习小组

几乎所有的合作学习专家都同意小组的规模应当尽量的小。卡甘推荐合作学习小组以四人为宜，因为这样的结构既可以配对学习，又避免了因"单数"而连带产生的问题。小组规模越小就越能保证学生较高的参与度。其他专家则很少具体谈论这个问题。一般来讲，他们大多建议小组规模以 2 至 6 人为宜。一个比较一致的观点是：合作学习小组在成员的构成上应当体现异质性。

5．确定三种结构

斯莱文认为，影响课堂学习质量和社会心理气氛的因素主要有三个：任务结构、奖励结构和权威结构。在进行合作学习之前，教师应当确定好将要采用的具体结构形式。具体言之，任务结构的选择和确定包括：采用何种教学方式、方法——是采用讲解法，还是采用提问法、课堂讨论法、作业练习法等；采用何种组织形式——是全班教学，还是分组教学或个人自学等。奖励结构的确定是指运用何种方式来强化学习行为的结果。它涉及奖励的类型，如分数、表扬或物质性奖励；奖励频数，如奖励间隔时间的长短、奖励数量的多少等；奖励的可接受性，如直接奖励或间接奖励；奖励的对象，如面向全班、小组或个人。权威结构主要是指在课堂上教师或学生控制教学活动的程度。在课堂上，控制可由教师个人、学校行政人员、其他成人、学生自己、同伴团体、班长等来承担。总的来看，在合作学习的各种具体方式中，变化最为突出的主要是奖励结构。研究证明，奖励结构是合作学习赖以提高学习成绩的最为关键的因素。

6. 监控与介入

在合作学习的过程中，教师认真的监控与适时的介入是十分重要的。在实施合作学习的最初阶段，这种监控与介入显得尤为必要。在进行合作学习的监控时，教师应当将注意力集中于以下四个方面的问题：是否所有的学生都参与了合作学习？是否小组活动维持在学习任务上？是否小组在达成学习目标上取得了满意的进步？是否所有的小组成员能够相互支持、相互给予反馈和处理一些有益的争论？如果学生合作学习时在上述这些方面的活动不能令人满意，教师就有必要及时介入进行指导。需要指出的是，教师一般不要随意介入学生的学习过程，不要越俎代庖，应当让小组成员自己去解决问题。

7. 处理常见问题

在实施合作学习的过程中，有一些常见问题需要注意。一些专家列举了如下常见问题：

- ·小组活动不协调。
- ·过度的小组噪声。
- ·个别学生旷课。
- ·不均等的参与机会。
- ·教师的统治型管理。
- ·忽视小组活动状况的评价。

总之，合作学习的实施过程十分复杂，只有综合领会和贯彻上述要领，才能取得良好的教学效果。

（二）合作学习的类型①

综观国内外合作学习的分类研究成果，结合多年来的研究与实践，我们认为多种多样的合作学习方法与策略可以归纳为四个基本的类型，即指导型、过程型、结构型和探究型。

1. 指导型

指导型的合作学习方法与策略强调在运用合作学习的过程中教师的指导作用和中心地位，这种类型的典型代表是学生小组成就分工法。学生小组成就分工法是由当代合作学习研究的主要代表人物斯莱文博士创设的一种合作学习方略。应用这种策略时，学生被分成 4 人学习小组，要求成员在成绩水平、性别、种族等方面都不相同，即具有异质性。其教学程序是：

（1）教师授课

学习材料通常由教师呈现，由教师在课堂上进行直接教学，有时采用讨论式，也包括使用音像等媒体。

（2）小组组建

学生们在他们各自的小组中进行共同学习，使所有小组成员掌握所教内容。

（3）测验

所有学生都就所学内容参加个人测验。此时，不允许他们互相帮助。

（4）计算个人提高分

学生的测验得分用来与自己以往测验的平均分相比，根据学生们达到或超过自己先前成绩的程度来计分（提高分计分制）。

（5）小组得到认可

将小组成员的个人分数相加构成小组分数，达到一定标准的小组可以获得认可或得到其他形式的奖励。

---

① 高艳. 合作学习的分类、研究与课堂应用初探 [J]. 教育评论，2001 (2).

2．过程型

过程型的合作学习方法与策略是围绕小组学习过程的基本原则组织起来的，它强调的重心在于小组的合作过程和技能的发展。这类模式最著名的就是由美国约翰斯·霍普金大学的约翰逊兄弟于1987年提出的共学法。约翰逊兄弟认为，合作学习的五个要素是构成合作学习程序的基础。这五个要素是："积极互赖、面对面的促进性相互作用、个人责任、社交技能和小组自加工"。按照上述要素的要求，共学法通常涉及以下教学程序：

（1）教师将教学目标具体化，确定小组规模并安排学生组成学习小组，设计具有互赖性的教学材料，分配角色。

（2）教师就学习任务进行解释，特别强调小组的目标，采取适当方式来确保个体责任的落实，使预想的小组行为具体化。

（3）学生在各自的小组中共同努力以达成小组的目标，他们互帮互助，彼此分享信息，并就小组任务进行合作活动。

（4）教师监控小组的活动和个体的行为，当学生需要时及时提供帮助和教授合作技能。

（5）无论是教师还是学生，都要对学习成绩及小组活动过程进行评价。

3．结构型

结构型的合作学习方法与策略最初是与卡甘的研究相关联的。卡甘设计的不是具体的合作学习方略，而是一些小组可以运用的基本结构，这些基本结构可以派生出若干合作学习的具体策略供小组学习使用。经过研究，卡甘确定了七种基本结构。

（1）课堂构建结构

这类结构包括一些旨在形成一个有凝聚力的课堂气氛的小组活动。

（2）小组构建结构

这类结构旨在强调小组关系的加强。

（3）沟通建设者结构

这类结构旨在提高学生交流的技能。

（4）精熟结构

这类结构运用团队协作来帮助学生掌握一些基本的技能和学科内容，复才能取得良好的教学效果。

（二）合作学习的类型[①]

综观国内外合作学习的分类研究成果，结合多年来的研究与实践，我们认为多种多样的合作学习方法与策略可以归纳为四个基本的类型，即指导型、过程型、结构型和探究型。

1. 指导型

指导型的合作学习方法与策略强调在运用合作学习的过程中教师的指导作用和中心地位，这种类型的典型代表是学生小组成就分工法。学生小组成就分工法是由当代合作学习研究的主要代表人物斯莱文博士创设的一种合作学习方略。应用这种策略时，学生被分成4人学习小组，要求成员在成绩水平、性别、种族等方面都不相同，即具有异质性。其教学程序是：

（1）教师授课

学习材料通常由教师呈现，由教师在课堂上进行直接教学，有时采用讨论式，也包括使用音像等媒体。

（2）小组组建

学生们在他们各自的小组中进行共同学习，使所有小组成员掌握所教内容。

（3）测验

所有学生都就所学内容参加个人测验。此时，不允许他们互相帮助。

（4）计算个人提高分

学生的测验得分用来与自己以往测验的平均分相比，根据学生们达到或超过自己先前成绩的程度来计分（提高分计分制）。

（5）小组得到认可

将小组成员的个人分数相加构成小组分数，达到一定标准的小组可以获得认可或得到其他形式的奖励。

---

① 高艳. 合作学习的分类、研究与课堂应用初探 [J]. 教育评论，2001 (2).

2. 过程型

过程型的合作学习方法与策略是围绕小组学习过程的基本原则组织起来的，它强调的重心在于小组的合作过程和技能的发展。这类模式最著名的就是由美国约翰斯·霍普金大学的约翰逊兄弟于1987年提出的共学法。约翰逊兄弟认为，合作学习的五个要素是构成合作学习程序的基础。这五个要素是："积极互赖、面对面的促进性相互作用、个人责任、社交技能和小组自加工"。按照上述要素的要求，共学法通常涉及以下教学程序：

（1）教师将教学目标具体化，确定小组规模并安排学生组成学习小组，设计具有互赖性的教学材料，分配角色。

（2）教师就学习任务进行解释，特别强调小组的目标，采取适当方式来确保个体责任的落实，使预想的小组行为具体化。

（3）学生在各自的小组中共同努力以达成小组的目标，他们互帮互助，彼此分享信息，并就小组任务进行合作活动。

（4）教师监控小组的活动和个体的行为，当学生需要时及时提供帮助和教授合作技能。

（5）无论是教师还是学生，都要对学习成绩及小组活动过程进行评价。

3. 结构型

结构型的合作学习方法与策略最初是与卡甘的研究相关联的。卡甘设计的不是具体的合作学习方略，而是一些小组可以运用的基本结构，这些基本结构可以派生出若干合作学习的具体策略供小组学习使用。经过研究，卡甘确定了七种基本结构。

（1）课堂构建结构

这类结构包括一些旨在形成一个有凝聚力的课堂气氛的小组活动。

（2）小组构建结构

这类结构旨在强调小组关系的加强。

（3）沟通建设者结构

这类结构旨在提高学生交流的技能。

（4）精熟结构

这类结构运用团队协作来帮助学生掌握一些基本的技能和学科内容，复习学习内容，互教互学。

（5）概念形成结构

这类结构利用诸如会见、上网等活动来帮助学生形成相关的概念。

（6）劳动分工结构

这类结构包括诸如著名的切块拼接法等，它要求每个小组成员都接触不同的信息，或者承担一部分具体的小组任务。

（7）合作项目类型

这类结构强调小组成员就一些合作项目进行工作。值得指出的是，对于那些希望获得合作学习活动的具体建议的教师来说，卡甘的资料是非常实用的。

4．探究型

探究型的合作学习方法与策略强调的是对复杂问题的小组调查。按照这一模式的著名代表人物——以色列特拉维夫大学教授沙伦（Sharan）的解释，小组探究型的合作学习过程主要基于以下步骤：

（1）教师确定将要学习的总课题。

（2）学生查找信息，概括出他们就这一课题喜欢回答的问题，然后将这些零散的问题进行分类或分组。根据对其中一类或一组问题的共同兴趣，学生自行分成小组进行活动。

（3）每个小组制订计划并开展调查，以回答他们所选择的那些问题。

（4）随后，每个小组准备并且呈现给全班一份有关他们研究课题的终结报告。

（5）学生和教师合作，对探究过程和结果进行评价。

（三）合作学习的基本形式

在课堂教学中，根据不同的学科特点和教学内容上的差异，可以采用不同的小组合作学习形式。

1．基本式

基本式是指运用教师精讲和小组成员互助合作相结合的方式来组织设计

课堂教学。其基本程序如下：

（1）教师精讲

这是在课堂教学的开始阶段进行的。在这一阶段，教师运用生动、直观的手段，简明扼要地讲解教学内容，激发学生的学习兴趣，并对其中的关键内容加以提示和点拨。

（2）小组成员进行互助性合作学习活动

这是在教师精讲教学内容之后，小组成员通过小组内的互助性合作学习，掌握教师精讲的内容。在课堂教学中，进行小组合作学习活动应遵循以下四条规则：一是每个学生都有责任保证他们的小组成员学会教学内容；二是只有在所有小组成员都掌握了学习内容之后，才算完成了学习任务；三是在请教老师之前，应首先寻求小组其他成员的帮助；四是小组成员之间可以小声讨论。

（3）形成性测验

对学生进行形成性测验的目的是检查各个学习小组每个成员对教学内容的掌握情况。不同于前一阶段的是，在测验过程中，不允许小组成员之间进行互助活动，而是必须由个人独立完成。测验的试卷可以由不同小组交换批阅。

（4）小组奖励

与传统课堂教学中的个人奖励不同，小组合作学习实行小组奖励，即对测验中成绩较好的学生个人和小组进行奖励。这种侧重奖励成绩较好的学习小组的做法能够大大激发学生的集体荣誉感，促进学生个体之间合作关系的建立，培养他们的合作意识和合作能力。

（5）重新分组

在实施小组合作学习一段时间之后，应对学生重新进行分组，这样可以保证各个学习小组之间水平和力量均衡，并使学生有机会与其他同学进行合作，从而使课堂教学充满生气和新意。

2. 拼盘式

拼盘式就是将全班学生分成若干个学习小组之后，把学习任务分解为几个部分，各小组的各个成员负责学习、研究其中的一个部分。然后，将各个不同小组中学习同一内容的学生集中起来，组成一个个专家组，共同学习和研究承担的学习任务。最后，全部学生回到自己原来的学习小组，分别将自己学习的那部分内容教给小组的其他同学，从而让大家掌握全部的学习内容。拼盘式小组合作学习的显著特点是：由于学习任务的关联性很强，大家对其他同学的学习就会产生兴趣并表示关心，从而促进学习小组成员之间的合作与交流，通过互教互学，大家共同掌握学习内容。

3．游戏-竞赛式

游戏-竞赛式与基本式在许多方面是相同的，不同之处是用学业竞赛代替了基本式的测验。在游戏-竞赛式小组合作学习的过程中，学生作为不同小组的代表，同以往成绩与自己相当的其他小组的成员展开竞赛。

游戏-竞赛式小组合作学习的基本程序是：教师精讲→小组合作→活动游戏与竞赛。其中，前两个步骤与基本式基本相同。

游戏通常与教学内容有关，一般以三人一张竞赛桌的形式展开，竞赛桌的三位选手由每个学习小组推选产生。游戏的过程是：一个学生抽出一张带有数码的卡片，必须回答与数码相应的问题。按照竞赛的规则，参赛者可以对别人的回答进行质疑或者提出自己的答案，正确者计分，错误者扣分。游戏-竞赛式小组合作学习一般在一个教学单元结束之后进行，可以根据竞赛的成绩对参加竞赛的选手进行调整，尽可能使小组内的每个成员都有参赛的机会。

三、 对合作学习的指导

（一）适宜的内容

合作学习的成效首先是由学习任务和学习内容的特点决定的。科恩（Cohen）认为，合作学习的效果受下列条件的制约。首先，任务的性质是一个重要的因素。合作学习的任务是团体任务，而不是个体任务，即任务所要求的资源（信息、知识、技能、材料等）是单个学习者不可能全部具有的。同时，合作学习的任务最好是结构不良问题，那些开放式的、答案不唯一的问题更能引起学生的深层次的沟通。其次，合作学习的效果取决于学生之间相互合作的频度和形式。另外，合作的结构化程度也会影响学习的效果。研究表明，结构化水平较高的合作学习对于常规的学习任务较为合适，而结构化水平较低的合作学习更适合于开放式的、探索式的学习任务。

具体到某一学科，教师应当精心选择适宜于合作学习的课题。合作学习的内容一般按单元设计。一些规律性强、涵盖面广、迁移和应用范围大的知识应当首选；可以用不同事例和不同方法从不同侧面去解决的课题，易于殊途同归、达成共识的，也适合选用；内容的构成容易分解为若干具体的任务，可通过协作努力共同完成的，也可以选取；富含大量可利用的课程资源，学生能够多方面介入，并且形成集体成果的课题，可为学生探究提供较大空间的，以及一些需要学生有更多的交往活动的课程（如语言类课程），也是合作学习的一个很重要的载体。总之，适宜合作学习的内容主要表现为：能提供多种认知课题，兼容各式操作方法，给每个参与者的个性发展和特长表现留有余地，有助于求异与发散思维的发展。

案例评析

平方差公式的几何证明

师：刚才我们运用多项式乘法法则证明了平方差公式。那么我们能否用图形来证明平方差公式呢？这可是我们从来没有做过的，我们可以大胆地试一试，看看从中你们能发现什么。

生：（齐答）好。

师：大家拿起课前发的那张纸卡观察一下：这张纸卡是什么图形？

生：（齐答）正方形。

师：阴影部分呢？

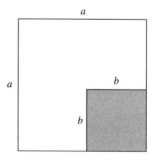

生：也是正方形。

师：请你动手把阴影部分剪掉，然后求出所剩部分的面积是多少。同学们先自己独立思考一下，然后再与小组同学交流。

（学生开始动手剪纸卡，并思考解决问题的办法，很快便与小组的同学交流起来，大约用了 5 分钟时间）

师：哪个组先来说一说？

生：我们组是这样做的：先设大正方形的边长为 a，再设小正方形的边长为 b，然后用大正方形的面积减去小正方形的面积就是剩余部分的面积，写出计算式应该是 $a^2 - b^2$。

师：其他组还有别的计算方法吗？

生：没有。

师：同学们再动手做一做，看看用什么办法能证明我们求得的面积是正确的，然后总结一下从中发现了什么。这个问题有一定的难度，还是小组合作学习吧。

（学生们开始合作学习，教师深入各组巡视指导，大约过了 15 分钟，只剩下一个小组还在讨论，其余小组都做好了交流的准备。）

师：哪个小组先来交流？

生：我们小组把纸卡剩余部分剪成了两个长方形，再把这两个长方形拼成一个长方形，求得的这个长方形的面积与刚才求得的剩余部分的面积正好相等。

师：请说出你们小组的计算式。

生：$(a+b)(a-b)$。

师：其他小组也是这样做的吗？

生：（齐答）是。

师：那你们发现了什么呢？

生：这两种计算方法构成的等式正好是平方差公式，说明平方差公式是正确的。

师：你们还发现了什么呢？

生：代数问题也可以用几何方法来证明。

师：同学们的这一发现太重要了，这就是数形结合思想。你们今天的表现太棒了！

这个教例安排了一个具体的情境——图形面积计算，教师让学生在合作探究中来解决平方差公式的证明问题。学生在合作学习中有看的、有想的、有说的、有做的，既有知识上的所获，又有方法上的所得，同时渗透了数形结合的思想。

（二）精心的组织

合作学习的组织是教师操作的一个难点，要解决的问题，一是怎样分组，二是组内怎么合作，三是组间如何交流。

几乎所有的合作学习研究专家都同意小组的规模应当尽量小。他们大多建议小组规模以 2—6 人为宜。一个比较一致的观点是：合作学习小组在成员构成上应当体现异质性和互补性。

有人曾提出一个促进小组成员之间积极互动、相互依赖的操作框架：

·给小组设计富有特色的队名。

·确定小组学习的共同目标。

·进行角色分配，使每人的角色互补或相关，如组长、观察员、记录员、报告者等。

·进行工作分工，使每一成员所负责的任务成为其他成员完成相应任务的基础。

·共享资源，使每人只拥有完成整体任务的一部分资源或全组只有一项共同使用的资源。

·建立互相制约的奖励系统。

（三）明确的任务

合作学习中的各个小组之间积极的依赖关系是靠共同完成任务来维系的，但如果每个小组或小组内的成员没有明确自己应当做什么，没有责任意识，小组之间或小组内的成员之间无"分工"，那么，这样的小组合作学习肯定就是低效的、徒具形式的。

"合作"中的研究①

一位历史教师在讲资产阶级革命时，把学生分成了几个"部"："美国部""法国部""英国部""日本部"等。学生自愿选择参加一个"部"，并在"部"里担任不同的角色：有担任"首相"的，有担任"内阁成员"的，有担任"议员"的。在讲到"法国资产阶级革命"的时候，"法国部"的学生就提出了一个新问题。过去法国大革命中雅各宾派把土地划成小块，通过分期付款的形式分给农民的做法一直被认为是进步的，可"法国部"的学生经过研究提出：站在发展的立场上，雅各宾派的这种做法即便是及时、充分地发动了群众，却在法国培植了分散的小农经济，不利于农业资本主义的发展。"热月政变"在传统的历史教材中是被否定的，它迫害了雅各宾派，镇压了群众，是一种反动行径；但从另一方面来说，它坚持了对封建势力坚决不退让的态度，因此，"热月政变"实际上是结束雅各宾派专政、建立资本主义正常秩序的转折点。学生进一步总结说，资产阶级革命的根本任务是推翻封建制度、建立资本主义制度，这是评估资产阶级革命的主要标准。所以，过去在评价中往往把农民是否得到土地作为评价资产阶级革命是否彻底的尺度是不恰当的。学生还进一步对我国从1952年基本完成土地改革到改革开放以来的土地政策进行了论证。由从过去的政治角度看历史，到从生产力发展的角度看历史，看哪种力量促进了生产力的发展。

从这个教例中可以看出，由于在合作学习中各个小组的任务十分明确，小组内各个成员也负起了不同的责任，所以他们既能独立思考，又能相互启发，在互动与对话中也自然会碰撞出富有创意的火花。

（四）必要的技能

合作学习的实行需要学生具备一定的合作技能，合作技能是在合作学习

① 李希贵. 素质：在学生的感受与思考中提升 [J]. 人民教育，2001（11）.

过程中达成学术性目标的同时培养与训练的结果。合作技能虽然表现为外显的行为方式，但它最终能内化为个体的品质。学生习得合作技能要解决的核心问题是在合作中消解个人的意见并从经验共享中重组自己的认识。下面的研究材料可供我们培养学生合作技能时参考。

关于"合作技能"的研究①

1. 教给学生什么技能

实际上，教师需要教给学生的合作技能很多。在这方面，合作学习的重要代表人物约翰逊等人曾提出过一种最为综合和全面的表述。他们认为，合作技能分四种水平：形成、运行、操作和激励。他们强调，这四种技能在教师的教学过程中需要得到系统的关注。卡甘似乎更加强调小组活动的社会技能，他提出了一些形成这些技能的具体活动：倾听，确保平等参与，维持注意、奖赏和鼓励，倾听"弦外之音"和履行个人责任。需要注意的是，在教给学生具体的合作技能之前，教师应做好两种分析：首先，教师要分析小组活动的方法，由此确定这种或这几种合作活动需要的技能；其次，教师要分析学生哪些知识还没有掌握，以此为基础，教师便可以确定为数不多的必须教给学生的一些核心技能。我国学者陈燕提出，课堂合作学习的基本技能是：听取、说明、求助、反思、自控、帮助、支持、建议、协调。

2. 如何教给学生技能

卡甘曾推荐了一种十分可行的方法来教给学生相关的社会技能。他建议教师设立一个"社会技能周"，在这一周内用四种方法促进技能的获得。这四种方法是：通过反复不断的组织和调整，将所要强调的社会技能统合起来；在小组中分配角色，教会学生与这些技能相关的语言表达方式；强化所学技能，使之模式化；使学生检讨和评价他们自己对技能的运用情况。另外，约翰逊兄弟也推荐了一种系统的技能学习方法。他们认为，教给学生学习技能需要经过五个步骤：第一，要使学生对所需要的技能有清晰的

---

① 高艳. 合作学习的分类、研究与课堂应用初探 [J]. 教育评论，2001 (2).

认识；第二，要使学生理解怎样及何时使用这些技能；第三，要给学生以练习的机会，使他们掌握这些技能；第四，要经常反馈学生使用技能的情况，并及时处理这些反馈；第五，要保证学生不断地实践这些技能，直到内化为自己的经验。

（五）恰当的方法

合作学习是由多种方法组成的一种学习方式，因此不可能依靠某一种方法来解决各种学习类型、各种学习内容、各个学习阶段的不同问题。国外有的研究者曾把合作学习的策略和方法归纳为四个类型：指导型、过程型、结构型和探究型，他们据此还提出了"学生小组成就分工法""共学法""小组与个人协调活动法""探索法"等。从一般教学方法的角度看，有两种活动的方式是最基本的：一种是学生个体或小组的自主学习与探究活动，另一种是学生间或群体间的交流与讨论活动。合作学习的特征并不表现在自学或探究上，它最显著的特点体现在学习活动中的人际关系上，表现在信息经验和体验的交流共享以及意见的沟通与讨论商议上。因此，在教学情境中，合作学习常借助于讨论法也就不足为奇了。合作学习采用讨论法时，教师应注意把自己内置于学习情境，尊重学生的独特看法和个人努力，促使学生畅所欲言，并适时地引导、介入、归结，实施延迟评判。

在语文课上组织小组合作学习[①]

1. 改秧田型座位为马蹄型座位，编好 6—8 人一组的学习小组。

2. 培养好小组长，提高小组学习效率。

3. 每节课安排 10 分钟左右的时间进行小组学习。

4. 安排好小组学习的基本程序，其程序可设计为：

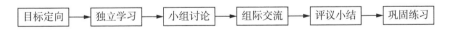

目标定向 → 独立学习 → 小组讨论 → 组际交流 → 评议小结 → 巩固练习

---

① 吴芳."自主、合作、探究"学习方法的思考与探索 [J]. 小学语文教学，2002（2）.

在以上的设计中，目标定向是指南，独立学习为基础，小组讨论为重点，组际交流达高潮，评议小结促深化，巩固练习测达标。

独立学习要围绕：找——自读课文，找易读错、写错的字词，用红笔标出，并设法记忆；释——查字典、词典，联系上下文和生活实际解释词语；分——理清作者思路，按一定顺序分段，学写段意；结——归结主要内容、中心思想、写作特点；列——列出课文提纲，理清课文脉络和内在联系，体会作者谋篇布局的思路和表现手法；问——质疑问难，有疑而问，针对有价值的内容无疑设问；赏——佳段朗读欣赏，体验作者的思想感情，结合理解重点词句；练——抓教学重点、难点和思维扩散点设计练习题，从这八个方面做好自学笔记。

小组合作学习是课堂教学的核心、主体，因此在时间和安排上一定要充分。小组学习的内容可以是：紧扣以上八个方面分别进行讨论交流；认真听取每个同伴的学习结果；在思考的基础上对同伴的学习结果加以修正或补充；共同帮助学习有困难的同伴；提出小组中不会解决的问题，准备向其他小组成员或老师咨询。小组讨论的形式有三种。一是比较补充式——由小组长指定一名学生做中心发言，其他学生将他的发言与自己的自学结果做比较，互相补充，得出正确的答案，由小组长归纳。"容易写错、读错的字词""文章的结构提纲""主要内容和中心思想"的讨论都可以采用此法。二是辩论式——由小组长负责，按步骤交流，组员提出不同意见，并说明理由，经过争论比较，由小组长综合归纳。三是连锁式——小组成员依次发表看法，提出各自的见解，由小组长归纳总结。对"词语解释""佳句佳段的赏析""练习设计"等内容的讨论可以采用此法。除这三种形式之外，还可以采用"论断式""分割式"等形式。

这个教例根据小组合作学习的组织形式设计了学习的程序，采用了适应学习内容和小群体内互动的方法。其实，只要能把握合作学习的要素，程序和方法是十分灵活的，也可以不断创新。

（六）相应的评价

合作学习的评价有两个最明显的特点：一是重视小组自评，二是以团体成绩为标准。

为了保持小组活动的有效性，合作小组必须定期地评价小组成员共同活动的情况，这就是"小组自评"。小组自评的目的是帮助小组成员学会怎样更好地合作。为此，在小组成员自评时应讨论以下内容。

第一，总结有益的经验。

第二，明确发展的方向和目标。

第三，在总结经验和分析问题的基础上，小组全体成员共同制订出本组今后的活动方案，明确在以后的小组活动中应当达到的目标，以及如何达到目标。

小组自评能够为小组的合作提供有益的反馈，是合作学习的关键。

合作学习通常不以个人的成绩作为评价的依据，而是以各个小组在达成目标过程中的总体成绩作为评价与奖励的标准。这种机制可以把个人之间的竞争转化为小组之间的竞争，从而加强小组内部的合作，使学生在各自的小组中尽其所能，得到最大限度的发展。

合作学习对学生学习成效的影响研究[①]
——基于国内外 54 项实验研究和准实验研究的元分析

本研究结论不仅证明了合作学习作为一种正式教学模式对学生的学习成效具有积极的促进作用，也从学科、学段、分组方式、教师干预、学习环境、实验周期以及合作学习模式等视角进一步探究了合作学习究竟如何影响学习。笔者尝试从以下五个方面提出课程优化建议。

1. 设置目标导向、任务驱动的合作学习活动，促进学生多元能力发展

本研究结果表明，合作学习对学生认知和非认知学习成效均有促进作用，且对认知作用更为显著。促进学生多元能力发展既是合作学习开展的目标，也是检验合作学习的手段。从激励主义的角度来看，目标导向、任务驱动的合作学习有助于激发学生的学习动机。在合作学习情境下，团队成员要实现自己的个人目标的途径是先达成团队目标，个人能力是在完成团队任务的过

---

①　李宝敏，宫玲玲. 合作学习对学生学习成效的影响研究：基于国内外 54 项实验研究和准实验研究的元分析 [J]. 教育发展研究，2019（24）.

程中得以发展的。因此，清晰地告知学生小组合作学习目标，通过任务驱动，可以有效激励学生在学习过程中互相鼓励，共同向达成学习目标而努力。在合作学习应用中教师可参考"创设学习情境—阐明学习目标—分配合作任务—小组合作—学习成效检验——评价奖励"的路径设置开展教学，在完成任务中促进学生多元能力的提升。

2. 根据学习者的学段特征灵活选择学习环境和设计合作活动，避免合作学习的形式化倾向

不同学段的学习者的学习风格、心理特征、人际交往方式等都有很大差异，只有根据学习者特征选择适当的学习环境设计、适当的合作学习活动，才能有效地达成相应的教学目标。小学生由于年龄原因思维能力还未高度发展，注意力也难以高度集中，纯在线的合作学习对学生的技术使用以及独立学习能力要求较高，因此不适宜在小学学段应用；高结构化的拼图式教学设计对学生思维能力要求较高，也不宜在小学开展。小学阶段更适合在线下课堂学习中进行合作，且合作学习模式应尽量选择小组游戏竞赛式（TCT）等趣味性较强的形式。初中生和高中生正处于知识积累与思维能力发展的关键时期，同时有相应的升学考试与分数压力，因此合作要高度关注效率，混合式环境下共学式（LT）、综合阅读与写作（CIRC）等模式较为适宜。大学和高职的学生思维相对独立，个性化较强，设计合作学习活动时应适当给予其独立思考的空间，可在在线或混合式环境下采用学生小组成绩分工式（STAD）等模式。

3. 根据学科知识特点选择合作学习模式，在合作学习中促进学科知识学习

不同的学科有其知识特性，不同的合作学习模式也有其适用情境，根据学科特性选择适切的合作学习模式是保证合作学习取得成效的前提。在知识授导型课程中，如地理，历史、政治等科目中关注知识的理解记忆和应用，可选择学生小组成绩分工式等模式。其教学过程简单，易于开展，将合作目标和任务与高度的个人责任相结合，适用于大多数知识授导型课程。小组游戏竞赛式则更适用于活动类课程，如体育课。拼图式教学作为一种高度结构化的合作学习形式，关注每个成员对小组的贡献，适用于数学任务中的问题

解决和概念物理理解等情境。因此,在教学中应根据学科特性与实践所需选择合作学习模式,并根据具体情境对合作学习模式适当调整与再加工,切忌模式固化。

4. 合理安排与任务相匹配的合作周期与频率,适应小组合作发展阶段

合作学习的成效是过程性的,而不是一次合作就可以实现的,教师在教学设计时应当根据合作任务充分考虑合作学习的周期与频率。同时,小组合作都需经历由最初的"形成"阶段到稳步合作的阶段,学习者需要经历从具有自己的打算、专长和期待的一群个体到为了团队目标高效合作的学习共同体的角色转变。因此,教师要根据合作学习的内容和形式,适当设置合作频率,合作次数要适度,过多或过少都将影响学习成效和学生参与的积极性。

5. 教师加强干预和引导,促进合作学习成效最大化

在合作学习的过程中,教师及时恰当的干预有助于提高学生参与的积极性、促进成员之间的交互、引导学生深入思考和知识共建,进而增进合作学习的成效。在合作学习的过程中,学生是学习活动的主体,教师是学习活动的组织者、引导者和促进者,教师应当根据实际需求提供适当的干预。合作学习开始前,教师应根据学生的学习内容和合作形式,准备相应的教学资源与材料,为学生提供支持。在合作过程中,教师可通过观察小组成员合作的情况,诊断其存在的问题和把握学生的学习情况,然后采取提问、解释、暗示、指导、鼓励等干预措施。在在线或混合式的学习过程中,教师也可利用适当的协作工具,如学习分析工具等实施干预,以充分发挥合作学习的成效,促进学生的发展。

学校合作学习的升级之旅[①]

新课改以来,随着学习方式变革在课堂教学中的不断推进,合作学习中的一些问题逐渐受到关注:学生层面,话语霸权和组织游离现象并存,学生在小组任务中的参与程度两极分化;教师层面,课堂气氛活跃与课堂效率欠缺的矛盾时有发生,合作学习的关键目标点不能被很好地确定。为了更好地解决这些问题,北京教育科学研究院丰台实验小学在北京教育科学研究院专

---

① 张歆,祁红.高阶思维培养:小组合作学习的升级之路[J].中小学管理,2019(9).

家的帮助下开展了教学实验，将小组合作学习的目标聚焦到高阶思维的培养，通过调整小组合作学习要素重点、明确不同类型小组合作学习思维培养任务以及开发相应策略工具，实现了小组合作学习的功效升级。

1. 明确指向高阶思维培养的小组合作学习要素的新特征

合作学习对于学生的高阶思维培养具有独特的组织形式优势，在参与全面、信息多元、产出个性化的小组任务中，学生的思维以群体互促的形式实现着升级。在指向高阶思维培养的小组合作学习中，小组目标、积极互赖、个体责任、公平参与以及社交技能等关键要素的内容也有了新的特征。

（1）小组目标：聚焦任务效用

具有固定答案的封闭性问题和按照教师指定步骤进行程序化操作的手工活动并不能激发学生积极思考，而过于开放的任务又可能导致小组合作学习的指向不明，进而影响教学目标的完成。因此，在确定小组目标时，重点是阐明任务的实际效用及其要求，即让学生明确合作成果将在何种条件下解决何种具体问题，以实际效果为导向组织合作学习过程的展开。例如：数学课上，"制订一个最便宜的春游租车方案"就比"算一算我们春游租车需要多少钱"更具思维挑战性，也比"请制订一个春游租车方案"更聚焦于课堂教学目标。

（2）积极互赖：源于认知欲求

长期以来，"集体评价"一直被作为促成积极互赖的有效动力，通过外部激励将组员捆绑在一起。但是，更深层次的互赖应来自组员个体内心的需求。当学生被合作任务所吸引，既有挑战任务的激情又缺少独立完成任务的条件时，他才能主动产生积极互赖的意识和行为。因此，在指向高阶思维培养的小组合作学习中，应重点关注通过有趣而复杂的任务设计，让学生感到个人力量的局限，进而促成小组成员间的协作。如同样是分角色读课文，面对"看哪组同学读得最好"的要求，组员的心理活动是：每个人都大声、正确、有感情地读，不能有人拖后腿，大家都指向统一的朗读标准；但面对"能不能把这段演出来"的要求，组员就要揣摩人物的性格差别和环境特征，在语言、神态、动作甚至背景上体现不同分工的独特价值。

（3）个体责任：基于学习内容

小组合作向来强调个体责任，甚至在此基础上产生了系列小组合作中的固定角色，如组长、记录员、计时员、汇报员等。诚然，上述角色对于小组合作的顺利开展功不可没，但这些角色都是出于组织管理秩序的需要而承担的责任。对于课堂教学来说，小组合作学习最主要的价值在于促进学生认知能力的发展，围绕任务进行的思维撞击是每个个体都应承担的责任。因此，除组织管理职责外，每名学生更要明确自己的思维责任："对于问题我是怎么理解的？""对于解决问题我能做什么？""我还需要什么？""我能为别人补充什么？""我能从别人那里学到什么？""我们怎么能让结果变得更好？"……只有围绕任务目标进行积极思考，个体责任才能真正推动合作学习的深化。

（4）公平参与：每一个都重要

所谓"公平参与"并不是让每个学生去做同样的事情，或把同一件事情做到同样的程度，而是每个人都有为完成任务而做出自己贡献的机会，合作成果应体现每个人的贡献。这就要求小组合作学习一方面设置保障每个学生发表意见、实施行动的组织机制，另一方面在展示最终成果的同时要将群策群力的学习过程作为成果的组成部分进行呈现。在高阶思维活动中，问题的复杂性使不同成员有了更多提供见解（包括质疑）的可能，也为分工协作提供了更广阔的空间，每个人都能够在合作中展示自己、实现提升。

（5）社交技能：学会集体决策

小组合作学习需要必要的社交技能，如组织学习、倾听他人的意见、表达自己的见解、与他人沟通、质疑不同的观点，以及在合作学习的过程中反馈获得的信息、评价团队成员间互动的过程、注意别人对自己行为表现的感受等。在此基础上，培养高阶思维的小组合作学习中一个更重要的社交技能是每个人都能把握好任务解决的进程，在理解他人的基础上提出或者提供当前阶段所需要的观点或行动，在组内有效整合不同的个人贡献，提高集体决策能力，迅速推进任务完成的进程。

2. 把握小组合作学习各类实践形态的关键点

目前，小组合作在课堂教学中基本呈现出提炼、探究、评鉴、分享设计与开发五大类实践形式，它们对于完成教学任务的意义各有不同。对每类合作进行目标提升，有意识地加入促进高阶思维的任务或要求，能够发挥小组合作学习的更大价值。

（1）操练类：提升认知策略

操练类合作学习的目的，是让学生之间互相检测知识技能的掌握情况，促进课堂教学目标的实现，提升学生的成绩，如生词默写、英文对话背诵、数学习题计算等。小组操练时若全部正确，表明教学取得了成功；若有学生出现了错误，则需要学生对问题进行解析，找到问题的原因和今后避免的方法。例如，有学生将 scissors（剪刀）误拼成 scisors 时，原因就是没有记准确。在这里发音规则并不能帮助准确记忆，于是有学生提出形象记忆法：剪刀两边要对称，所以要有 4s，少一个就不对了。可见，对于错误的解析不仅要阐述知识技能要点，更要推动学生反思和发展自身的认知策略。当操练类小组合作学习从学会知识点提升为找到掌握知识点的方式时，学生的高阶思维就得到了锻炼。

（2）探究类：学会逻辑论证

探究类合作学习本身就具备较高的思维含量，需要学生通过假设、筛选、判断、推测、验证、归纳、提炼等多种思维活动去获取答案。在探究类小组活动中，关注重点在于各组的探究过程而不是结果：探究的思路与方法是否多元，探究中对问题的考虑是否全面，探究推断的证据是否充足，探究的论证过程是否逻辑严密，探究结果的提炼是否简明……这些要点可以作为小组报告的要求之一，也可以通过自测表格等让各组自行反思。为了保障探究过程的充分，首先要在问题设计上留出学生发挥的空间，使任务包含更多的信息要素；其次要有充分的时间支持，不能将其作为课堂点缀匆匆了事。

（3）评鉴类：进行理性判断

评鉴类小组合作学习的目的是培养学生的评价与鉴别能力，其对象可以是本组成员或其作品（如作文、画面），也可以是其他人的作品或行为。评价与鉴别包括水平判断、价值评估、特点提取、趋势揭示、取舍决策等行为。评价要有一定的标准。因此，如何设定评价的维度、如何确定评价的标准、如何对被评价对象做出判断，体现着学生对评价目的以及对被评价事物发展特征的客观把握能力。评鉴类小组合作学习，不是让学生简单地选出自己最喜欢的人或作品，而是要在集体讨论中根据评鉴的目的确定本次评鉴的关键指标，然后通过例证分析每个对象在该指标上的表现（包括特点、趋势等），若有需要则逐一分析后通过比较选出代表性最强的对象。有理有据地做出判断，是评鉴类小组合作学习的核心。

（4）分享类：基于审辩的传意

小组分享，是在大班额教学背景下增加学生学习收获的一种交流形式，也是一种学生之间相互学习的方式，具体内容如好书推荐、拓展知识介绍等。简单的复述并不能提升学生的高阶思维能力，因此我们对分享方式提出进一步要求：第一，分享者要从吸引听众的角度设计导入语；第二，分享者要通过海报、思维导图、绘本制作、图表模型等方式重新整理和呈现内容；第三，分享者要说明自己对所分享内容的评价，比如好与不足的地方对自己的启示等；第四，分享者介绍后开设讨论环节，听众从收获和质疑两方面对分享者所介绍的内容发表意见，进行沟通。在这个过程中，学生对知识和信息进行了基于审辩的传意，学生的自我学习能力得到增强。

（5）设计与开发类：尝试创造与实践

设计与开发类小组活动，较之前的几种活动具有更强的综合性与实践性，其任务往往与实践密切结合，包括了从设计到实施再到总结的全过程，其跨度也超越了传统课堂的边界，如社区调查、园林探秘、原创游戏征选、口号与标语设计等。此类活动除涉及上述探究、分享、评价等合作形态中的高阶思维培养点外，还在创新性思维的培养方面具有特殊价值。在这类活动中，学生面临的任务本身就具有一定的创新性要求，对于完成任务的过程和方法也有更大的自主空间，学生之间需要借助经验、洞察力及创造力来发现和解决新问题，产生新观点、新作品、新行动。设计与开发活动中时刻伴随学生的核心问题就是"我还有什么好主意"，教师在行动中可以用阶段性追问的方式不断提示学生思考这一问题。

（三）开发支持小组合作学习的策略工具

在小组合作学习中，学生高阶思维能力的提高是一个渐进的过程，在开始阶段需要一定的策略工具作为支持。特别是探究类的小组合作学习，由于其过程对生生互动的要求最为频繁，对策略工具的需求也更为突出。

1. 三色记录笔

第一色笔，记录（画或写）合作开始前自己认为的关键信息和问题解决思路，也包括疑问与困惑；第二色笔，记录讨论中受到他人启发而补充的新内容；第三色笔，记录不同意见或自己遗留的问题。实践证明，自我解决问题中没有想到的方法，恰恰是思维上容易被遗忘和忽视的内容。换一种其他颜色的笔记录，是在暗示学生要关注这方面的内容，在下一次解决同类型问题时要格外注意。由此日积月累，学生的思维会更加全面。

2. 分工卡片

分工卡片是为保障每个学生真正投入到小组合作学习的核心内容中而设计的。在四人小组中，分工卡片一共有四种，分别是：审题卡 1 张、解题卡 4 张、提问卡 4 张、总结卡 1 张。每种卡片都有对学生的行动要求。

审题卡要求：一是通读题目，说清题目中的文字信息、图片信息；二是找出关键信息标画出来；三是理解题意，表明探究问题，在审完题目后学生可以询问组内其他同学是否还有补充。

解题卡要求：一是明确问题，说出对问题的分析和答案；二是解答题目时思路要清晰，语言要简洁准确，逐一解答；三是解答完题目后，需要询问组员是否理解。

提问卡要求：可以从三个角度提出问题，一是提出自己要探究的问题，二是提出组员讲解过程中出现的不理解的问题，三是听别人发言后产生的新问题。学生提问时要做到问题明确、语言清晰、逐一提问。

总结卡要求：用概括性的语言归纳总结本组的各种方法、策略，以及存在的争议与问题，提醒学生需要注意的地方。总结要做到有层次，有方法，思路清晰，有侧重点。

3. 语言模板

在学生不熟悉如何进行沟通与讨论的时候，教师要提供相应的语言模板帮助学生形成沟通与讨论的思路，将学习逐步推向深入，最后实现脱离模板、学会合作。在基本模板的基础上，针对不同的任务类别，教师可以进一步开发更为具体的语言指导模板。如小组汇报的基本语言模板如下："我们组的结论有……分别是……我们的这些结论可以分成……类，各自的特点是……我们想特别提醒大家的是……我们还有……等问题不是很清楚，需要帮助。"

4. 倾听思维模型

小组合作学习强调学生之间的交流与互动，交流与互动的结果或是达成共识，或是形成几类不同的结论，这一过程需要个体对他人意见的倾听以及在此基础上的进一步筛选和加工。通过个体倾听思维模型的引导，学生不仅能够学会有序分析他人的观点，更是形成团体决议的基础（见下图）。

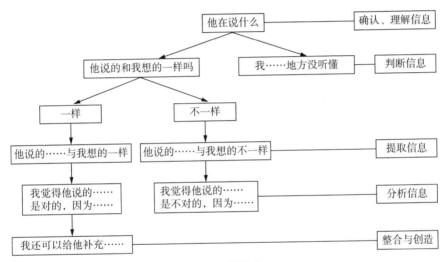

倾听思维模型

第五章　如何认识和施行混合学习方式

教育行动研究是以教育活动为主要对象的应用性研究，由于教育活动本身是多要素相互作用的复杂整体，因此，认识和变革这些教育活动需要采用多种方式对其进行考察与试验，这就决定了教育行动研究在各个不同的环节要运用一些具体的方法。

21世纪以来，现代信息技术加速迭代，与课程教学的融合日趋深入，以数字资源为载体的混合学习（Blended Learning）逐渐为人们所熟知并付诸实践。然而，此种实践先行现象所折射的问题是理论指导的迟滞与偏失。截至目前，关于混合学习的核心内涵、价值指向以及实践向度等方面的认识还较为凌乱，亟待系统梳理与深度解析。

一、 混合学习方式的理解与分析

混合学习又称"混和学习"或"融合式学习"。概念的不统一反映出认识上的凌乱，究其原因：一是"取向"的选择问题，即站在哪个"立场"讨论混合学习；二是对"混合"的理解问题，即学习在"哪些层面"发生混合。

（一）混合学习的意涵分析[①]

梳理相关资料，从"立场"角度，我们可以分辨出广义与狭义两种不同取向的混合学习。广义取向的混合学习，可以指称一切形态的学习实践。狭义取向的混合学习，特指在2000年左右，国内外"在线学习"（E-learning）进入低谷以后，融合传统"面授学习"（面对面学习）与"在线学习"各自的优势，逐渐演化出来的一种新型学习样态。这里主要讨论狭义取向的混合学习。

1. 学习场域的混合

在学习科学的场域中讨论混合学习，宜将"学习"理解为一种"心理事件"，即学习"是怎么发生的""在哪里发生"，而不是纯粹的社会活动。我们知道，学习泛指"有机体因经验而发生的变化"，教育情境中的学习则指"凭

---

① 余宏亮，石耀华. 混合学习：意涵解析、价值指向与实践向度 [J]. 中小学教材教学，2017（12）.

借经验产生的，按照教育目标要求发生的、比较持久的能力或倾向的变化"。不难理解，学习意味着"变化"，并且这种变化是合目的、合规律的，是由后天的学习事件引发的。以此为起点，就需要追问"变化在哪里发生"。

从"学习是在哪里发生的"这一视角来看，几乎所有的学习都是混合的。不论是纯粹的面授学习，还是纯粹的在线学习，或者融二者之长的混合学习，学生听讲之外，辅以课外作业、课外手工、课外阅读等实践活动，内化、迁移所学知识与所习能力，学习者的身心均不同程度地发生变化，综合素养与实践技能得以提高。由此观之，以往认为学习"在课堂上发生"或"在课堂之外发生"的观点均不准确。实际上，学习可能在不同场合均有发生，只是产生变化的程度不同而已。在此意义上，我国古代诸多文化典籍都曾论及混合学习。比如，《中庸》倡导"博学、审问、慎思、明辨、笃行"，就含有"学习是混合发生的"这一思想。因此，在学习场域维度上，广义的混合学习同狭义的混合学习没有太大区别，不论哪种学习形态，学习者的学习都是混合发生的。

2. 学习内容的混合

学习内容包括紧密相关的两方面内涵：一是学习内容本身，二是学习内容的呈现方式。就前者而言，任何学习的内容指的都是学习者要掌握的知识、要训练的能力、要涵养的情感以及与之相应的学习要求。在此意义上，不论广义的混合学习，还是狭义的混合学习，均有特定的学习目标与学习要求，学习进程的推进与学习结果的测评均要基于学习目标与学习要求。就此而论，广义与狭义层面的混合学习区分度仍然不是十分明显的。就后者而言，这里需要先区分两个问题：学习内容的特点与学习内容的载体。就学习内容的特点而言，混合学习同其他学习形态有很大区别。祝智庭从三个维度解析了混合学习的内容特点，见表1。

表 1　不同学习内容的混合

标准	混合的内容
学习者群体	定制内容与非定制内容的混合

续　表

标准	混合的内容
学习内容的结构化程度	良构内容与劣构内容的混合
学习内容的指向	书本内容与实践任务的混合

由表1可知，由于融合了面授学习与在线学习二者之长，混合学习内容的特点不再单一，不再拘泥于面授学习以书本内容为主的"定制"与"良构"，而是考虑学习者的学习需求及其他学习条件而大有拓展。

与之相应，在学习内容的载体方面，混合学习的内容载体要丰富得多，可以视不同需求而灵活采用。对于那些适合用数字载体呈现的学习内容，自然可以通过视频、音频、图片以及融这些形式于一体的超文本形式呈现，借助互联网进行传播；而对于那些现行条件下较难通过数字媒体准确呈现的内容，例如教师的策略知识与人格魅力、物理时空中的人际互动与思维共振，又可以结合"面授"予以弥补，这就大大拓宽了混合学习的价值阈限。

3. 学习事件的混合

这里的学习事件，可以理解为影响学习活动的外部条件，包括学习进程安排、学习方式选取、师生角色定位等。加涅曾概括指出"引起注意""告知学习者目标""提供学习指导"等九大学习事件。我们认为混合学习中的"学习事件的混合"主要体现在三个方面。

首先是学习时空的安排。面授学习的时空安排是种线性存在，我们能从学习要素的构筑与学习事件的生发中察觉清晰的"空间架构"与"时间流变"。这里的学习空间一般是指"学习场所"这个三维物理空间，这里的学习时间则有不可逆转的线性特征。在线学习突破了物理时空的线性束缚，主要依托网络时空进行，具有碎片化、跳跃性等非线性特征。混合学习的时空安排兼具物理时空的线性特征与网络时空的非线性特征，择二者之长而取之。从表面上来看，"先学后教""在家学知识，课堂练能力"等论断似乎能够描述混合学习的某些特质，但实际上不够准确。混合学习中的"学"与"教"、"知识"与"能力"，其实是交互进行的，先学"学什么、怎么学"，后教"教什么、怎么数"，课堂上是"学"还是"练"，本质上主要取决于学习者的学习状态与学习效果。

其次是学习方式的重组。凯伊·索恩（Kaye Thorne）认为，混合学习将在线学习与更多的传统学习方法结合起来，为构建适应个别化需求的学习实践提供了极好的解决方案。何克抗强调，混合学习是"把传统学习方式的优势和 E-learning 的优势结合起来，既要发挥教师引导、启发、监控教学过程的主导作用，又要充分体现学生作为学习过程主体的主动性、积极性与创造性"。的确，较之纯粹的面授学习或在线学习，混合学习的学习方式更加灵活，既能发挥在线学习的自主、自觉优势，又能通过师生、生生之间的面对面互动，实现学习绩效的优化。

再次是师生角色的重构。受文化传统造就的惯习思维与现实条件制约，面授学习中的师生角色很难转变，教师主导学习的局面很难突破；纯粹的在线学习则主要依托学习者自身，很难彰显教师指导学习活动的应有价值。在混合学习中，这种局面得到了很大改观。由于混合学习独特的时空安排，学习者通过自主学习解决他能解决的问题，激发他的自主意识，彰显他的自主地位；面授环节则主要聚焦自主学习中的疑难与困惑，着眼于知识的迁移与技能的训练，教师真正以合作者与引导者的身份出现。如此一来，就可以形成教师主导教、学生主导学、教与学互促的格局，师生双方也就真正找准了彼此恰切的角度定位，这为推动学习文化的转型奠定了心理基础。

事实上，混合学习的外延正在不断扩展包括时间的间断与连续、空间的广延与转换、构成的个体与组群、样态的认知与行动、内容的定制与选择，等等。

（二）学习文化转型：混合学习的价值指向

学习文化是人类整体文化的重要组成部分，是一种学习取向的特定文化，是学习者在学习活动中产生与凝结的为群体所普遍认同的稳定的存在与发展方式，其生成与变化受技术、制度及其他文化等因素的影响与推动，反过来，学习文化也会影响这些因素的存在形态。随着信息技术的迭代更新、网络文化的席卷裹挟，以及教学制度的日益完善，传统学习文化的存在方式不断解构，新型的学习文化范式逐渐生成。在此背景下，混合学习这一新的方式正从三个方面推动着学习文化的转型。

1. 从"整齐划一"到"自定步调"

在制度化的学校教育体系中，尤其是近代以来大规模实施的班级授课，以"工业文明"的思维办教育，批量培养适应社会需要的人才，这种教育与社会之间的双向互动，既是文明的产物，又是文明持续更新的动力。但是，基于这种"工业思维"的教育模式，要求"统一行动"，讲究"整齐划一"，这既是它无可匹敌的优势，也是它挥之不去的弊端，其最大缺陷在于忽视学习活动强烈的个体色彩。学习个体是各不相同、千差万别的，用统一内容、统一步调对所有个体提出整齐划一的要求，存在某种程度的不合理性。在传统条件下，这种状况很难改变，即便有"差异教学""分层教学"等举措尝试补救，也收效甚微。而信息技术赋能的混合学习为这种局面的突破提供了可能：一方面，学生课前有机会凭借信息技术开展自定步调、自我导向、自我检测的在线学习，根据自身特点选择学习内容，制订学习计划、调控学习进程；另一方面，由于有了在线学习的数据记录与分析，学生的疑难和困惑更加明确，教师在面授环节的讲解可以更有针对性，以便于真正意义上开展定制化教学与个别化辅导。

2. 从"暗箱隐喻"到"靶向隐喻"

一直以来，哲学、心理学、脑科学等学科试图揭开人类学习的奥秘，但时至今日，学习过程的"暗箱"依然很难被真正打开。承前文所述，建基于工业社会的现代教育体系，以工业文明的思维模式设计学生的学习并予以监控，学生的个性特征以及随之而来的个性化学习需求极易被规模的海洋淹没，这又不啻在"学习暗箱"之外加套了一个"暗箱"，使得学生的学习变得更加神秘难测。而在混合学习中，一方面，学生自定步调、自主导向的个性化学习使得教师的面授辅导更有针对性，变传统班级授课的"霰弹模式"为"靶向模式"；另一方面，技术介入课前自主学习中，有相对精准的数据记录，例如学习内容的访问次数、学习时长、学习曲线等结构化数据，还有在线讨论、提问、学习心得等非结构化数据，再通过相关技术对这些数据进行分析与挖掘，能够准确地捕捉学习者的思维过程，更好地判断学习者的学习状态，有助于真正打开学习的暗箱，推动学习的"暗箱隐喻"转向"靶向隐喻"。

3. 从"苦楚学习"到"享受学习"

在传统文化形塑的思想观念中，学习往往被认为是一种"苦差事"，人们倡导"吃得苦中苦，方为人上人"，推崇"饿其体肤""苦其心志"，学习者的身心均要忍受很大的苦楚，此为"苦楚学习"。与此对应，"享受学习"主张"学习的过程就是享受的过程，它不以外在的世俗功利价值为根本旨趣和追求，而是在充分感受学习魅力的同时，以对智慧的求索作为人生的最高慰藉"。传统学习之所以给人"苦楚"的体验，原因固然很多，但学习内容的他者给定、学习实施的身不由己、学习进程的难以调控以及学习绩效的功利导向，无疑是其重要根源。与之不同，混合学习赋予学习者更大的自主权，学习者在更大程度上自主控制学习进程，还能通过多种途径接受来自教师的个别化辅导，有针对性地与同伴对话、探究、合作、共构知识，随时体验学习的乐趣。在此意义上，混合学习更加契合学习者的心理需求，更能激发学习者的成就动机，更能改善学习者的学习体验，为推动传统的"苦楚学习"转向"享乐学习"提供了契机与动力。

我国学者①还从价值逻辑角度分析了"新"学习方式的价值意义，即："互联网＋"时代价值的外在促动、学习方式价值主体的内在驱动，以及新思维方式的全面引动，是"新"学习方式的生成逻辑。"互联网＋"的深入推进要求重构以主体价值、多元价值和交互价值为基本结构的价值形态，"新"学习方式崇尚自由、多重样态、双向交互的价值特性。为此，需要从主体建构的价值诉求、客体创造的价值效用以及中介变革的价值规定中实现"新"学习方式的时代价值。就学习文化而言，也有研究者指出，学习文化的变革体现为"去教师为中心"、以培养创新精神和创新能力为目标、追求"人的全面而自由的发展"，学习范式的变革则体现为以需求为导向的协同共享式学习、以非正式学习为主并采用生成性的学习模式②。

---

① 李红梅."互联网＋"时代"新"学习方式的价值逻辑 [J]. 中国电化教学，2017（6）.

② 徐锦霞，钱小龙. 数字化学习的变革：理论基础、学习文化与学习范式 [J]. 中国远程教育，2013（11）.

（三）混合学习的实践向度

研究认为，应当从学习内容分析、学习环境构建、针对学习者的学习分析等方面入手，规限混合学习的实践向度，并基于这些向度设计更合理的混合学习实践，以最大限度地彰显混合学习的价值。

1. 学习内容分析

学习内容是混合学习的核心议题，与之相应，学习内容分析也就成了混合学习的首要向度。换句话说，混合学习的设计与实施必须综合考虑学习内容的属性、特征以及与之相应的学习要求。关于学习内容分析，可以参考布卢姆教育目标分类理论，表1所示为该理论的"认知"部分。

表1 修订版布卢姆认知目标分类框架

知识维度	认知过程维度					
	记忆	理解	应用	分析	评价	创造
事实性知识						
概念性知识						
程序性知识						
元认知知识						

以认知领域为例，参考表1可知，学习内容分析包括两个维度：一是"知识类型"，即回答"学什么"的问题，通常表现为需要学生掌握的事实、概念、命题、策略或态度；二是"认知过程"，回答"学到什么程度"的问题，通常表现为"识记""理解""应用""分析""评价""创造"等认知水平。据此，针对不同知识类型的不同学习要求，混合学习设计应当有所侧重，例如，事实性知识、概念性知识的识记或浅表理解等低阶认知水平，多半可以通过学生自主学习解决；当涉及知识的深层理解以及分析、评价、创造等高阶认知时，教师适时介入的针对性辅导以及同伴之间的即时互动则有更好的效果。

2．学习环境构建

混合学习的学习环境，大体包括在线学习和面授学习两个维度。关于在线学习环境，汪琼等构建了"在线交互虚拟学习环境模型"，并据此设计、开展学习活动，实现了系统中不同角色的交互，进而实现了教学目标的确认与学生情绪的调适。余东先等提出"课程资源环境""参与体验环境""支持环境""反思环境"以及"社交环境"是在线学习的五个关键要素。事实上，面授学习环境不同于传统课堂教学，应着眼于学习共同体的建构，聚焦学生自主学习中的疑难与困惑，专注知识的迁移与能力的训练。在此环节，教师的价值主要体现为适时提供个别化辅导。同时，学习共同体中的思维共振对于激发学习行为的发生也有着不可忽视的作用。概而言之，全面把握混合学习的环境特点，有针对性地进行环境设计，能为混合学习的有效实施提供条件保障。

3．针对学习者的学习分析

混合学习之所以能够助推"学习暗箱"的开启，促进学习文化的转型，很大程度上依赖针对学习者的学习分析。学习分析（Learning Analytics，简称LA）是"使用数据和模型预测学生的收获和具体处理这些信息能力的行为"，需要"测量、搜集、分析和报告关于学习者及其学习情境的数据，以便了解和优化学习和学习发生的情境"。胡艺龄等认为，它是"从教育领域的海量数据中提取隐含的、未知的及有潜在应用价值信息或模式的工具，也是一种决策辅助工具"。尽管针对学习分析的见解各异，但有一点共识：在技术介入的课程与学习实践中，会有数据记录，基于这些数据可以对学习者的学习状态、学习效果进行分析，以便做出相对准确的判断，及时对学习进行有效干预。

关于混合学习的学习者数据，有"在线学习数据"与"面授学习数据"之分，前者表现为访问次数、学习时长、在线讨论等形态，后者表现为面授环节的课堂表现、作业、作品等；也有"结构化数据"与"非结构化数据"之别，前者如在线学习时长、访问频次等，后者如在线讨论以及面授环节的课堂表现以及作业、作品等。结合特定技术对这些数据进行挖掘、整合，并据此对学习行为进行有效干预，既能优化学习者的学习效果，也能科学改进教师的教学设计，而这正是混合学习的追求。

总体来看，当前，信息技术与课程教学的融合日益深入，给混合学习的开展提供了有利契机。但是，溯源清思，探寻混合学习的价值指向与实践向度，均是混合学习付诸实践的前提，因此亟待针对这些问题进行系统的梳理与深入的研究。

二、　智慧学习环境中的混合学习

我们正走进一个新的世代。社会的发展趋势是经济全球化、发展创新化、生产方式智能化、通信交流泛在化，世界经济、社会发展秩序正在经历信息时代要求的深刻革命和重构重组。

信息技术的飞速发展对社会方方面面的影响是极其深刻的。"人类正进入一个由互联网建构而成的开放式、交互式、虚拟化、数字化的生存空间。在网络中现身或缺席，以及每个网络相对于其他网络的动态关系，都是我们社会中支配与变迁的关键根源[①]。方兴未艾的信息化发展与人类学习、交往、工作和生活融为一体，数字化信息技术（以下简称"技术"）成为人类赖以生存与发展的环境。对学习者而言，技术突破了时空界限，丰富了信息的表征/表现形式，改变了学习资源的分布形态，使学习资源具有无限可复制性和广泛通达性，提供了行为主体的智能代理功能。这必将增加人们的学习机会，引起学习者学习方式、认知方式、教育关系及学习生态发生意义深远的改变[②]。

（一）混合学习是一种智慧学习

智慧学习是学习者以自我为主体，以智慧学习环境为依托，利用智能信

---

① 卡斯特. 网络社会的崛起：信息社会三部曲：经济、社会与文化：第一卷 ［M］. 夏铸久，王志弘，译. 北京：社会科学文献出版社，2001.

② 祝智庭，管珏琪. 教育变革的技术力量 ［J］. 中国电化教育，2014（1）.

息技术搜集并整合信息资源，以增强学习者学习能力的一种新型学习范式。智慧学习冲破了学习空间的限制，打破了时间的束缚，有效地整合了优质学习资源，使信息的传递和交流更加快捷。

不难发现，混合学习能满足智慧学习的要求。

1. 对智慧学习的理解[①]

国外学者对"智慧学习"的关注较早，尤以韩国为甚。韩国成均馆大学的 Hwang 认为，"智慧学习"是指通过利用开放教育资源、智能信息技术（Smart IT）和国际标准，使学习者的能力（基于行为改变）得以增强的一种较为灵活的学习。韩国公共行政安全部将智慧学习定义为一种融合了诸如智能手机、平板电脑等新的电子学习技术的新型教育服务。Rho 认为，智慧学习是指一种学习者自我导向、以人为本的学习方式。它整合了智能信息技术（Smart IT）与学习活动，让学习者容易取用到资源信息；它能够支持学习者与学习者之间或与教师之间的有效交互；它设计了自我导向的学习环境。首尔国立教育大学的 Koo 认为，"智慧学习"是一种面向实践的自主学习，它利用基于无线网络的、便捷的移动计算机，克服时间和空间限制，即刻完成个人或合作的学习活动。韩国汉阳大学的 Kwon 等人认为，"智慧学习"就是学生在课堂内外使用便携式和无线手持设备，能够在一个拥有强处理器、丰富内存、较大屏幕和开放式操作系统的平台上安装和操作各种应用程序。马来西亚开放大学的 Kaur 认为，智慧学习就是指"利用技术（多媒体、互联网、代理技术）增强、丰富和加速学习过程"。

通过分析我们发现，上述观点多数将智慧学习指向信息化学习环境中的技术使用、资源利用、师生交互、设备支持等方面，也有个别观点是以学习者为中心展开描述的。智慧学习的环境建设固然重要，它依赖于智能设备的支持，但如果仅仅将智慧学习理解为技术支持下的学习，便难以体现智慧学习的真正内涵。

从国内学者关于智慧学习的理解来看，祝智庭认为，智慧学习就是要主

---

① 陆凯莉，沈书生. 指向"学习结构"的智慧学习及其应用 [J]. 教育发展研究，2017 (15-16).

动灵活地运用适当的技术促进学习者建构意义、合作共赢和创新实践，不断改善、优化和适应环境。贺斌将智慧学习看作一种学习范式，从学习者的视角对智慧学习进行了阐释："智慧学习"是一种学习者自我积极参与、以学习者为中心、具有完整学习体验的新型学习范式。郭晓珊等从环境支持的角度出发，将智慧学习描述成一种过程，认为智慧学习是学习者在智慧环境中按需获取学习资源、灵活自如开展学习活动、快速构建知识网络和人际网络的学习过程。陈琳将智慧学习理解为一种学习范式，即学习者在信息社会灵活而充分地利用恰当的技术、资源、环境与方法，科学选择知识性和实践性内容进行有效学习、高效学习、创新学习的学习范式。他还从智慧学习对人的作用的角度提出，智慧学习是支持和促进人在信息时代个性发展、特色发展、全面发展、终身发展、内驱发展、创新发展的学习，是伴随思想激荡、智慧碰撞的学习，是为了促进与服务社会发展的学习。

综合当前对"智慧学习"的理解我们发现，学者们在阐述"智慧学习"中的"智慧"时，普遍认为智慧学习的学习环境是充满智慧的，此外，在这个环境中，学习过程中的教法和学法也是充满智慧的。

2. 智慧学习的内涵阐释

我国有学者综合已有研究成果认为[①]，智慧学习是一种学习者以自我为主体，以智慧学习环境为依托，利用智能信息技术，如多媒体、互联网、大数据、传感技术等，搜集并整合信息资源，以增强学习者学习能力的一种新型学习范式，其内涵主要有四个方面。

（1）智慧学习发生在智慧学习环境中

智慧学习环境是基于一系列技术手段配置下的智慧学习空间，能够定位学习者的位置、监控和指导学习过程与学习进度，为后续个人的社会性学习创造有利条件。智慧学习环境具备感知学习者的学习风格、识别学习情境、推荐学习资源、支持学习者自主建构并实现与他人的合作与知识共享等功能。智慧学习环境中的各种先进设备与感知技术为智慧学习提供了一种活动场所、空间和工具。也就是说，智慧学习环境利用信息技术与学习工具自动记录学

---

① 韩吉珍. 智慧学习：教师专业发展的新路径［J］，中国教育学刊，2018（8）.

习过程中的大量数据、个人信息和测评学习结果，并在此基础上分析和挖掘学习者学习过程中形成的各种数据，鉴别学习者个性特征和学习情境，灵活地生成最佳适配的个人学习任务和活动，进而促进学习者有效地学习。

（2）智慧学习以学习者自我为主体

学习者根据自己所需来获取学习资源，在智慧学习环境的支持下，根据自己的兴趣爱好或主观意愿，随时随地、有选择地参与各种学习活动，享受个性化的学习服务。在智慧学习过程中，学习者能够更清晰地了解自己的个性特征，准确定位自己的学习方向。明确自我发展目标，制订学习计划，从而激发自主学习的欲望和动力。学习者还可以充分发挥自己的主动性，自主选择合作伙伴，自主建构属于自己的学习空间，一切行为与活动都以学习者自我为中心，实现个性化学习。智慧学习环境为学习者提供了合适的学习路径和学习方法，充分发挥了学习者的主体性和主体间性。

（3）智能工具是进行智慧学习必不可少的工具

智能工具具有记录学习过程、分析学习数据、诊断与评价学习结果等多方面的功能。学习者要主动灵活地运用智能设备（无线的、联网的、可移动的电子设备），从而更快地搜索到最佳的学习资源，以便利用智能工具的众多功能来实现高效学习。

智慧学习环境中的各种学习工具具有集成性、智能性、微型性等特点，如智慧学习使用的智能手机，记录学习数据的可穿戴设备以及全息眼镜等。目前，学习工具可以是学习者手持的智能移动设备（如 iPad），也可以是人们随时随地可穿戴的物品（如谷歌眼镜、智能手表等），甚至可以借助智能芯片，使其成为身体的一部分。因此，学习者可以及时享受各种智能工具提供的便捷式学习服务。

（4）增强学习者的学习能力是智慧学习的最终目的

学习者的个性化学习令自身的知识得到了充实与拓展，同时提升了自身的适应学习环境能力与实践创新能力。学习过程中与他人的对话、交流与合作使学习者认识到自身知识与经验的不足之处，从而培养出具有良好价值取向、较高思维品质和较强思维能力的"聪慧"的学习者。智慧学习是智慧时代的新型学习方式，在智慧学习的过程中，以问题为导向，从现实需要的信息入手，寻找解决问题的策略，体现快速学习、人机互动以及人人互动，推进了个体可持续的终身学习，从而提高学习者自主学习、协作学习及终身学习的能力。

3. 智慧学习环境与混合学习[①]

智慧是教育发展的目标，环境是教育发展的基地，而智慧学习环境是学习环境的高端形态，是数字化时代学生对学习环境的诉求，也是有效促进学习与教学方式变革的有利条件，对学生有着正向的影响。智慧学习环境是一个智能、开放、集成的空间，是以学习者为中心、适应不同的学习风格、支持学习者自主建构、提供适时指导、为学习者发展提供终身支持的智慧学习环境，旨在促进学习者的个性化和社会化学习。

（1）智慧学习环境是混合式学习的舞台、工具、脚本

智慧学习环境不仅在环境层面对学习产生作用，而且在技术、教学等多个方面也会对学习产生作用。PST（Pedagogy，Space，Technology）框架是衡量智慧学习环境的一个重要维度。下面我们从 PST 框架出发，对智慧学习环境的相关文献进行梳理，分析它与混合式学习之间的联系。

①从学习空间（Space）层面看：多元的学习体验舞台

从学习空间层面看，一些研究者主要从物理环境以及虚拟环境介绍了智慧学习环境的构建，认为智慧学习环境通过融合物理与虚拟，提供适应学习者个性发展的场所，培养具有创造力的人才，为开展终身学习的体验搭建了舞台。学者们通过对环境的建构，分析了学习者在智慧学习环境中能够随时、随地，以任意方式、任意步调进行学习，并出现正式学习与非正式学习有机融合的现象。如胡小勇等在实践应用研究的过程中分析出：智慧学习环境能够有效地促进学生创造力的发展。

②从技术（Technology）层面看：多样的学习活动工具

学者们在对智慧学习环境的研究中，从技术层面分析其如何建构和设计，并阐明智慧学习环境中不可缺少的是对云平台的构建。平台是支撑学习环境的有力工具，关键技术包括硬件技术、软件技术、虚拟技术等。在智慧学习

---

① 崔福玲. 智慧学习环境下混合式学习的发展 [J]. 中小学电教，2018（12）.

环境中，技术环境发挥了核心的作用，它是联通环境与教学的桥梁，是促进有效学习的提速工具，为学习者提供不同智慧学习活动模式的支持功能，通过技术可以连接校内校外、课上课下，打破了诸多局限性。在拥有技术支持的学习环境中，网络学习与传统学习得到统一，形成一种新的学习范式，为教师、学生、环境之间建立起稳定持久的联系，为多样化的学习提供了条件。其中，混合式学习便是在一定的技术环境中，结合自身学习特征而展开的一种提高学习效率的学习方式。

③从教学法（Pedagogy）层面看：提升学习效果的剧本

一些学者借助案例分析了在智慧学习环境中通过开展什么样的教学、让学生怎样学习等问题来提高学习效率，通过分析教学模式、学习模式、教学策略、评估等来说明智慧学习环境对学习效果具有提升作用。研究结果表明，在智慧学习环境中，根据学习者的学习特征，提供个性化的教学，不再是教授，而是通过指引、指导的形式教学。教学法在智慧学习环境中作用于空间和技术，是使空间与技术发挥效用的关键所在。这与混合学习中根据学习者的学习特征提供个性化的教学不谋而合。

当前，对智慧学习环境的研究主要集中于以上三个不同的方面，但无论是从学习空间、技术还是教学法层面分析智慧学习环境，都是借助于传统与现代技术的优势，在多元的环境中实现混合式学习，从而促进有效学习，其目的都是使每个学习者都得到个性化的发展，开拓创新思维能力，借助技术环境、空间环境、教学法，进行自我设计、自我指导的学习。

（2）智慧学习环境助推混合式学习发展

智慧学习环境以感知学习情境、识别学习者特征为目标，提供合适的学习资源与便利的互动工具，主动记录学习过程、测试学习结果，从而促进学习者有效学习。混合式学习的目标是结合传统与网络技术的优势，以学习者为中心，根据学习者的学习特征，在适当的学习环境中，选择合适的学习资源与路径，运用适合的学习方式进行学习，达到颠覆性的创新发展。可见智慧学习环境与混合式学习相契合，智慧学习环境对混合式学习的发展有一定的推动作用。鉴于此，研究者从环境结构、学生角色转化、教师角色转化三个方面进行混合式学习发展论述。

①环境结构的转变：单一到多元

环境行为学与社会学等学科中的观点认为，"人塑造了环境，环境也塑造了人"。环境是影响人学习的一个重要的因素，对学习有促进作用，同时也有限制作用。在一个单一的学习环境中，某些教学模式与学习方式无法实现，便会对学习的效果产生一定的限制。新一代信息技术的发展，对环境也有了新的需求，不仅是物理环境，也包括虚拟环境，由单一转为多元，可为学习提供更多的便利与选择。同时，环境的多元结构既支持校内的学习，也支持校外的学习，既支持正式学习，也支持非正式学习，充分体现以学习者为中心，创造独立、便捷、智能的学习场所，有力地助推混合式学习的发展。

②学生角色的转变：从学习者到建构者

智慧学习环境中的技术是辅助学习者学习的有效工具，合理利用技术使之成为学习者角色转化的助力，让学习者从用技术的学习人转化为通过技术帮助的建构人。在以学习者为主体的混合式学习中，学习者在学习的过程中，通过听、说、阅读、演示、实践等方式学习，学习方式与知识接受程度犹如一座金字塔，从塔顶到塔底，是学习到建构的过程，随着角色与方式的转变，知识接受程度不同。王自强认为，不同的学习方式有不同的效果，采用混合式学习方式可强化知识内化的过程。新时代对人才有新的需求，新技术对人才有新的作用。学习者不是简单地学习知识，而要具备创造知识的能力。因此，学习者在智慧学习环境中，要根据自己的学习特征，利用提供的技术、资源、服务等，从知识的学习者转向知识的建构者，最终从建构者上升为创造者。总而言之，新技术、新需求、新角色是混合式学习发展的有效因素。

③教师角色的转变：从讲授型到导师型

"师者，所以传道受业解惑也。"教师担负着对学习者传授、指引、培养的重任，在教学过程中，教师的教学法决定着学习的成效。新时代的教学对教师也有新的要求，以往的讲授型已经无法满足学生对知识的渴望，也无法让学生具备应对新时代挑战的能力。讲授型主要针对显性知识，对于隐性知识来讲不是最佳的教授方式，而且现今隐性知识的数量远超显性知识，因此，需要教师转型。在智慧学习环境中，采用混合式的学习方式，教师从讲授型转为导师型，根据学习者的学习情况给予及时的指导。在趋于混合式的学习中，学习者以自己的兴趣、进度、方式学习，发挥自己的主动性，对此，教师要综观全局，不必事必躬亲，但必须对学习者进行适时指引，教方法、教思维、教技能。

（二）混合学习的本质：技术与教学的混合①

混合学习这一概念源于国外的企业培训，随着在线学习的兴起和开展，这一术语再次被人们高度关注；慕课的兴起，让线上和线下学习的结合成为实践和研究的热点。近二十年来学者们从不同角度对混合学习展开研究，提出对混合学习定义、内涵和复杂度的理解和认识。

1. 对线上线下混合学习本质的理解

混合学习并不只是指线上与线下学习的混合。美国学者德里斯科尔（Driscoll）对混合学习进行了较为全面的论述，指出混合学习意味着学习过程可以是为实现某一教学目标的、基于网络的技术（如虚拟课堂实况、协作学习、流媒体和文本）的结合（或混合），是多种教学方式（如认知主义、行为主义和建构主义）和教学技术（或非教学技术）的结合，是任何形式的教学技术（如视频、CD-ROM、基于 Web 的培训和电影）与面对面教学方式的结合，是教学技术与具体工作任务的结合，从而达成良好的学习或工作效果。混合学习中的混合既可以是多种技术的结合或混合，也指多种教学方式和教学技术的结合，还可指教学技术与教学方式的结合，因此，混合学习中混合的元素及其混合方式多种多样。这一观点也被其他学者所支持。英国学者辛格（Singh）和瑞德（Reed）指出，混合学习的方式多样，根本目的是使学习成果和学习成本达到平衡并实现优化。他们认为混合包括以下五个维度：面对面学习和在线学习的混合、自定内容学习和小组协作学习的混合、结构化课程和非结构化课程的混合、深度学习和个性化学习的混合、工作和学习的混合。这五个维度体现了不同学习方式、课程、场景的混合。祝智庭等在首

---

① 穆肃，温慧琼. 适应学生的学习：不同复杂度的混合学习设计与实施 [J]. 开放教育研究，2018（12）.

次向国内学术界介绍混合学习出现的背景及其内涵时提出混合学习的三大因素——教学媒体、学习内容、学习模式，也同样指出混合学习是指与学习有关的多方面因素的混合。

2005 年后，随着数字化学习、在线学习的发展，研究者和教学实践者在谈到混合学习时，更多地指向技术与教学的混合。如美国杨百翰大学的格雷厄姆（Graham）教授认为混合学习是面对面教学与计算机辅助教学的结合；柯蒂斯·邦克（Bonk）等在《混合学习手册：全球化视野及本土化设计》中将混合学习定义为面对面教学与计算机辅助在线学习的结合，强调计算机技术在混合学习中的核心作用。

2015 年后，随着线上线下混合学习实践的蓬勃开展，很多自此才开始接触混合学习的实践者对混合学习的理解更多直指线上和线下学习的混合。迈克尔·霍恩（Michael B. Horn）和希瑟·斯特克（Heather Staker）认为，混合学习是一部分时间在学校接受正规的教育课程、一部分时间自主控制学习时间、地点、路径或进度的在线学习。我国也有学者认为混合学习就是指线上、线下相结合的教学模式，通过有针对性的教学设计，使教与学各要素有机融合，协同联动，促进学习持续有效开展，完成学习目标。这种理解虽然对实践有重要的引导，但忽略了混合学习中可混合的元素及混合方式的多样性，存在片面性，易产生误导，致使很多一线教师认为混合学习就是"在线课程＋面授教学"。实际上，从开展过程和方式来理解，线上与线下混合学习其实是指在线学习与面对面教学中学习方式和教学方法的混合，以及技术与教学的混合。

格雷厄姆曾形象地展示了信息技术支持下的分布式学习与面对面学习混合的渐进式发展过程（见图 1）。图 1 左边竖条状填充的圆代表传统面对面学习环境（如教室）的学习，右边横条状填充的圆代表分布式学习环境（如网络平台、虚拟学习社区）的学习。两种学习环境采用不同的媒体和方法满足学习者的不同需求。在过去，两种学习环境的学习呈现分离状态，且主要以传统的面对面学习为主（用圆形的大小表示）。随着技术创新的迅速涌现，分布式环境的学习，如在线学习等逐渐渗透到传统教学中，面授和在线学习逐渐交融。他预测，随着时间的推移，二者交融会越来越多，并逐渐形成以交融方式为主体，即在线学习成分比重较大，面授学习成分比重较小的混合学习格局。这一预测正符合当前混合学习的发展实际和实施现状，整个过程也反映了在线学习与面对面学习两种方式混合所呈现的特征。

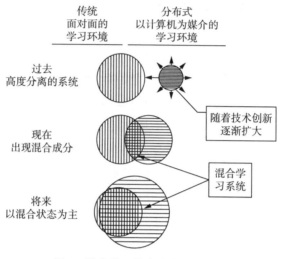

图1　混合学习的渐进式发展过程

综上，混合学习包含与学习有关的不同形式、不同元素和不同方式的混合，而线上和线下学习的混合只是混合的方式之一，更不是唯一方式。线上线下的混合学习必然涉及教学平台和学习工具的混合、多种不同媒体形式学习材料的整合、自主学习与协作学习方法的混合等。线上线下混合学习包含多种教学方法、技术媒体和学习环境的融合，是一种纳入了多元素、多方法的混合学习；面对面教学与在线学习的结合中，多种学习策略、方法、技术、媒体以及传递方法结合在一起，其最终目的就是促进学生学习的发展和学习效果的提升，充分体现了辛格和瑞德对混合学习的认识。

2．认识技术促进学习的规律

信息促进学习是多方面的，技术可以在一个学习者的最近发展区中实现对元认知的引导，技术可以用来促进理解，技术还可以帮助学习者可视化表征观点，许多工具也具有为学习者的学习和迁移提供多重情境和机会的潜力，技术可以促进独立学习和协作学习等。但技术需要人去掌控和恰当运用才能发挥其正效应，这就高度取决于人对技术的理解。

我国著名教育技术专家黄荣怀教授在分析五种典型学习情境的基本特征后指出[①]，关于技术促进学习存在以下五个定律，这五个定律值得教学设计者和学习组织者借鉴。

定律1（资源）：若要学习者主动浏览或"遍历"数字化学习资源，需要满足内容必需、难度适中、结构合理、媒体适当和导航清晰五个基本条件。

定律2（环境）：若要学习者在一个虚拟学习环境（VLE）中能像"教育"环境那样地交流，需要满足群体归属感、个体成就感和情感认同感三个基本条件。

定律3（系统）：若要教师能通过学习管理系统（LMS）对学习过程进行有效管理，需要满足过程耦合、绩效提升、数据可信和习惯养成四个基本条件。

定律4（设计）：用户不一定能清晰理解课程资源、学习支撑平台、管理信息系统等的设计意图，不了解用户"心理"的设计通常是失败的。

定律5（用户）：无论是远程的还是现场的，学习者在遇到学习困难时不一定会去向教师求教，"守株待兔"式的辅导通常是失败的。

3．不断增强技术学习的能力素养

践行技术支持学习的主体是教师，随着教育信息化从1.0走向2.0，我国学习者要从提升信息技术的应用能力向提升信息素养转变。提升信息技术能力是技术性措施，信息素养则更具有根本性，就是要做到不仅会使用所需要的信息技术，同时或更为重要的是要具有信息化社会的思维方式和行动方法[②]。在此大前提下，我们不妨将技术支撑学习能力作为提升信息素养的突破口。

按照联通主义的学习理论，在当代，知识生长的土壤是复杂的信息环境。这个环境充满着复杂、碎片化、分布式的信息。学习者通过建立信息之间的联

---

① 黄荣怀，陈庚，张进宝，陈鹏，李松. 关于技术促进学习的五定律［J］. 开放教育研究，2010（2）.

② 雷朝滋. 教育信息化：从1.0到2.0：新时代我国教育信息化发展的走向与思路［J］. 华东师范大学学报，2018（1）.

系，保持它们的凝聚性。乔治·西蒙斯在其博士论文《定向：在线分布式复杂学习环境中的寻径和意会》中将寻径和意会定义为学习者在复杂的分布式网络学习环境中凝聚信息的手段和核心。"寻径"主要描述学习者如何利用空间环境中的符号、地标和环境线索为自己定向。"意会"一般被认为是个体在日常生活中应对不确定性、复杂主题或变化环境的活动。个体作为社会的组成部分，通过寻径与意会的过程建立信息之间的连接，在网络中进行定向，保持碎片化、分布式的信息之间的凝聚性，从而促进知识的持续流动和增长①。

在联通主义理论中，学习者需要具备较高的信息素养。这不妨参考美国高等教育信息素养对此的说明。

专注：经历系列分心的事情后仍能保持对重要任务的关注。

过滤：管理知识流和提取重要信息。

彼此联通：建立网络，保持知识的时代性和熟知性。

汇聚人员：与人交互，形成社会空间。

创造和获得意义：理解含义，领会意义和影响。

评价和鉴定：决定知识的价值，确保知识的真实性。

验证过程：在合适的情境中验证人的身份和思想、批判性和创造性思维、怀疑与畅想。

模式识别：识别模式和趋势。

知识定位：达成目的时，在知识库、人、技术和思想之间进行定位。

接受不确定性：对比已知和未知，看到它们之间的联系。

情境化（理解情境游戏）：理解情境的重要性，看到连续性，确保不忽视关键的情境问题。

4. 综合采用技术支持学习的方式

随着互联网的普遍运用，学习者的环境已经由"有围墙的花园"转变为"开放的公园"，一种倡导自由平等、激发创造活力、秉持全面发展的学习文化正在逐步形成，学习的范式也正在发生根本性的改变：一是实现学习过程的协同共享；二是推进学习形态非正式化；三是提升策略的生成性；四是推

---

① 王志军，陈丽. 联通主义学习理论及其最新进展 [J]. 开放教育研究，2014 (10).

动学习评价的个性化和差异性[①]。新的学习文化和学习范式催生了异彩纷呈、百花齐放的学习方式。就课程学习来说，其实并没有什么统一的、固定的方式，"学"与"教"都是如此。"技术的运用者总会整合个体的教师的经历、经验与体验，表现教师的教学习惯，这就使得教学技术有了个人的风格，个性化的教学技术也是教师'职业自主权'的一个体现"，不过具有普遍意义的三种方式确实值得关注。

一是自我主导的泛在学习。泛在学习环境是一种智能化的、无处不在的学习环境。适应这一环境最重要的要求是自我的主导，包括自主、自律、自我强化和自我调节等，特别需要学习者加强知识管理、改善心智模式和焕发主体精神。在学习的方略上，应采用自主选择的个性化学习、设计取向的自组织学习以及高位迁移的生成性学习。

二是随机进行的移动学习。便携式的手持移动学习终端成全了随机利用"零布头"时间、空间的学习，但也存在"碎片化""浅加工""快转换"等风险。化解这些风险，要多做些碎片化的利与弊分析、浅加工的存与废权衡、游移快的调与控行动。为获取移动学习的实效，可采用"目标-定向化"策略、"整合-结构化"策略、"加工-精致化"策略。

三是数据驱动的智慧学习。智慧学习虽然有多种操作取向和实践样式，但基本离不开数据驱动的学习预测、分析、诊断和对过程信息的记载与运用，如用传感技术刻画学习行为印记、呈现学习活动轨迹、解释各种因果关系等。

（三）混合学习施行的要领

1. 混合学习的要素分析

关于混合学习，历来众说纷纭，莫衷一是。我国信息化教育资深专家何克抗的界定较为明确：混合学习"就是要把传统学习方式的优势和数字化（或网络化学习）的优势结合起来的一种组织形式"。随着研究的进展，研究

---

① 徐锦霞，钱小龙. 数字化学习的变革：理论基础、学习文化与学习范式 [J]. 中国远程教育，2013（1）.

者对混合学习的两个要素做了更深入的分析①。有研究者指出，混合学习至少需要以下三个条件：一个正式的教育项目，至少包括部分由学生控制的时间、地点、路径或步调等要素的在线学习；至少包括一部分有指导的实体环境的教学；每个学生对一个课程或主题的学习路径由所提供的整合的学习经验连接而成。在此基础上，Jessica K. Beaver 等人总结出混合学习的五大要素：时间、地点、路径、步调和教师参与。各种不同形式的混合学习，无非是这五种要素的不同方式的结合。

格雷厄姆则从交互的四个维度界定的混合学习的要素，分别是空间、时间、保真度和人性化（如图 2）。随着交互技术的发展，面授学习和在线学习在四个维度上的混合状态将越来越多，比如随着虚拟现实技术、增强现实技术、情感计算、自然语言处理等技术的发展，未来的在线学习环境的保真度和人性化将逐步提高，使学习者获得拟人化的交互体验。

图 2　混合学习的要素

Sharpe 等人从八个维度界定混合学习要素：传输、技术、时间、地点、角色、教学法、关注点和指导。

2. 混合学习的组合运行

混合学习是"位于完全在线学习和完全面对面教学之间的连续体中"，所以在教育界和媒体中常用的"混合学习"一词碰到了"金发带问题"②。因此，

---

① 金慧. 在线学习的理论与实践：课程设计的视角 [M]. 北京：清华大学出版社，2017：166-167.
② 金发带问题源于金发少女和三只小熊的童话故事。故事中金发少女发现三只小熊在评论食物时，总有一只说太多或者太烫，也总有一只说太少或太冷，但有一个会说"正好"，意指虽然众口难调，却总能找到在某个范围内的合适的解决方案。——译者注

"混合学习"的定义有三层意思：其一是在线学习，其二是在有教师督导的地点进行，其三是一种综合性的学习体验。混合学习与使用了很多科技手段的传统教学形式不同。前者学生至少对时间、地点、途径或者进度有一定的掌控，后者的学习活动则是全班统一进行的。

混合学习的要素组合见下图所示：

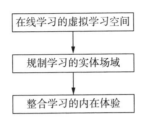

图 3　混合学习的要素组合

（1）混合学习的组合运行概览

混合学习起源于在线学习。它是指学生至少进行部分的在线学习，至少部分时间在家以外的受监督的实体场所学习正规的教育课程，其间学生可以自主控制学习的时间、地点或进度，所学课程的各种模块互相结合，为学生提供一种整体的学习体验。混合学习的定义包含三个层面的内容：

①在线学习部分

它有别于教师在教室里运用数字设备进行的技术型教学，学生的自主控制是至关重要的，这种自主控制可以只是对学习进度的控制（学生能对在线教学内容进行暂停、回放、快进），也可以包括其他类型的自主控制（学生可以自主选择在线学习的时间、学习某个概念的路径，甚至可以选择完成在线作业的场所）。

②受监督的实体场所的学习部分

混合学习指的是学生的日程表中至少包含在校内或家庭以外的学习部分，也就是说，学生要去实体学校上学，并有教师或指导者在场。

③整合式的学习体验

混合学习课程是将在线学习和面对面学习共同构成线上、线下相结合的整合性的课程，它包括多个学习模块，如在线模块、一对一模块、小组学习模块等。多数混合学习课程都利用学习平台的数据系统来跟踪每个学生的学习进程，并设法将难度级别和课程内容与其学习模块相匹配。

上述三个层面内容模块还有一些变式，如：

三循环模型 { 个体知识建构 / 协同知识建构 / 基于点评讲解的高层次认知

三个阶段模型 { 个体知识建构为主的准备阶段 / 讨论、协商等群体知识建构的面对面阶段 / 实践创作、应用、省思等双重建构的整合阶段

迈克尔·霍恩、希瑟·斯特克谈混合学习的组构①

1. 在线学习

混合学习是指在任何一种正式的教学课程里，学生的学习至少有一部分内容是通过在线形式来进行的，一定程度上由学生自己自主控制时间、地点、学习路径或进度。

"正式教学课程"这一提法很重要，因为它不包括学生在家玩教育游戏，也不包括在网店里浏览某个与其正式学校课程无关的学习应用软件。定义中更主要的元素是"在线学习期间学生自己有某种程度的掌控"。在所有的互动式学习中，有些学习内容学生必须通过互联网来完成。这里不包括使用网上的数字化工具，如在线图形计算器或者谷歌文档管理器。在线学习意味着从课堂直接面对教师到网上内容和授课方式的极大转变。

一定比例的学生自主控制最为重要，否则混合学习无异于教师把大纲内容通过电子白板给教室里的学生上课。从学生角度而言，用于在线学习的科技手段必须将内容和讲解转换到至少有一定的学生控制的形式，才算合格的混合式学习，而不只是教师在课堂使用数字化工具。也许这仅仅是控制授课进度——学生能够自由地将网上的在线内容暂停、返回前面或者跳跃向前。在线学习的形式常常延展到其他的控制类型，有些情况下学生能够选择他们

① 迈克尔·霍恩，希瑟·斯特克.混合式学习：21世纪学习的革命［M］.北京：机械工业出版社，2016：32-33.

在线学习的时间点，选择在学习某一概念时他们想走的途径，或者选择他们想进行在线学习的地点。

总之，教学课程里至少要包含一些由学生自主控制的时间、地点或者进度，否则不可称为混合学习。

2. 在有教师督导的地点进行

混合学习定义的第二部分是，学生学习的一部分在教师督导之下的、非家庭所在的实体课室里进行。

换句话说，学生要去一个实体课室里上课，听教师讲授或者指导。这个实体课室可以是附近的学校，也可以是一个学习中心，该中心甚至可以设在购物广场里一个改造过的对外开放的电脑课室。那么在星巴克咖啡馆里进行在线学习算不算呢？那可不是混合学习，星巴克咖啡馆的督导不算数。在家里餐桌旁进行全日在线学习也不算混合学习，因为学习者没有离家在课堂上课体验的那部分。混合学习要求制订的课时计划中必须有离家到实体校园里上课的组成部分。

3. 是一种综合性的学习体验

混合学习的第三部分是，一门课程或者科目中，每个学生学习路径的各种模式互相关联，为学生提供一个综合性的学习体验。

这就是说，如果学生用混合学习的方法学习某一门课程，那么在线和传统课堂的组成部分要互相配合，综合传授整体的课程。反之，如果学生在线学习某些内容，回到传统教室教师又重复讲解同样的内容，就不是综合的体验。为了防止这样的授课内容配合失调，大多数混合学习教程采用电脑数据系统来跟踪每个学生的学习进度。当然有的学校的教师还是采用老方法来记录进度、跟踪学习形态的进程和关联。不管采用哪种方法，其关键点是，混合学习里包含了课程学习中各种形式的实际的"混合"。今天许多混合式课程尚未完全达到包含所有学习形态的综合化，但是大多数教育者脑海里已经建立了混合学习的综合性概念。因此，这对于混合学习的定义来说就很重要。

（2）聚焦个人网络学习空间

在混合学习的三个要件中，个人在网络空间里的学习是一个新要素，在混合学习中是基础性的、发端性的，相对于"规制学习场域"（如课堂教学）

及其"整合学习"是亟须加强指导的环节。

个人网络学习空间以个体为中心，连接各种网络工具、资源以及服务，它支持个体自主选择学习工具、管理自己的学习、主动寻求支持服务、连通并形成个人资源网络和人际交流网络，是集工具、服务、个人资源网络、人际交流网络于一体的"混合体"，具有学习、社会和环境三个基本属性。知识共享是个人网络空间应用中的一项核心功能①。

知识共享的本质是一种知识的流动与交互活动，可以被视为一个以知识提供者与接受者的互动实现知识转化的过程。个人网络学习空间的知识共享是指，作为知识拥有者和需求者的教师，在促进学习以及自身发展的共同愿景下，依托个人网络学习空间相互进行知识分享的活动。在这一平台中的知识共享活动有其独特性，表现为：①以网络环境为依托，以个人空间之间的连通作为建立人际连接与知识连接的管道，为知识共享提供必要的途径；②以知识为共享的核心内容，强调实践反思与知识的构建；③根本的目的是通过空间之间知识的有效流动，促进深度学习的发生以及新知识的生成；④应用空间提供的工具进行学习反思、案例研讨等是知识外化与表达的方式。个人网络学习空间中的知识共享能够弥补现实环境中教师之间共享知识的时空局限，能够扩展教师间对话讨论、知识共享的深度与广度，满足个体旺盛的知识流通与转化的需求，为新知识的产生提供强有力的动力。

总的来看，个人网络学习空间的知识共享与创新过程是个体内部知识以及个体与群体知识循环流动的过程。每个个人空间作为较大知识网络（种群）中的节点，借助各种协同编辑工具、讨论支持工具、社会性软件等技术与众多个人网络学习空间建立有效连接，经由知识提供、传递交流、吸收、个性化、再创新等系列活动，将个体知识群体化、社会化，形成群体智慧聚合的种群学习网络，实现知识的再创新，随后再反哺个体，由此形成知识流动循环的生态运行过程。

---

① 张丽霞，秦丹. 教师个人网络学习空间知识共享机制及优化策略研究 [J]. 电化教育研究，2017（4）.

（3）适应网络学习空间的发展变化[①]

2016 年 2 月 2 日，教育部办公厅印发《2016 年教育信息化工作要点》，指出要重点推动"网络学习空间人人通"，扩大网络学习空间应用覆盖面。"十三五"指导意见提出"要融合网络学习空间创新教学、学习模式、教研模式和教育资源的共建共享模式"。这标志着我国网络学习空间的发展即将进入融合创新阶段，网络学习空间将从"建设导向"转向"应用导向"，普及应用成为空间发展的重点。"网络学习空间人人通"应在"通"字上下功夫，"通"强调建设的同时更强调应用的开展，"通"体现在"接入畅通、使用畅通、数据汇通、信息沟通、资源融通、服务贯通"，最终实现"知识建构、个性发展、集体智慧发展"的目标。系统推进阶段主要解决了"通"的问题，融合创新阶段一方面将进一步拓展"通"的广度和深度，另一方面将重点解决"达"的问题。

随着大数据、物联网、云计算、移动通信等信息技术的快速发展，网络学习空间的建设将朝着"智慧学习空间"发展，呈现一些新的特征和趋势。

①一体化

网络学习空间将超越单纯的虚拟空间的概念，转向打造线上线下相融合、无缝联通学校、社区、家庭、社会场馆等学习场所的一体化学习环境，全面支持正式与非正式学习，满足每位学习者的个性化学习需求。教师、学生、家长、管理者以及社会公众将实质性进入网络学习空间，通过深度互动、高效沟通、有效协同，构建促进每位教育利益相关者智慧成长的一体化教育网络。国家与地方部署的各级各类网络学习空间云服务平台的定位将进一步清晰，通过建立有效可行的互联互通机制，按需实现网络学习空间云服务平台的一体化，逐步形成覆盖全国的规模化、多元化、高质量的网络学习支持服务体系。

②数据化

大数据时代教育数据的价值已经超越了简单的"统计分析"，演变为促进教育变革的科学力量和战略资产。网络学习空间联通了各级各类教育机构以

---

① 杨现民，赵鑫硕，刘雅馨，等. 网络学习空间的发展：内涵、阶段与建议 [J]. 中国电化教育，2016（4）.

及广大师生、家长、管理者等，是实现教学方式与学习方式变革的重要阵地，国家的大力推进将促使其成为我国教育大数据的重要产生源和集聚地，从"数字化"走向"数据化"是网络学习空间建设的重要方向。随着数据采集技术（点阵数码笔、拍照搜题、可穿戴设备、物联感知、视频监控等）的发展及其在教育领域应用的普及，网络学习空间在运行过程中将持续、实时采集到更细、更全、更优的教育数据，通过一定的数据传输与交换机制，实现各种教育数据在空间平台之间及其应用系统之间的透明流转与融通共享。

③智能化

科技的发展正在将人类带入智能时代，融合创新阶段网络学习空间的智能化将成为空间平台研发的重点。未来网络学习空间服务平台将在数据化的基础上，利用脑认知与学习科学的研究成果以及人工智能技术，逐步提升机器的学习能力，精准把握每位学习者的学习需求，设计个性化的学习路径，评估诊断知识缺陷，预警学习危机，推送最适合的学习资源；协助教师开展更智能化的备课和作业批改工作，自动匹配推送最适合的教研伙伴。管理者能够利用空间动态监控教学活动进展，管理各种教育资源，开展基于数据的教育教学决策。

④个性化

网络学习空间绝不是"千人一面"，而要体现"一生一空间、生生有特色"。个性化是信息化学习环境的重要发展方向。网络学习空间的个性化将从功能定制、特色布局等"表现层"的个性化向真正具备个性化服务能力的"实质层"的个性化转变。传统的"一对多"教育服务供给模式已经无法满足"互联网＋"时代教育发展的需要。网络学习空间将为每位学习者提供"一对一"甚至"多对一"的个性化教育服务，通过精准化的资源服务推送、个性化的学习结果诊断以及学习路径引导，高效支持学生开展随时随地的按需学习，让每位学生有更多的"获得感"和"成长感"，实现每位学生全面而有个性的发展。

（4）重视在线学习组织管理①

在线学习的发生发展实质上是在一定的组织形态下运作的，脱离了这个

---

① 王帆，王珣，祁晨诗，王烨. 不同组织形态下"在线学习"品质比较实证研究 [J]. 电化教育研究，2018（12）.

基础，多数有明确目标的在线学习的品质都难以保障。在线学习组织形态对在线学习效果有很大的影响，所谓自组织学习共同体并非天然而成以及不可管控，需要一定程度的干预与管理，具体建议如下：

首先，在线学习可在组织强度中找到适当的度。组织强度高能够提高在线课程资源利用率以及协同效率，组织强度低有利于个体进行创新创造，这两者应该适度结合。组织强度高主要体现在严格的、统一的、标准化的流程，组织强度低主要能促进多个学习共同体的碰撞产生新知识，两种生态应该并存。

其次，不能过分强调自适应、分布式学习管理，这会导致组织边界不明晰，让学习群体内部完全失控，在线学习很难产生良好效果。在线学习需要来自外部的刺激与规范，让外部动力转化成内部动力，不能让在线学习者构成的自组织过热，否则思想太发散，很难激发有效的创新，无法达成既定的学习目标。

再次，在线学习组织形态需要保持中心化与去中心化的平衡。一方面保留传统的学习控制系统，即严格有序、完整的流程、标准化的考核、层级制的运作模式；另一方面是混沌的、自主的、临时运作的线上学习群落模式，即以任务结果为导向、自我管理的去中心化的运作模式，这种平衡才是未来有效的在线学习组织形态。

混合式同伴教育的学习小工具

混合式同伴教育的开展除了上述构建的学习云平台以外，还有许多支撑的学习小工具。

1. 微博

微博是一个基于用户关系的信息分享、传播以及获取平台。我们可以用微博组织头脑风暴、开展协作学习。微博还可以作为家校沟通平台，成为学生知识记录与积累的空间。

2. 微信

微信是继博客、电子邮箱、网络论坛、在线聊天之后出现的网络交流工具。我们可以利用微信开展互动式学习：通过微信平台提供的圈子在网上建立实时交流和分享的平台，通过二维码推送等功能，可以将网络上的所有教学资源整合起来。

3. QQ

QQ 即时通信系统是一种可以让使用者在网络上进行实时通信的工具。我们可以用 QQ 的即时聊天功能实现个别辅导；利用 QQ 的文件传输功能实现教学资源的传输和共享；利用 QQ 群布置作业，完成在线调查；应用 QQ 群组功能，建立学习共同体。

4. 网盘精灵

网盘精灵是用于云存储和分享的工具。我们可以用网盘精灵从云存储中快速搜寻资料，实现多种文件或文件夹下载和上传，实现文件在线查看，实现文件夹在线新建，实现用户之间文件的分享。

5. 云盘

云盘是互联网存储工具，是互联网云技术的产物，通过互联网为企业和个人提供信息的储存、读取、下载等服务。我们可以用云盘实现大容量的个人资料存储，并方便快捷地进行学习和分享。

6. 学科小工具

学习工具作为学习的辅助产品，为学习提供了更多方式和途径，极大地提高了学习的效率和质量，有利于学生的知识梳理、知识内化和认知建构，促进了有效学习、深度学习的发生，在学习中越来越发挥着支撑性作用。在区域教育云的建设中，学习工具的建设是非常重要的一部分，现将学习工具按照学科应用规划建设分类如下。

(1) 语文类工具：拼音助手、拼音学习启蒙、汉字学习助手、阅读训练系统、经典名著阅读库、作文挑错机、作文协同批改、工具书等。

(2) 英语类工具：单词关系网、趣味性单词记忆软件、词典、口语支架工具、口语模仿工具、听说读写全方位工具、电子批注工具等。

(3) 数学类工具：几何画板、图形计算器等。

(4) 物理、化学类工具：仿真化学实验室、仿真物理实验室等。

(5) 音乐类工具：五线谱练习、钢琴、仿真音乐创作、智能录音器等。

(6) 美术类工具：图形编辑工具、数码素描与绘画工具等。

（7）实践探究类工具：演示工具、概念图类工具、试题创作工具、在线互评工具等。

以上只是列举了一部分支撑混合式同伴教育开展的学习工具，随着技术的发展，这类工具将会越来越多，也是混合式同伴教育得到更好发展的保障。

[资料来源：中小学信息技术教育，2019年7月8日]

3. 混合学习的模式建构

进入21世纪以来，作为一种"互联网＋"的创新型学习模式，混合学习在世界范围内逐渐掀起了新一轮的教学改革，它在基础教育阶段的作用日益凸显。美国K-12混合式学习在这方面积累了丰富的经验，取得了很多成功的案例，可作为我们施行混合学习的参照①。

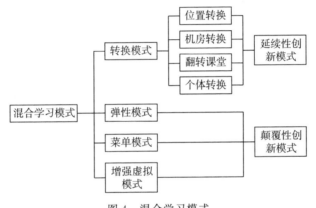

图4 混合学习模式

混合学习还处于不断发展的过程中，目前美国基础教育中较为常见的混合学习有四种模式。

（1）转换模式

在这种模式下，学生按固定的时间表或听从老师的安排，在不同的学习模块之间转换，这些学习模块中至少有一种是在线学习，其他学习模块还可能包括小组或全班教学、一对一辅导、项目式教学、书面作业等。该模式包含四个子模式：位置转换、机房转换、翻转课堂及个体转换。

---

① 张宙. 美国K12混合式学习的探究和启示 [J]. 外国中小学教育，2019 (5).

①位置转换

位置转换即学生在一个教室或多个教室里的多种学习模块之间转换。这种模式一般有两种实施方式：全班学生一起在多个工位之间循环轮流；全班学生先分成小组，然后以小组形式在不同的学习模块之间转换。

②机房转换

机房转换类似于位置转换，只是学生的部分学习内容要移至机房进行课程的在线学习，同时由传统教室提供多种其他学习活动，教师把在机房和教室内进行的各种学习模块无缝衔接。

③翻转课堂

翻转课堂是最受媒体关注的模式，在这种模式下，学生在家提前通过观看教师推送的在线教学视频进行知识学习，来到学校之后参加教室中由教师组织的各种学习活动，课堂时间不再用来被动地学习陌生的课程内容，取而代之的是学生在学校做练习、讨论问题或研究课题等。

④个体转换

在这种模式下，学生根据为个人定制的时间表转换不同的学习模块。每个学生的时间表由系统数据得出或由教师定制。该模式不要求学生转换所有的学习模块，只要求学生参与自己时间表上列出的学习活动。通常每天课程结束后会有一个简短的测评，根据数据分析结果为学生寻找匹配的课程和资料，制订学生第二天的个性化时间表，以满足其学习需求。

（2）弹性模式

在这种模式下，在线学习是主要的学习形式，学生大部分时间都会在实体学校内根据个性化的时间表在各种学习模块之间转换，由在线教师提供指导，有时也要求学生进行线下活动，本地教师会根据学生的需要提供不同程度的面对面指导，如小组教学、项目教学或一对一辅导等。

（3）菜单模式

这种模式也称为自我导向式混合模式。学生根据自身需求选择参与一门或多门完全在线课程来补充传统的线下课程，学生可以选择在校或在家完成菜单课程的学习，该课程的注册教师是在线教师。该模式不同于全日制在线课程，因为学生通过在线学习完成某些菜单课程，还要在实体学校完成其他的线下课程。目前，大多数学校通过这种模式，为由于各种特殊原因不能按期完成学校规定学分的学生提供补救课程，也可为少数特别优秀的学生提供某些拓展课程。

（4）增强虚拟模式

在这种模式下，学生将自己的时间分成两部分：必须在教师的监督下完成线下课程，在远离教师的情况下自主完成其他课程。在课程开始之前教师会先组织一到两次的面对面教学，之后学生通过远程方式参与全部课程的学习，在这期间教师会根据情况或需求组织数次面对面教学。这种模式和转换模式不同，学生不用参与每天的传统课堂教学。它与菜单模式也不同，它是一个完整的课程学习体验，而不是课程对接课程的模式。

混合学习中的位置转换、机房转换和翻转课堂是传统与创新的教学模式的结合，能达到两全其美的效果。这些混合模式属于延续性创新模式，目的是为传统课堂中的主流学生提供更好的服务，主要运用于核心课程。混合学习中的个体转换以及弹性模式、菜单模式和增强型虚拟模式属于颠覆式创新模式，它最大的特点是让学生按照自己的进度学习课程，让上课时间变得更灵活，在最大程度上实现了个性化。它不再需要教师管理课程的在线学习部分，而是将这些任务委托给了在线学习平台，教师可以集中精力做其他更重要的工作，如提供优质的面对面辅导、讨论、角色扮演和拓展学习等服务。这些模式主要满足非主流学生的特殊需求，如帮助学生重修课程和学分以保证毕业、开设选修课、提供 SAT/ACT 备考服务、减少学生由于课外活动或训练所导致的缺课等。

总之，延续性混合模式就是在传统课堂中增添了在线学习的部分；颠覆性混合模式是以在线学习为出发点，并在可用之处增添了物质支持。

4. 混合学习的设计与实行[①]

我国学者综合国内外对混合学习复杂度的研究，提出了一个线上与线下混合学习实施的二维框架（见图5）：横轴代表混合的学习方式，有面对面学

---

① 穆肃，温慧群. 适应学生的学习：不同复杂度的混合学习设计与实施［J］. 开放教育研究，2018（2）.

习和在线学习两种方式，左边的圆代表面对面学习，右边的圆代表在线学习，圆的大小代表该种学习方式在整个混合式学习中所占的比重；纵轴代表两种学习方式混合的复杂度，有简单组合、结合、整合和融合四个层次。在不同复杂度的混合学习中，在线学习和面对面学习间的关系、所占的比重各不相同，形成的混合学习的过程和实施的方法也各不相同。

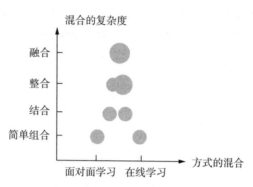

图 5　线上与线下混合学习的混合方式及复杂度

（1）简单组合

简单组合中，线上学习与线下学习相对独立，根据课程的学习目标和学习内容，各自组织和实施教与学的活动，达成相应的学习目标。通常线上学习基于在线课程和学习平台展开，线下部分多为传统的课堂教学、实践、操练和实验等。二者的教学目标、教学内容和学习活动互不影响。这是复杂度最低的一种线上、线下混合学习，也是教师最容易学会和组织实施的。

①组合学习设计

简单组合中，面对面学习与在线学习相互独立，可体现为教学内容、教学方式和教学评价等的相互独立，学习者在线学习的进度不会影响对面对面学习、在线学习和线下学习的评价。教师只需根据课程模块或单元的学习目标、学习内容和学生特征决定采用在线学习还是面对面教学的方式，即可形成混合学习实施方案（见图6）。

②示例

"教学媒体的理论与实践"是教育技术学非师范生三年级选修课。通过对该课程的学习，学生既要理解和掌握概念、原理和理论，又要基于这些理论和方法开展实践和项目式学习。学生已经学习了教育技术学导论、多媒体技术基础等先导课程，对教学媒体的应用也有不少感受和体验，但作为非师范生，未系统学习过相关的概念和理论，这是课程学习的难点。基于这些特点，基本概念和基础理论部分采用面对面教学，各类教学媒体应用模式和方法的学习通过在线学习进行，并安排线下的实践及指导（见图6）。混合式学习过程中，学生线上和线下学习的关联不大，例如，学生在学习信息化学习环境主题时，如果未能及时学完相关内容，并不影响其后到学校观摩实践，他们可以在实践后继续进行在线课程的学习。

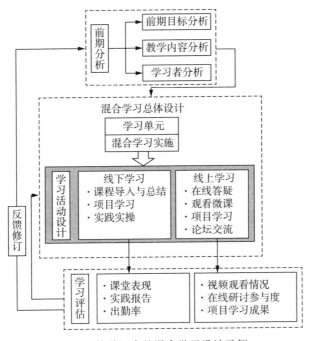

图6 简单组合的混合学习设计示例

线上、线下简单组合式混合学习实施结果表明：组合式混合学习的两种学习方式没有主次之分，也没有固定的比例结构，但都有各自明确的学习目标和内容；混合学习的设计需要根据学习者和课程特点等，适当确定两种学习方式间的比例分配和安排；课程的学习需要学习者有较好的自我管理和自主学习能力，掌握一定的在线学习方法和技能，同时需要教师对在线学习进行引导和督促。

（2）结合

结合式混合学习中，线上学习与线下学习是主导-延伸的关系，通常以传统课堂教学、实践和操练等为主，在线学习活动对线下教学进行补充、拓展或延续，且多通过在线学习平台展开。结合式混合学习中，线上和线下学习之间虽然关联，但不紧密，作用方式简单，也未能相互渗透。这种混合学习实施的复杂度不高，也是教师们常用的混合学习方式。

①混合学习设计

线上、线下结合的混合学习中，线下学习与线上学习之间有关联、交叉，通常呈主导-拓展关系。这种混合学习的实施通常以课堂学习为主，在线学习是课堂学习的拓展和延伸，其设计除需要综合考虑课程的学习目标、学习内容和学生特点外，还需要确定线上学习与课堂教学在哪些方面进行衔接，通过哪些环节产生联系，如何联系，然后才能确定在线学习活动的内容和方式，最后形成实施方案（见图7）。

②示例

"远程教育应用"是一门理论性较强的课程，是远程教育学的入门课程，也是教育技术学师范生的专业核心课。该课程内容涵盖面广，涉及远程教育实践的历史和发展，远程教育的基本概念、原理和规律，远程教育实践环节的方法和技术等。该课程内容理论性强，要求学生能使用理论分析和指导实践。该课程的学习对象是二年级下学期的师范生，他们体验过全在线远程学习和混合学习，具备一定的在线学习能力，但该课程的概念、原理和理论所占比重大，教学仍以课堂教学为主、以在线学习为拓展。在面对面学习中，教师采用讲授启发、小组探讨、案例分析等方式教学，学生可实时与教师或同伴互动。根据每单元学习的需要，教师设计和安排课后线上学习活动，学生课后在学习平台上参与在线学习活动，巩固和拓展面对面学习获得的知识。

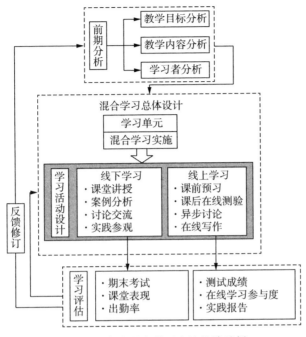

图 7 结合式混合学习实施设计示例

结合式混合学习的实施结果表明：教师要根据课程特点和学生特征确定线上学习与线下教学的衔接和拓展方式；结合式混合学习仍以线下学习为主，因此在设计在线学习时，要提供与线下学习一脉相承、有关联的学习资源和学习活动，准确对接课堂教学和实践学习；结合式混合学习较适用于知识抽象程度偏高或理论性较强的课程，如导论、技术原理或理论基础类课程等。

（3）整合

整合式混合学习中，在线学习的比例增大，有时与面对面教学比例相当，二者紧密联系，相互作用，相互影响。在这种混合学习中，线上学习与面对面教学相互融入，线上学习活动和成效影响课堂教学，课堂教学中会进行线上学习及交互活动，如专题讨论通过在线学习平台展开后持续到课堂教学中深入开展，课堂教学也会随时开展基于在线教学平台的头脑风暴、WIKI 协作写作和实时讨论等。这种混合学习实施的复杂度较高，需要教师对线上和线下教与学的方法、相互作用有深入了解，只有熟练掌握线上教学的技能和方法，才能有效地实现两种学习的关联设计，促进线上和线下学习的相互渗透和连接。

①整合设计

在整合式混合学习中，线上学习与线下学习相互渗透增多，在线学习的时间和活动增多，课堂教学也会借助在线教学平台开展实时在线活动，线上学习不仅发生在课前或课后，也发生在面对面教学中，因此混合学习设计的难度也相应提高。教师要充分考虑学习目标、学习内容和学生特点，详细拟订每个学习单元、每次教学中在线学习和线下学习的关联，除明确在线学习在课堂教学外的作用和开展方式外，还要确定面对面教学中线上学习开展的时机和形式，协调安排线上活动和常规教学活动，设计具体的活动方式及实施过程，细化线上和线下学习的内容，形成实施方案（见图8）。

②示例

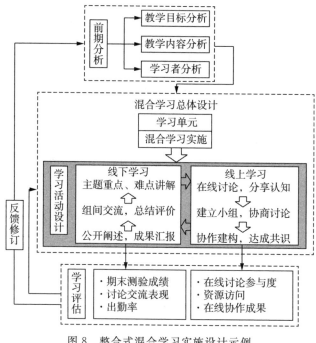

图8 整合式混合学习实施设计示例

整合式混合学习的实施结果表明：在线学习和线下学习衔接的顺畅程度

由教师对教学过程的分析、在线教学方法的掌握及对在线教学平台应用的熟悉程度等决定；课堂学习已有在线学习发生，学生在参与和互动中，都可能成为信息资源的贡献者和观点的提出者，提高了学习主动性；教师是整个混合学习过程和活动的设计者、组织者和协调者，在教学过程中需要不断地监管、引导和协调线上和线下的学习活动；整合式混合学习适合于学生具备较好的在线学习方法和前序知识准备的应用性和技能性课程。

（4）融合

融合式混合学习中，线上和线下教与学完全融合在一起，没有明显界限，作为整体统筹安排。其教学过程多依托在线学习平台、在线课程或学习工具进行，在线学习的比例比常规课堂讲授等面对面学习活动高，有的课程甚至以在线学习为主。线上学习和线下教学融合在一起，课堂教学的学习也会利用在线教学平台和学习工具等开展和完成，教师在课堂教学中对不同学生和小组的指导也常利用在线学习平台和学习工具发送，线上与线下学习在教学过程中无缝衔接。融合式混合学习实施复杂度最高，需要教师对线上和线下教与学的方法、实施过程和相互作用有深入理解，精通线上教学的技能和方法，熟练掌握在线学习平台和工具的使用，只有这样，才能游刃有余地实现两种类型学习的渗透和对接。

①融合设计

融合式混合学习中，线上学习与线下学习完全融合，没有明显的分工或指定教学环节的应用，教学以线上学习为依托展开，在线课程和在线学习平台成为主要的学习空间。学生在课前、课中和课后以在线学习平台的学习活动为主。在线学习的过程和成效将影响和决定面对面教学的组织方式、教学方法和内容，学生课前在线学习过程、在线练习情况、师生交互内容成为对应主题面对面教学内容和方式的依据、课堂学习活动设计和安排的基础。面对面教学中，除教师必要的讲解和答疑外，学生利用在线学习平台或学习工具进行自定步调的学习，如阅读学习资料、研讨项目和协同工作等。课外学习中，学生可继续通过在线学习平台和工具持续开展学习。这类混合学习中，线上、线下学习无界限地相互渗透，混合学习的复杂度高，因此对教师和学生提出了较高的要求。教师要能根据学习目标和内容，熟练地以在线课程和在线学习平台为教学的主场地、以在线学习为主线设计学习过程和活动（见图9）。

②示例

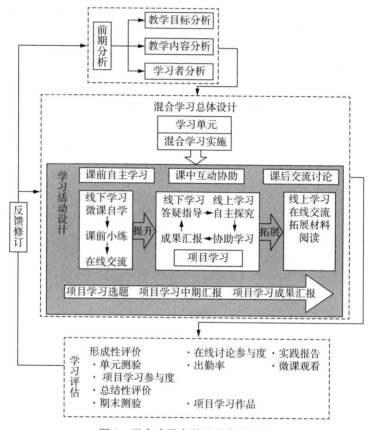

图 9　融合式混合学习的实施示例

融合式混合学习的实施结果表明：在线学习成为主要的学习方式，两种学习方式在课堂内外无缝衔接和切换，有效实现了学习时空的拓展；该类混合学习的开展要求教师在课前及时关注学生的在线学习过程和效果，引导他们自我监控和管理，同时整理出现的问题，为课堂教学的设计和开展提供依据，从而促进以学生为中心的教学的实施；融合式混合学习要求教师熟悉在线教学的方法，熟练掌握在线学习平台的功能和多样化在线教学工具的使用，对教师在线教学技能提出了较高的要求；融合式混合学习会产生新的教学流程和教学方式，带来教学变革的同时也给教师和学生带来挑战。

5. 结　论

第一，从线上和线下简单组合、结合、整合到融合，混合学习的复杂度逐渐提高，线上、线下学习的关系越来越紧密，相互渗透逐渐深入，在线学习的比例增高，混合学习的设计和实施的难度越来越大。

第二，不同复杂度的混合学习有不同的设计方法，教师若想自如地设计和实施不同复杂度的线上、线下混合学习，要先熟悉线上教学和线下教学的过程和方法，掌握在线教学的技能，具备线上和线下教学的设计、组织、协调实施的能力。此外，学生也需要掌握在线学习的方法和技能，适应线上、线下的混合学习。只有师生都具备了开展混合学习的方法和技能，复杂度高的线上、线下混合学习才能有效开展。

第三，不同学科、不同类型的课程可选用不同复杂度的混合学习方法。组合式混合学习中线上学习与线下学习相互独立，比较适合于通识教育类或专业选修课程的学习；结合式混合学习以课堂面授为主，比较适用于内容抽象程度较高或理论性较强的课程；整合式混合学习在课堂内开展线上、线下衔接的学习，适合应用性强的课程；融合式混合学习以在线学习为主，比较适合综合性、实践性较强的专业核心课程。

第四，四种不同复杂度的线上、线下混合学习并非四种混合学习模式，设计的方法示例也不是唯一的设计方法。在实际教学中，教师可根据课程教学的需求和师生的具体特点灵活调整。

三、 学校教学情境下的综合学习

在学校教学情境下的学生学习，主要是一种课程学习。课程是学习方式展开的依托。当今时代，课程综合已经成为一种全球化的趋势，成为课程改革的热点。学校课程中的"综合学习"常常带有"混合"的意味，学习场域、活动形式、心智运演等都有其特殊性，这里放到"混合学习"的名下讨论，主要出于操作的考虑，而非要领上的审辨。

德雷斯尔（P. L. Drussel）在评述 20 世纪 60 年代的课型改革时，指出了如下方法论上的弊端：一是仅仅着眼于各门学科框框之内的内容更新，跨学科的内容尚未触及；二是仅仅着眼于各年级的教学内容，跨年级的内容尚未触及；三是仅仅着眼于学校范围内的教学内容，只研究一些脱离生活实际的课题。钟启泉认为，从这个指责中我们可以看出，今后有待研究的课题将是跨学科的综合课程的开发和跨年级的能够系统教学的课程开发[①]。这也意味着综合性课程将需要一些相应的学习方式变化来推行。

（一）综合课程面面观

综合课程是一个对学校课程内容进行统整的宏观观念，是对学校课程综合化的一种概称。综合课程是一种课程模式，它提供给人们的与其说是某种课程的某种运行方式或操作程序，不如说是实现课程综合化的理念。在这种理念的指导下，人们可以根据教育的实际情况和需要，开发设置真正具有可操作性的综合课程的模式。

1. 综合课程的界定

综合课程是将具有内在逻辑或价值关联的原有分科课程内容以及其他形式的课程内容统整在一起，旨在消除各类知识之间的界限，使学生形成关于世界的整体性认识和全息观念，并养成深刻理解和灵活运用知识综合解决现实问题能力的一种课程模式[②]。

如果将这一定义进行分解，可以得出关于综合课程的如下具体内涵：

第一，综合课程所涵盖的课程内容既有学科知识，亦有学生获得的主体经验。

第二，综合课程以统整或去边界的方式将所有课程内容组织在一起。

第三，综合课程将所有课程内容组织在一起的依据是课程内容之间的内

① 钟启泉. 现代课程论（新版）[M]. 上海：上海教育出版社，2003：20.

② 有宝华. 综合课程论 [M]. 上海：上海教育出版社，2002：25.

在逻辑联系，如课程内容属性的关联性和课程内容价值或功能的关联性等。

第四，综合课程的价值、职能表现为消除学生原有知识体系中各类知识之间的界限，使学生形成关于世界的整体性认识和全息观念，深刻理解和灵活运用知识，提高综合解决现实问题的相关能力。

2. 综合课程的类型

综合课程是指这样一种课程取向：有意识地运用两种或两种以上学科的知识观和方法论去考察和探究一个中心主题或问题。如果这个中心主题或问题源于学科知识，那么这种综合课程即是"学科本位综合课程"（或"综合学科课程"）；如果这个中心主题或问题源于社会生活现实，那么这种综合课程即是"社会本位综合课程"；如果这个中心主题成问题源于学生自身的需要、动机、兴趣、经验，那么这种综合课程即是"经验本位综合课程"（或"综合经验课程""儿童本位综合课程"）。这是综合课程的三种基本类型。

由此看来，综合课程意味着包含于两种成两种以上学科的课程要素，并将这些课程要素以某种方式与一个主题、问题或源于真实世界的情境联系起来[1]。

"学科本位综合课程"可划分为"相关课程""融合课程""广域课程"三种形态。"社会本位综合课程"比较典型的有"科学—技术—社会课程""环境教育课程""国际理解教育课程"等。"儿童本位综合课程"即"经验课程"，亦称"活动课程"。

分科课程与综合课程有什么关系呢[2]?

分科课程与综合课程是两类不同的课程。分科课程是一种单学科的课程组织模式，它强调不同学科门类之间的相对独立性，强调一门学科的逻辑体系的完整性。综合课程是一种多学科的课程组织模式，它强调学科之间的关联性、统一性和内在联系。单从学科本身的发展来看，这两种课程组织形式各有其存在的价值，因为学科的发展呈现分化和综合并驾齐驱的趋势。这两类课程组织形式似乎不能随意地彼此取代。

---

① 张华. 课程与教学论 ［M］. 上海：上海教育出版社，2000：266-274.
② 张华. 课程与教学论 ［M］. 上海：上海教育出版社，2000：276-277.

分科课程与综合课程这两类课程组织形式之间又存在内在联系。首先，分科课程与综合课程的区分是相对的。分科课程中包含着知识之间某种程度的综合。一门学科既然能形成一个完整的逻辑体系，它总是建立在一定的知识综合的基础之上的。而开发出一门综合课程并作为课程计划的一部分之后，综合课程总是呈现出某种分科的形式。其次，分科课程与综合课程又是相互依赖、相互作用的。不同分科课程之间的区别是明显的，但存在一定的内在联系。此外，综合课程并不全然不顾学科逻辑，并不以牺牲学科体系为代价，而是从某种观点、以某种方式对分门别类的学科逻辑的超越。牺牲了科学体系的综合课程必然是琐碎的，苍白的、无力的、肤浅的。

值得我们注意的是，综合课程的主要特点体现在两个方面。第一，不同知识之间的界限的模糊和相互的融合，已经体现了一种现实的特点和要求，反映了学校教育与社会的直接联系。第二，综合课程中所要求的学校知识与日常社会经验的联系，打破了学校知识的神秘性，将学生和教师的日常生活经验作为课程的重要资源，这本身就是一种学校教育与社会现实的紧密联系，所以，如果仅仅从学校和学科本身去进行这种综合课程的建设和实施，并不能够实现综合课程的真正意义与价值，也无法达到综合课程的效果。

3. 综合课程的开发

课程的综合基于知识本位、学生本位和社会本位三个立足点之上。这三个立足点分别反映了综合课程的各种开发模式的不同价值取向和课程综合的基本原则或方式。

（1）各类综合课程开发指要[①]

以知识为本位的综合课程强调知识之于学生发展的价值，注重对知识结构自身的调整和重组；以学生为本位的综合课程强调学生的主体认知和主体活动之于学生发展的价值，注重学生的个体发展需要和学生主体活动方式的选择与确定；以社会为本位的综合课程强调综合课程之于社会发展的意义，注重社会发展需求与综合课程开发及设置原则和方式之间的一致性。在此基础上开发和设置的综合课程的模式将分别体现上述三种价值取向和课程组织

---

① 有宝华. 综合课程论［M］. 上海：上海教育出版社，2002：210.

的基本原则或方式，但各种综合课程的开发模式与课程综合领域之间并不保持完全对应的关系，一种开发模式或许可以体现几种课程的价值观，亦可有多种课程组织的具体方式。

对综合课程开发模式进行归类和属性界定的维度应当是课程综合的程度和方式。

依据对课程内容进行综合的程度，并按照由弱至强的顺序，综合课程分别表现为相关课程、融合课程、广域课程、核心课程和活动课程等具体的模式。在这些课程模式中，相关课程处于分科课程与综合课程之间，从而具有分化和综合的双重属性，是由分科课程向综合课程的过渡环节；融合课程和广域课程未能完全打破课程的分科界限，二者之间的差异在于其课程内容综合程度的强与弱；核心课程并未完全打破课程的分科界限；活动课程则完全突破了课程分科的樊篱，其与核心课程之间的差异在于活动课程完全实现了课程内容的高度综合，而核心课程并非如此。因此，这些课程模式的课程内容的综合程度呈逐渐增强之势。

（2）学校层面开发的可行策略[①]

一是从熟悉的开始。课程整合不妨从自己所教的那门学科开始，在学科内部分地实现课程整合的目的。它包括注重学科教学目标上的整合和注重学科教学内容上的整合，即：学科内容与学生生活、当前社会生活的整合，文本教材与网络资源、生活资源的整合，学科的传统内容与学科的新发现、新观点、新问题的整合，等等。之后要实现方法上的整合，即尝试探究性学习、合作学习、体验学习等多种综合性的教学方式。

二是从容易的开始。课程整合不妨从整合程度较低的学科取向的课程整合开始，如从平行学科设计或相关课程开始，逐步过渡到整合程度较高的学科取向的课程整合，如多学科的设计和跨学科的设计或融合课程和广域课程等，最后进入超学科的整合设计。

三是在协作中开始。教师在彼此的协作中才能了解其他学科并发现彼此的关联，在共同进行主题设计的过程中才能逐步地超越自身的学科限制，在

---

① 徐玉珍. 从学校的层面上看课程整合 [J]. 课程·教材·教法，2002（4）.

与大学学科专家或课程专家的合作中才能学会课程整合的专业性技巧和策略。因此，实施课程整合计划，学校首先要营造一种协作的文化，建立一种协作的机制，教师则首先要学会协作的技巧。

（二）活动课程中的综合学习

什么是活动课程？活动课程是与学科课程对举的一类课程，也称经验课程或生活课程。它是以儿童的主体性活动的经验为中心组织的课程，以开发与培育主体内在的、内发的价值为目标，旨在培养具有丰富个性的主体。儿童的兴趣、动机、经验是活动课程的基本内容。由于儿童总是生活在特定的社会和文化之中，所以，为了提升儿童的经验和价值，活动课程也把儿童感兴趣的当代社会生活问题以及学科知识转化为儿童的经验，作为课程的内容[①]。

从当前的实际情况看，由学校组织实施的活动课程主要有以下三类。

1. 综合实践活动中的学习

我国基础教育课程改革规定，从小学至高中设置综合实践活动并作为必修课程，其内容主要包括：信息技术教育、研究性学习、社区服务与社会实践、劳动与技术教育。它强调学生通过实践，增强探究和创新意识，学习科学研究的方法，发展综合运用知识的能力，增进学校与社会的密切联系，培养学生的社会责任感。在我国基础教育新课程体系中，综合实践活动课程是一种与各学科课程领域有着本质区别的新的课程领域，是我国基础教育课程体系的结构性突破。

（1）综合实践活动的性质与特点[②]

综合实践活动是基于学生的直接经验、密切联系学生自身生活和社会生活、体现对知识的综合运用的课程形态。这是一种以学生的经验与生活为核心的实践性课程。综合实践活动是新的基础教育课程体系中设置的必修课程，

---

① 张华. 课程与教学论［M］. 上海：上海教育出版社，2001：244.

② 钟启泉，崔允漷，张华. 为了中华民族的复兴　为了每位学生的发展［M］. 上海：华东师范大学出版社，2001：71-85.

自小学三年级开始设置，每周平均三课时。

综合实践活动作为综合程度最高的课程，它不是其他课程的辅助或附庸，而是具有自己独特功能和价值的相对独立的课程，与其他课程具有等价性和互补性。与其他课程相比，综合实践活动具有如下特性：整体性、实践性、开放性、生成性、自主性。

（2）综合实践活动的内容选择与实施

综合实践活动的内容包括：研究性学习、社区服务与社会实践、信息技术教育、劳动与技术教育。

综合实践活动是由国家设置、由地方和学校根据实际情况开发的课程领域。因此，国家着眼于宏观指导研制综合实践活动指导纲要，地方和学校要根据纲要所设定的基本框架规划中小学活动的基本类型、基本内容和具体活动方案。

对处于任何年龄阶段的任何学生而言，综合实践活动应是一个有机整体，而非随意拼凑的若干主题的混合。要切入综合实践活动这个有机整体，需要遵循某些拥有内在逻辑联系的线索。

综合实践活动内容的选择和组织要围绕三条线索进行：学生与自然的关系，学生与他人和社会的关系，学生与自我的关系。

综合实践活动的开发与实施应以学生为核心，实现上述三种关系的均衡与整合，最终指向学生个性的健全发展。

综合实践活动内容的选择应遵循以下四个原则：重视每一个学生的兴趣、爱好与特长，体现每一所学校的特色，反映每一年学校所在区域的特色，善于引导学生从日常生活中选取探究课题或问题。

综合实践活动的实施要注意以下六个方面：正确处理学生的自主选择、主动探究与教师有效指导的关系，恰当处理学校对综合实践活动的统筹规划与活动具体展开过程中的生成性目标、生成性主题的关系，课时集中使用与分散使用相结合，整合校内课程与校外课程，以融合的方式设计和实施三大指定领域，把信息技术与综合实践活动的内容和实施过程有机整合起来。

（3）综合实践活动的课程生成模式

所谓综合实践活动，一言以蔽之，就是超越了传统的课程教学制度——

学科、课堂、评分——的束缚，使学生置身于活生生的、现实的（乃至虚拟的）学习环境之中，综合地习得现实社会及未来世界所需要的种种知识、能力、态度的一种课程编制（生成）模式。这样，借助综合实践活动的设置，我国的基础教育课程将不仅有学科课程、综合学科课程（"品德与生活""品德与社会""历史与社会"等），而且有超越学科界限的跨学科的综合实践活动课程，可以真正实现分科与综合并举的课程结构。

综合实践活动课程编制的是一种不同于"阶梯型"模式的新模式，即"登山型"模式。分科课程是阶梯型的，它把学习内容和学习过程划分成一个个小的阶段，线性地规定逐级上升的过程，以达到最终目标。"登山型"模式的特征在于，以重大的主题（山）为中心，准备若干学习的途径（登山道），亦即先预设特定的主题，然后学习者以多种多样的方式和逻辑展开探究性活动，最后进行表达、交流，并共享学习成果。这是一种不仅注重学习结果，而且注重学习过程的多元化、个性化的课程设计。在"登山型"模式中，到达峰顶固然是实现了目标，但它的价值还在于登山的经验及登山本身的乐趣：学习者可以自己选择道路、选择方法，按照自己的速度去"登山"；随着一步步的攀登，学习者能够不断开阔视野，之后还可以回味攀登途中的某种体验[1]。

2. 校本特色课程中的学习

根据我国基础教育课程改革对课程管理的意见，为保障和促进课程对不同地区、学校、学生的要求，实行国家、地方和学校三级课程管理。学校在执行国家课程、地方课程的同时，应视当地社会、经济发展的具体情况，结合本校的传统和优势、学生的兴趣和需要，开发或选用适合本校的课程。"校本课程"应运而生。

我国地域辽阔，区域的多样性是其一大特点。区域除了自然、空间的意义之外，还具有政治、经济和文化的意义，泛指人地关系领域、行政领域、社会系统领域、历史文化领域。区域也可理解为"文化圈"，强调地域空间的同质性和内聚性，是特定群体的情感归宿和社会认同的所在。由此，立足于

---

[1] 钟启泉. 现代课程论（新版）[M]. 上海：上海教育出版社，2003：474-475.

特定区域的学校，就可以根据自身拥有的优势，开发出独具特色的校本课程。从实际情况看，许多校本特色课程都是从乡土地理、历史传统、政经活动等角度切入，并含有各种文化要素的综合性课程。

这片沃土值得深耕
——走近重庆市开州区书香中心小学农耕文化综合实践课程

在重庆市东北部与四川省开江县毗邻的山区，有一所山村学校——开州区书香中心小学。这所学校虽然很小，却绿意盎然，里面的花草树木、盆景，都是师生自己带到学校、自己栽种培植的。全校只有15名教师，却人人发表过教研论文。学校的课改经验在重庆市被作为典型推广，该校"农村教育资源的开发与运用"研究课题还荣获教育部基础教育课程改革教学研究成果二等奖。"我们没有城里学校那样的条件，开发不出高大上的课程，我们就立足于农村，深挖农耕文化，开设相关的综合实践活动课程。"该校校长李作华说。

中国的农耕文化有几千年历史，这是一片沃土。只要深挖，何愁结不出硕果？

古农具成为独特的教育资源

这是平整水田的耙子，这是舂米的工具，这是铲除梯度田埂杂草的朴刀，这是在陡坡上播种杂粮的窝铲，这是织布机……在书香中心小学的"古代农具陈列室"，李校长向记者如数家珍。两间教室改成的陈列室里摆放着学校师生从附近农户家收集来的各种农具和手工匠使用工具180余件，其中包括诸如擂子、朴刀、墙板等濒临绝迹的物件。

这些久经岁月洗礼、被磨得光溜溜的农具，不仅仅是被参观的展品，更是独特的教育资源。学校编写了《走近古农具》校本教材，每个年级的学生每周上一节"走近古农具"课，课程内容随年级循序渐进，包括参观实物，了解古农具的历史、功能和使用方法，体验使用古农具，设计新型农具模型，修复和改造古农具等。学生在学习过程中不仅体会到了祖辈先贤的勤劳和智慧，而且感受到了劳动的快乐，提高了动手能力和研究性学习的水平。

种植实践基地成为室外大课堂

"小草园""小兰园""小菜园"……书香中心小学每个班的名字也充分体现出乡土气息。每个学生在班级里都要种植一种植物，学校将教学楼后面的一块乱石岗开挖、填土，变成校园农作物种植基地。各班学生分为若干种植小组，他们在翻地播种、除草施肥、收获成果等实践活动中，拍照留影、观察记录、改进方案。一些学生还请家长实地指导，或通过微信、QQ向在外地打工的父母汇报并请他们指导。

为了抢救濒临灭绝的野菜物种，学校动员学区内有闲置土地的村校，开辟了"野菜种植生态园"，为了增进父母与孩子的交流，弥补学校只组织植物种植实践活动的缺陷，学校动员每个学生与家长一起饲养一只（条）动物。学校所在的开州区南雅镇是有名的柚子种植基地，当地不少农民探索出了制茶、养鱼、捕虾、立体种养殖等致富门路，学校整合资源，对附近的专业户授牌，将其作为学校的实践基地，让学生到基地参观，研讨生产过程，探究背后的科学依据，学习农业科技和与农业相关的现代科技知识。

每周一节的种植活动课程，成为孩子们的快乐时光。收获劳动成果后，学校动员孩子们优选植物种子，制作植物标本并附上研究资料，存放到学校的"农耕成果陈列室"。李校长告诉记者，每个班学生存放在这里的种子平均达 50 种。

农耕文化与学科课程有机融合

农村孩子由于客观条件的限制，接触了解外界的新生事物较少，写作文时无话可说，这是令很多语文老师头疼的问题。但书香中心小学的李宏龙老师告诉记者，农耕文化综合实践活动课程给孩子们提供了很多写作文的素材，老师在语文教学时有意识地与农耕文化实践活动课程融合，教学效果明显提升。比如，每个学生在教室里种一种植物，老师要求他们仔细观察，以日记形式写下植物生长变化的过程和自己的感受、体验，编写古农具使用说明书，采摘野菜，将野菜制作成食物，养殖小动物，这些活动都是训练学生写作的好机会。

对于数学课来说，农耕文化里本来就蕴含着诸多数学知识，比如，如何测量、计算不同形状地块的面积，如何估算亩产，如何统计植物的月生长高度等。很多农村学校的美术课有名无实，但书香中心小学的美术课却开展得有声有色，老师带着学生到种植园内观察、现场写生，指导学生们用作物的种子、叶子制作贴画。老师们还有意识地把学生们在农耕文化综合实践课中养成的小组合作习惯引入到各科的教学中来，提高了小组合作探究学习的效率。

"现在很多农村学校在课程建设时盲目仿效城市学校，开设一些自身资源和软硬件条件无法达到要求的课程，结果是徒有其名。与其如此，不如立足于本地，因地制宜挖掘农村丰富的课程资源。"教育部课程中心重庆市开州区课改实验区指导专家陈廷海说："引导农村孩子了解农村的历史与文化、热爱家乡、热爱劳动，这是地方课程和校本课程建设应该加强的地方，农村学校不应妄自菲薄。"

（汪瑞林）

（摘自《中国教育报》2015 年 12 月 23 日）

3. 综合性选修课程中的学习

选修课程是相对于必修课程而设置或开发的课程，一般指根据不同学生的特点与发展方向，容许个人选择的课程，是为适应学生的个性差异而开设的课程。选修课程中有许多是学科课程，也有不少属于活动课程且带有综合性。

选修制度曾是 20 世纪各国课程政策的基石。各国选修制度的发展呈现出大致相同的趋势。就其内涵的发展来看，在初中阶段，有尽量扩大学生自选学科机会的趋势；在高中阶段，有扩充综合性的新学科、形成特色课程的势头。主要表现为以下四个方面：第一，设计多样的自选学科，形成与学生多样的能力、发展方向相适应的课程；第二，在普通科中注重职业教育的课程，在职业科中引进"综合选修制"；第三，设置适应国际化、信息化的新学科；第四，设置学分制的高中课程①。

---

① 张廷凯. 分科视野中的课程整合：我国新一轮义务教育课程改革的新走向 [J]. 课程·教材·教法，2002（4）.

综观全国的情况，中学阶段面向职业生活和科技前沿、提高适应社会发展变化的综合能力的课程，已成为选修课的热门。

不可忽视的还有在小学和一些中学利用"课外活动"时间组织的以社团或小组活动形式开展的活动课程，特别是一些科技制作活动、艺术创作活动、专题研究活动等，兼具"综合"与"活动"的特点。

（三）学科统整的综合学习方式

我国研究者曾对整合（或统整）采用比较宽泛的定义，即将综合、联系、沟通、衔接、交叉、渗透、关联等纳入整合的范畴之中。从这样的宽阔角度和视野来理解课程整合的含义，也许更能探知整合的本质。这是从我国现行课程设置出发的改革新走向，无疑对学科素养的形成与发展具有很现实的意义。

1. 学科内容统整为综合学习提供支持

（1）全方位统整相关学习内容

①融合课程理念与目标

在分科课程中设立综合化的学习目标，力图体现人文与科学、课程与生活、课程与社会的相互作用，体现知识与能力、学习和应用的教育取向，是新课程目标设计的重要特点。

事例点击

语文着力强调丰富的人文内涵对学生精神领域的深广影响，强调"拓宽语文学习和运用的领域，注重跨学科的学习和现代科技手段的运用，使学生在不同内容和方法的相互交叉、渗透和整合中开阔视野"。

数学要求学生"初步学会运用数学的思维方式去观察、分析现实社会，去解决日常生活中和其他学科学习中的问题，增强应用数学的意识"，"综合运用所学知识和技能解决问题"，"初步认识数学与人类生活的密切联系及对人类历史发展的作用"。

其他文理各科的课程标准不仅在课程理念上增加了对课程整合的认识，

而且在课程目标上也按照整合的思路进行设计。物理、化学、生物、历史、地理等课程都分别按照知识与技能、过程与方法、情感态度与价值观三个维度进行描述。在具体的学科理念和目标描述中，也提出了具体的综合方向。

②整合课程内容和课程结构

课程内容和课程结构的整合主要表现为对学科内知识、技能、能力和态度、观念等的养成，采取学科内综合编排的形式。学科知识内部的纵横交错及与其他学科、与社会生活的联系是课程内容整合的重点。

③整合学习和教学方式

学和教的方式的革新是新课程发生的主要变化，倡导自主、合作、探究、综合的学习方式是各科课程标准的共同要求。采用多种方式进行学习，根据自己的兴趣和需要进行学习，将学习过程与解决生活和社会中实际问题联系起来，这些使新课程标准和教科书的设计都体现了进行综合性学习的价值取向。

④整合学习评价

综合的目标设计，综合的内容和结构，综合的学习，需要综合的评价方式。课程评价的形成性、整体性和综合性是此次新课程改革中一个需要特别关注的方面，也是一个比较困难的方面。课程评价的整体性和综合性集中表现在对学科学习的评价，要从知识与能力、过程与方法、情感态度与价值观几方面进行评价，全面考察学生的科学文化素养，同时综合采用多种评价方式，如定性评价和定量评价，教师评价、学生自我评价和学生相互评价，形成性评价和总结性评价，知识评价和能力评价，过程评价和结果评价，等等。

⑤整合课程资源

新课程的一个显著变化是拓展和整合了课程与教学资源，在各科课程标准中都对课程资源提出了具体要求。这种要求对以前教师已经习惯了的把教学局限在教室、书本、教参、练习册以及其他教学辅助资料的教学模式是一个极大的挑战。课程资源的整合还改变了教材编制者和教师对课程性质的看法，使课程由狭变广、由静转动，课程资源由课堂延伸到课外，由学校延伸到社区和所在的地区，学生所处的社会环境和自然环境都开始成为学习探究的对象，成为学习的"课程"。

（2）学科的上通下联

基于"核心素养"的学科教学面临诸多挑战，首要的一个挑战是梳理"核心素养"与"学科素养"的关系，另一个挑战是各门学科如何彰显各自的"学科素养"。

新时代基于"核心素养"的学科教学究竟面临怎样的挑战？概括地回答是：界定各自学科的"学科素养"，发起"上通下联"两个层面的挑战。其一，"上通"——从学科的本质出发，发挥学科的独特价值，探讨同学科本质休戚相关却又超越了学科范畴的"认知的、情意的"、社会的"通用能力"（诸如问题解决、逻辑思维、沟通技能、元认知）的培育，进而发现学科的新的魅力与命脉。其二，"下联"——挖掘不同于现行学科内容的内在逻辑的另一种系统性，亦即从学科的本质出发，并运用学科本质通过"核心素养"体现的观点，来修正和充实各门学科的内容体系（学科固有的知识与技能），进而发现学科体系改进与改革的可能性[①]。

基于"核心素养"的学科教学离不开三大关键课题——洞察"学科本质"（构成学科的核心概念），把握"学科素养"（软化学科边界，实施跨学科整合），展开"学科实践"。其具体的切入点就是"三维目标"。"三维目标"追求的是一种"真实性学力"，譬如一座冰山，倘若露出水面的一层是"显性学力"——"知识与技能""理解与记忆"，那么，藏在水面下的三层则是支撑冰山上方显性学力的"隐性学力"——"思考力和问题解决力"、"兴趣与意欲"以及"体验与实感"。"真实性学力"即由上述显性学力和隐性学力组成的相辅相成、不可分割的一个整体。为了实现指向"真实性学力"的"真实性教学"，我们必须把握"真实性学力"形成的两条运动路径，这就是：第一，从下层向上层推进的学力形成的路径——即从"体验与实感""兴趣与意欲"向"思考力和问题解决力"以及"知识与理解"的运动；第二，从上层向下层延伸的学力形成路径——即从"知识、技能"与"理解与记忆"向"思考力和问题解决力"以及"兴趣与意欲""体验与实感"的运动。这种表

---

① 钟启泉. 学科教学的发展及其课题：把握"学科素养"的一个视角［J］. 全球教育展望，2017（1）.

层与深层的循环往复的学力形成路径，正是培养核心素养所需要的①。

（3）着眼"学科群"的课程整合

"学科群"，也有人称之为"大学科"。"学科群"概念的提出，其根据之一是"学科的边界不是实线、直线，而是点线、波线"。超越传统学科的边界，谋求儿童主体性学习活动的学科之间的连接与整合——这是基于核心素养的学科教学必须遵循的一个重要原理②。

钟启泉认为，各门学科拥有体现其各自学科本质的视点与立场，但同时又拥有共同的或相通的侧面，唯有透视"学科群"的本质特征，才能精准地把握"学科素养"。"学科群"指的是两个学科结合的同时，又保留各自学科的特征和区别，利用各门学科不同的视角更好地求解某个问题，从而强化"有意义学习"。以学科群为载体进行课程整合，关键是提取和把握这些学科的本质特征。这些学科的本质特征是它们的价值和存在必要性的关键要素，以它们作为课程实施的聚焦点和培育素养的着力点，这同核心素养的目标是完全一致的。

以下是钟启泉教授列举的一些学科群的本质特征：

语言学科群：语言能力与意义创造。

数理学科群：认知方略与问题解决力。

艺体学科群：艺术表现力和鉴赏力。

STEM 学科群：跨学科能力。

2. 基于项目的综合学习

基于项目的学习（简称项目学习）译自英文 Project-based Learning，简称 PBL，是一个系统的学习方法。在项目学习中，学生参与到延展性的、复杂的、真实的问题解决中，接受挑战，主动探究，创造出某件作品并完成重要知识的学习。项目通常是若干类似事件组成的活动载体，其包含的内容较为广泛，既有以主题或问题统领的跨学科课程活动，也可以由以完成任务为

---

① 钟启泉. 学科教学的发展及其课题：把握"学科素养"的一个视角 [J]. 全球教育展望，2017（1）.

② 钟启泉. 学科教学的发展及其课题：把握"学科素养"的一个视角 [J]. 全球教育展望，2017（1）.

目标的单一或多种事项组合。所以，在跨学科课程中，项目承载的学习是一种包容性很强、使用范围较广的方式。

（1）项目学习的教育意义

我国教育研究专家郭华指出，项目学习是学生综合运用多学科学习成就进行自主学习的一种综合性、活动性的教育实践形态。项目学习是学校教育不可或缺的组成部分，是解蔽学科课程教学的重要手段。它既是学科教学的"对立面"，又是学科教学的支撑者、促进者，更是在学校教育阶段与学科教学携手共同培养有责任感、有担当的未来社会实践主人的教育活动①。

郭华认为，项目学习既是课程形态，又是教学策略。课程形态与教学策略在项目学习这里是一个事物的两面，难以分离。从课程形态来看，它是基于学科课程的跨学科的活动课程；从教学策略（教学活动形态）来看，它主要是以完成作品（特定任务）为目标的学生的自主的、探究的活动。也就是说，在动态的实践层面，项目学习既是课程形态，又是教学形态（教学策略），课程形态与教学形态合二为一，或者说，如此的课程形态必有如此的教学形态，如此的教学形态必有如此的课程形态。

因此，可以这样来定位项目学习：项目学习是在系统学科知识学习的基础上，学生综合运用多学科学习成就进行自主学习的一种综合性、活动性的教育实践形态。这种教育实践形态不可能取代系统的学科教学，也不是可有可无的，而是作为系统的学科教学的最重要的"对立面"，与它相互映照、相互支撑、相辅相成。

这样来理解项目学习，有助于突出以下两点认识：①项目学习是学校教育不可或缺的组成部分，虽然所占份额不多，但没有它，学校教育就不能说是完全健全的；②项目学习基于学科又超越学科，它能够帮助学生理解不同学科的独特价值以及学科间的相互联系，也能够实现学科教学难以实现的帮助学生关注当下社会生活、融入现实生活的任务。

项目学习既是教学策略，也是课程形态。它一定是跨学科的，而且持续较长的时间，跨越较大的空间，涉及众多事物，需要多方合作。同样的任务，

---

① 郭华. 项目学习的教育学意义 ［J］. 教育科学研究，2018（1）.

不同的团队组合、不同的切入点，都可能有不同的学习过程、不同的学习内容及不同的学习体验。就内容而言，学习内容不再只是外在于学生的客观存在，也有学生在项目学习的过程中生发出来的新内容；就过程而言，学习过程不是由教师设计的预想流程，而是学生在完成任务的过程中生成的现实过程，虽然终究只能经历某一过程，但学生知道有无限可能的路径和过程，知道选择、决策的重要性，知道需要承受选择的后果；就体验而言，学习体验不再是教案中要体验的那几项，而是随机、丰富又复杂的，例如学生能够在真实而具体的情境中体验到分工合作的意义，体验到规则的意义，体验到有些问题的答案可以开放而有些问题的答案则必须唯一，等等。总之在情境更为真实的项目学习中，学生能够真正理解和感受现实的人、事物及其关系，而不是接受几个"干巴巴""硬邦邦""冷冰冰"的抽象的概念语词与判断语句。在这个意义上，外部的知识材料，项目本身所蕴含的问题与方法，学生在完成项目的过程中的思考行动，等等，共同构成学生发展的内容、过程与方法。可以说，项目学习是把社会创新实践提前到了学生的学习阶段，是对未来社会实践的创新活动的模拟与雏形实验，弥补了传统学科课程教学远离真实社会生活的缺陷。

郭华强调，项目学习可以解学科课程教学之蔽，可以帮助学生理解学科的独特价值与学科间的相互促进，可以帮助学生初步实现从学习主体向社会实践主体的转化，总而言之，项目学习能使学生的行动参照别人的行动，如杜威所说："人们参与一种有共同利益的事，每个人必须使自己的行动参照别人的行动，必须考虑别人的行动，使自己的行动有意义和有方向，这样的人在空间上大量地扩大范围，就等于打破阶级、种族和国家之间的屏障，这些屏障过去使人们看不到他们活动的全部意义。"项目学习最终是要让学生跟自己、跟自己周围的人、跟更广阔的时空、更广阔的社会历史实践建立起关联，帮助学生进入广阔的社会历史长河，成为社会历史中的一员。项目学习是以坚实的、系统的学科知识为基础的社会实践，是把未来的社会实践提前到学校教育阶段进行的一种自觉的教育活动。项目学习的目标达成过程（或问题解决过程），就是学生综合运用多学科知识完成任务的过程，是学生深入理解学科知识独特价值的过程，也是理解不同学科间的相互联结、相互促进的过程；是学生学习如何与学科知识融为一体、如何与他人结成团队共同努力解决问题、创新实践的过程；是学生学会选择、学会承担、感受责任的过程。

帮助学生由自然人向社会人过渡，培养学生成为未来社会实践的主人，成为未来社会的建设者和创造者，是学校教育的根本目的，项目学习是自觉实现这一目的的重要途径之一。这是因为：项目学习将教学与社会实践有机融合（而不是分离），从而将学习主体与社会实践主体合二为一，帮助学生实现由教育活动主体向社会实践主体的初步转化，成为社会历史实践的一员（而不是历史的旁观者），培养和发展学生的历史责任感和担当意识。可以说，项目学习将学习、实践、创造三体合一，在继承历史中创造未来，在创新中延续历史，在应用中创新，在创新中继承。

（2）项目学习的构思与确立

项目学习的构思应围绕项目学习的基本要素进行设计，包括导入事件、已知与需知、评价量规、内容脚手架与评估、21世纪技能脚手架与评估、展示[①]。

课程标准与核心素养是项目构思与确立的核心。项目学习不是表面的跨学科实践活动，其设计核心是帮助学生有效达成课程标准中提出的要求以及学生应具备的适应未来所需的核心素养。

例如，在"太阳能房屋"项目中，王晓丹依据科学学科的课程标准进行项目构思，设置的知识能力目标为：理解能量、能源、能量的转化等相关概念，了解太阳能电池的工作原理，了解房屋设计中需要考虑的因素。

项目的确立也可以依据真实的问题。例如，在"小慈善家训练营"中，学生们面临着"全校的义卖款项如何捐出"这样一个真实的问题。刘燕莎老师针对这个问题提出了一系列小问题，帮助学生将问题逐层分解。

"六一义卖"是学校的传统活动，"小慈善家训练营"的项目目标是培养学生们成为有爱心、热心公益的人，培养学生的批判性思维。因此，项目主要围绕以下六个问题设计：如何确立慈善项目？如何宣传以得到更多支持？如何筹集善款？如何把善款有计划地捐给受助者？如何向捐款人及社会反馈

---

① 许萍．项目学习，让学习真实发生［J］．中国教师，2016（19）．

善款信息？如何面对公众质疑？

项目几乎存在于每一个领域，无论是进行一次试验还是一次展览，都可以与团队一起参与跨学科学习，促进项目的真实发生。因此，向家长征集项目，挖掘家长的资源，也为项目构思提供了重要来源。

（3）项目进程的管理与推进

有了初步的项目构思，就要进入科学的项目设计过程了。在这一环节，需要将项目学习的导入事件、已知与需知、评价量规、内容脚手架与评估、21 世纪技能脚手架与评估、展示融入其中。

项目进程表包括项目概述、导入事件、课程标准、21 世纪技能、评价方式、结果呈现方式等。项目概述主要由项目负责人撰写，需要简单清楚地概括项目的情况，描述出对学生的期待及项目组教师需要承担的具体任务。项目概述便于项目组教师对项目进行全面了解。导入事件是为学生创设一个具有挑战性的情境。通过导入事件的描述，学生可以明确他们即将参与的任务、学习的内容和达成的课程目标。导入事件让学生的学习更加真实。课程标准及 21 世纪技能是项目的核心，它应明确描述对学生内容掌握及对 21 世纪素养形成的期待。评价方式主要有形成性评价和总结性评价两种。评价的作用是为教师提供学生学习的信息与数据，便于教师进行项目修改。评价应与项目学习目标保持一致，并有利于学生管理、监控自己的学习过程，促进学生成为自主学习者。

（4）项目学习的实施与评价

借助项目进程表进行科学的项目设计后，就进入项目学习的实施过程了。实施过程主要分四个部分。

一是项目启动。在启动环节，教师通过导入性事件、驱动性问题将学生带入学习情境中，小组针对问题共同讨论解决方案，设计项目研究计划，明确合作规则，与教师一起了解需要学习的内容。

二是项目进程。在项目进程中，教师根据学习内容进行讲授，小组讨论，引入家长、专家、社区等资源，帮助学生搭建学习脚手架，共同经历研究过程，在实践中学习，根据学生的学习过程随时进行评价与反馈。

三是项目反思。项目进行前、进行中、结束后，学生可以随时借助内容学习量表与 21 世纪核心素养量表对自己整个项目的学习过程进行自评、组评，并邀请教师评价。项目学习评价量表需要根据不同项目的侧重点进行设计。

四是项目学习的总结与评估。项目学习结束后，教师以项目组为单位进行项目总结汇报，邀请学校同事、专家、家长共同参与讨论与反馈，借助《项目学习 6A 评价量规》对所有项目进行表现性评价，通过评价收集数据，收集建议，不断改进项目。

案例一：融合理化生的项目式学习目标与内容①

通过文献分析及调查可知，项目式学习将理论与实践相结合，让学生学习相关概念、知识和原理，同时指向问题解决，在不断探索与解决问题的过程中发展学生的综合能力，培育学生的精神品质。科学领域项目式学习的目标可解构为基础知识、综合能力及精神品质三个方面，既指向学生个性的发展，又指向学生社会性的生成。具体如图 10 所示。

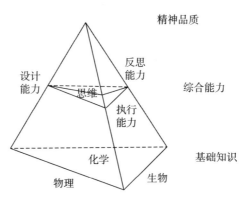

图 10　科学领域项目式学习目标三层模型图

第一是基础知识。知识不仅局限于各种科学现象和常识，还包括相关概念和原理，是学习的基础，没有知识基础的项目产品是"空中楼阁"。反过来讲，在项目产品设计及制作过程中，学生深入学习、了解和应用相关概念及

---

① 吴晗清，穆铭. 科学领域核心素养达成的利剑：融合理化生的项目式学习［J］. 教育科学研究，2019（1）.

原理知识，加深对知识的理解与掌握。

第二是综合能力。学生在解决真实情境问题、完成项目任务的过程中，必然要经历发现问题、选择项目、规划项目、实施项目、制作产品及改进产品等一系列过程，需要不断地探索和发现。学生在做中学，发展设计能力、执行能力及反思能力。思维能力是贯穿整个项目学习的核心能力，包括分类比较、分析综合、归纳演绎和类比迁移等基本思维能力及批判性思维、创造性思维等综合思维能力。

第三是精神品质。若想解决一个真实世界中复杂的、具有挑战性的问题或完成一项源自真实世界需要深度思考的任务，仅有知识和能力是远远不够的，还需要学生个体维度的问题意识、研究意识和创新意识，以及社会性维度的合作交往及责任担当等精神品质。

案例二：语文专题教学："文学的北平"

语文教师赵海蓉给学生印发了9篇相关文章：《动人的北平》（林语堂）、《故都的秋》（郁达夫）、《荷塘月色》（朱自清）、《想北平》（老舍）、《北平的春天》（周作人）、《五月的北平》（张恨水）、《囚绿记》（陆蠡）、《未名湖冰》（邓云乡）、《苦念北平》（林海音）。让学生阅读后完成两项任务：

第一，请为每篇文章设计思考题。

第二，完成教师设计的主干型思考题：请你在读完这9篇写于20世纪三四十年代关于北平的文章之后，到作者所提及的地方进行实地考察，然后写一篇文章。主要内容包括：你觉得今日的北京与历史上的北平在城市生态、城市建设、城市整体面貌方面有什么不同？为什么有这些不同？你对此有何感想或建议？

在读了《苦念北平》之后，有学生质疑：列举"牙碜"的多种意思有什么作用？能否删去？林海音如此爱北平，为什么还去台湾？在读了《想北平》之后，有学生问道：为什么我觉得作者写了很多废话？为什么作者要用很大篇幅写旧时故乡的春游，这与北平的春天并无太大关联？为什么作者说"北平几乎没有春天"，要"以冬读代春游之乐"？

赵海蓉老师的设计至少有两大价值。

一是她设计的主干性问题能有效激发学生的家国情怀。今天的北京和历史上的北平相比较，其发展进步与过去不可同日而语，但在生态环境、城市布局与建设等很多方面的问题也显而易见。

二是能有效培育学生的批判性思维。上述学生的质疑虽显稚嫩，但也有一定的思考价值。

由此我想到国际经合组织项目组于 2016 年 12 月发布的对 2018 年国际学生评估项目阅读测试的前瞻性设计方案。这个方案剖析了国际阅读价值观的变化脉络及其实质，阐述了阅读新概念的主要特征。这对重新审视中国阅读教育的目的和功能、创新汉语文阅读教学的价值观具有启发意义。它的核心价值在于：未来阅读将聚焦批判性思考与创造性表达。赵海蓉老师的设计与此方案可谓不谋而合。

4. 主题统领的综合学习

主题统领的课程学习通常指问题探究学习、任务驱动学习等，其实质是由主题来统领的，这时的"主题"表现为问题的求解或任务的完成，而且"主题"可能是跨学科的，也可能是学科中跨模块或跨节点的。

（1）把问题作为主题

什么是"问题"？"问题"是一种状态，这种状态要求人们去完成一项任务，而对于这项任务，由于他们的经验有限，没有现成的可供使用的完成任务的策略。"问题解决"中的问题没有固定的解题模式，它要求学生通过不断探索，运用分析、类比、抽象、转化等方法，以寻求解决问题的方案。

从教学的角度说，"问题"应该是能够引起学生思考的、学生想弄清楚或力图说明的东西。一个教学问题至少应具有三个条件：第一，它必须是学生尚不完全明确的或未知的，要能够在学生通往目标的途中引起学生认识上的矛盾、疑惑或心理上的紧张；第二，它必须是学生想弄清楚或力图说明的东西，要能够引起学生对它的兴趣，使其产生相应的探索欲望，并亲身卷入对问题的探究之中，在解决问题时做出努力；第三，它必须是与学生的认识水平相当的，要能够让学生运用自己现有的知识和智力，经过努力探索达到目标，而不是让学生感到无论怎么努力也不能克服困难、越过障碍，因而灰心丧气。

适合于主题统领学习的问题，应是较为复杂的问题。

（2）问题式学习的意义

问题式学习（Problem-based Learning）和项目式学习（Project-based Learning）作为两种新型教学法，都关注学生在学习中的主体性角色，通过让学生围绕问题进行合作探究来发展学生的"21世纪学习力"；两者的英文缩写均为PBL，依托的都是建构主义学习理念。不同的是，前者主张让学生解决真实世界中复杂、非常规且具有挑战性的问题，或完成源自真实世界经验且需要深度思考的任务；后者则强调让学生通过完成项目来达到学习的目标。

钟启泉教授认为，问题式学习是新世纪的学习方式[①]。他说，从建构主义的观点来看，教学内容的意涵并不是在教科书和教师的头脑之中，而是师生与生生之间借助主体的相互沟通而生成与建构的。因此，所谓"知识"不是个人独有的，而是在沟通这一社会过程（关系性）中建构的。"问题式学习"的概念并不复杂，作为一种新的教学方式，它主要是学生围绕一个没有唯一正确答案的复杂问题展开的。其主要活动：一是问题与目标的设定，最终由学习参与者自身决定；二是以小组的形式，直面没有正解的现实问题；三是学习活动本身是自律的；四是通过问题解决所需的资料收集与问卷调查，扩大学习共同体；五是学习参与者指向问题解决与合意形成，提出对未来负有责任的提案；六是把自己的学习成果披露给他者，进行反思批判性思维；七是共同点在于自律性学习——基于各自的经验促进全员的学习——经验的重建，旨在问题解决与价值创造。也就是说，问题式学习是一种协同性的课题解决学习，学习者把无标准答案的问题作为自己的问题来对待，在教师的指导下，基本上凭借自身的力量专心致志地解决某种问题。负责任地寻求没有答案的问题的探究活动，要把问题学习作为"我的学习"，产生有意义的学习经验，就得使学生的学习观从知识是教师传递的认知主义的接受式学习观，转型为知识是每个人自身同伙伴协作建构的建构主义的能动的学习观。

钟启泉分析了问题式学习的革新意义：教学理论可以大体分为两类，一类是教师主导的学习者习得知识、技能的行为主义，一类是学习者自身自主地解决问题、获得知识的建构主义。问题式学习的倡导意味着教师的"教"

---

① 钟启泉. 问题学习：新世纪的学习方式 [J]. 中国教育学刊, 2016（9）.

是"支援儿童学习的关系",不是单纯的知识教学,从这个意义上说,问题式学习是一种全新的学习方式,是对行为主义的应试教育课堂的一种颠覆。

①意义生成的自由学习

问题式学习是学习者自身参与、体验,以合作的方式建构知识的活动。这是学习者意识到同社会的关联、直面共同求解的课题、探究自身的应对(应答)的一种挑战。学习者在拥有习得与创造的两个侧面的问题学习中所建构的知识(应答)不是个人的所有物,而是协同的创造物,知识不是某种现成的东西,而是参与者借助交互作用,即兴地创造出来的。在这种对话性的学习过程中,种种学习路径得以交织、凝练,得以分享。在问题式学习这样的协同学习中,参与者相互建构、彼此互惠的沟通,正是学习与创造的源泉。问题式学习往往超越教师的预设计划,不可能事前预设好固化的过程,而是在活动终结亦即课后才使建构反思得以概念化,从这个意义上说,它是一种"意义生成的自由学习"。

②自律性的探究学习

问题式学习的特色在于自律性的课题探究活动。以往学习者学习学科知识与技能不过是为了考试,实现知识的交换价值,最终大多数知识会被遗忘。而问题式学习提供了习得型学科教学的真正的学习动机。倘若从信息与知识素养的角度来考察问题式学习,其最大特征在于信息的知识化与知识的运用。这是因为,问题式学习乃是在直面问题情境的问题解决中展开学习的一种方式,从学习伊始就得收集有助于问题解决的信息(即信息的知识化),并且运用所获得的知识来解决问题(知识的运用),这是问题学习的大前提。另外,问题式学习的重要作业基本上是小组学习与个人学习的循环往复,所以个人学习的结果得以在小组内分享。这就是说,"问题式学习并不是预先有一个总论性的知识去求得问题解决的学习方式,而是直面问题解决的一种建构式学习方式"。在这里主角是学习者。所谓教育,就是如何把儿童的学习引导到充满智力兴奋的活动中来。在实现自我变革的学习中存在两种类型的学习——"习得式学习"与"探究式学习",两者并不是二元对立的。学习者通过"课题发现",历经"从未知到既知的习得(模仿)"的步骤,"从既知到意义生成的运用(探究、创造)"的步骤,再到"新的未知的课题发现"的步骤,可以说形成了螺旋形上升的学习模式，即习得—运用—探究。

③焕发生机的学习

在问题式学习中借助自律性学习活动，学习者得以围绕身边的课题，同活生生的现实接触、同多声交响的复杂现实接触，得以展开能动的探究的思维过程。这样，学习者就能够从多样的视点出发，重新把握曾经片面看待的现象，发现多样而复杂的问题。这种问题的困难性，可以焕发自我变革的喜悦与兴奋，这正是学习的原动力。一般而言，在课堂教学中学习者的认知内容是以语言表达的方式来表现的，而"具身性"是指借助身体动作来表达学习者认知的内容，就如语文教学中儿童围绕对课文的理解发表自己的见解时，往往会从故事人物的立场出发，做出各种手势、表情，并伴以不同的语调，形成这样一种伴随"动作化"甚至"戏剧化"的表达——基于角色分工的、有组织的角色扮演活动。这样，不是作为应试教育的知识与技能，而是体验作为生存工具的知识的有用性，问题式学习赋予了原本萎缩的学习欲望以无限的生机。

④自我变革的学习

在问题式学习中，发现课题和提出解决方案成为学习共同体的自律性学习活动的中心。自身发现有意义的课题、习得课题解决所必需的知识、面对课题解决的对话性意义建构——这三个学习步骤，通过在学习者头脑中产生螺旋形上升，从而实现基础教养的获得、同他者共同解决课题的能力以及新的调整的气概——自尊感与自豪感的激发，如此可以期待知性层面和人格层面的学习者的自身变革与人际关系的变革。学习者不是背诵外在于自身的"答案"，而是以自身的意志来决定并承担起自己的思考与讨论，在自身内部生成对课题的"应答"；不是满足于接纳标准答案，而是实现"意义生成的自由学习"。这是一种不同于单纯的知识接纳的、可能带来深刻的自身变革的真正的学习。

（3）问题式学习的特征

①问题式学习是一种高级规则的学习

美国教育心理学家加涅在其《学习的条件与教学论》一书中指出，问题解决是一种学习形式，它属于智慧技能，包括回忆和组合有关的规则，从而形成一个新的更复杂的规则。加涅特别指出，这种问题解决的过程，最终会产生两种类型的学习，即"一个新习得的实体就是一条'高级规则'，它使个体能够解决同类学习中的其他问题"；此外，他也学到了"一般性解决问题的方式"，即"能够指导学习者后继思维行为的认知策略"。后者被人们普遍认为是高级学习，或高级思维的技能。因此，我们说，问题式学习是一种高级学习，是智慧技能学习的最高阶段，它以概念学习和规则学习为基础，通过所解决问题中的知识（非策略性的专门领域知识）与认知策略以及元认知（对自身认知的觉知、计划、监控与调节等）之间的互补交融的形式，形成信息加工的图式，来支持创造性地解决问题。

②问题式学习在本质上是实践性的

问题式学习使知识与一种实际需要和特定情境联系起来，从而建构知识的意义，为问题的解决而自主地搜寻、抽取和组织信息，深化了对知识的个性化理解，并且在使用知识的过程中让知识变为灵活而又可以广泛迁移的"自己的知识"。围绕问题的、以目标任务为导向的一系列高层次思维活动，提高了学生思维的批判性、广阔性和灵活性，发展了元认知反思、非算法思维、创造性思维等高级思维能力，同时造就了既能自主又善于有效合作的学习者。

③问题式学习是以学生发展为本的

在问题式学习中，教师不再是传授知识内容的"专家"，而是激发"问题意识"、唤起探求欲望、提供学习策略和思维路径的引路人，搭建"认知支架"（完成后即拆除）的扶助者和合作互动的组织者，而学生是负有责任的自我发展的活动主体，是知识的积极建构者。一句话，问题式学习以学生的发展作为出发点和落脚点，是学生本位的。

总的来看，问题是主题学习模式的核心，所有学习活动都是围绕问题展开的，问题是纲，知识是目，纲举目张。学生要直接接触原始问题[1]（这是创造力之源头活水），知识是解决问题的工具和手段（因具体问题不同而产生重组或变异）。学生的解决问题能力、创新能力和自主学习能力将通过学生获取

---

[1] 张奠宙. 创造教育：思考原始问题 [J]. 教育参考，2001 (1).

知识并应用知识解决问题的过程而得到发展。

（4）问题引领学习的实施

Hiedert 于 1996 年提出一条以问题解决为基础来改革数学课程与教学的原则，即应该让学生就学科内容形成问题，具有对知识的好奇，想知道"事情为什么会是这样的"，然后再去探索，去寻找答案，化解自己认识上的冲突，建构起对知识的理解。这一设想催生了一条被广泛采用的核心思路，即通过高水平的思维来学习，基于问题的解决来建构知识。问题解决活动有可能使学生更主动、更广泛、更深入地激活自己的原有经验，理解分析当前的问题情境，通过积极的分析、推理活动生成新理解、新假设。在问题解决的过程中，新、旧经验的相互作用得以更充分、更有序地展开，这使得学习活动真正切入到学习者的经验世界中，而不是按照教学设计预先编写的框架和路线来生成联系。问题式学习为新、旧经验的同化和顺应提供了理想的平台。通过问题解决来学习，基于问题解决来建构知识，这是各种探索性学习活动的重要特征。

问题式学习强调把学习设置到复杂的、有意义的问题情境中，通过让学习者合作解决真正的问题来学习隐含于问题背后的科学知识，形成解决问题的策略，并发展自主学习的能力。在这种教学中，教师首先向各个学习小组呈现一些精心设计的问题，一般是描述一些可观察的现象或事件，要求学生对此做出解释。学习小组的任务是讨论这些问题，对这些现象做出详细解释，包括其中的过程、规律和机制等。很重要的一点是学生凭借现有的知识不能轻易完成上述任务，在小组讨论中，进退两难的选择出现了，问题形成了。为解决这些问题，学生要分头进行学习。教师通过引导学生解决复杂的、实际的问题，使学生建构起宽广而灵活的知识基础，发展有效的问题解决技能，成为有效的合作者，并培养学习的内部动机。

简要地说，问题式学习指的是由教师精心设计问题学习单元，要求学生充当复杂问题的解决者。学生通过调查和解决问题的过程，提高对某些主题、概念和知识的理解，养成理解问题、分析问题和解决问题的能力和技能，从而获得解决现实问题的经验。

（5）问题式学习的一般模式[1]

问题式学习一般可以划分为四个基本过程，即表征（representing）、策划（planning）、执行（executing）、控制（controlling）。所谓问题的表征，就是将提出的问题转换为问题解决者的心理对应物。策划解决方案，包括确定必须进行的操作或运算步骤。执行，包括完成在策划中详细说明的各种操作或运算任务。控制涉及对其他过程（如察觉某一计划执行不力或某一步骤执行错误）进行监控和调节的元认知过程。通常，学校教学主要侧重于执行（即训练基本技能），学生在问题式学习中遇到的主要困难则是如何表征问题、如何制订计划和对问题的解决过程进行监控。

由布朗斯福特与斯特恩开发的五步问题解决过程包括问题识别、问题表征、策略选择、策略应用、结果评价。斯腾伯格提出的问题解决过程包括六个基本步骤，即问题的确认、问题的定义、问题解决策略的形成、问题的表征、资源的分配以及监控和评估。这六个步骤构成一个解决问题的循环过程，即一个问题的解决意味着另一个新问题的产生。

我国学者整合以上研究，将问题解决的一般模式归结为以下五个阶段（如图 11 所示）。

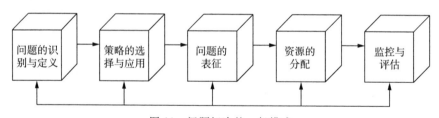

图 11　问题解决的一般模式

3. 大概念引导的综合学习[2]

大概念是一种高度形式化、兼具认识论与方法论意义、普适性极强的概念。大概念不仅仅是一个简单的词语，它背后潜藏着一个意义的世界，它超出了一个普通概念的内涵与外延，作为一种深刻思想、学说的载体，已成为

---

① 高文. 教学模式论［M］. 上海：上海教育出版社，2002：235-236.

② 蒋永贵. 问道优质科学探究教学［J］. 教师教育研究，2015（5）.

"思想之网"的联结枢纽。大概念所发挥的革新理念、活跃学术、推动理论变革与进步的重要作用正不断得到有识之士的关注。

（1）以大概念认识科学的本质

教学变革的关键是引导学生以大概念的理念逐步认识科学的本质。实践表明，认识科学本质不仅有助于促进学生科学认知、科学探究能力和科学情感态度等方面的发展，有助于提高学生的科学素养，而且有助于促进学生建构和理解科学大概念，以及有助于学生理解与解决与他们生活相关的事件和现象。那么，究竟什么是科学呢？根据学者们的研究，科学的定义至少有五十多种。所以，我们不必去深究"科学"的确切定义，而应该理解有关"科学"的主要含义。我们论及的"科学"至少包含科学知识、科学研究和科学方法、科学精神和科学态度，还可以包括科学素质等。就优质科学探究教学而言，就是从三个层次来把握科学的本质：一是科学知识；二是习得科学知识的过程，包括科学方法、科学态度、科学精神等；三是习惯于用科学思维解决和处理生活中的实际问题。

科学方法作为科学本质的重要内容，是促使优质科学探究教学能够"落地"的重要载体。对此，物理学大师费恩曼有着独到的见解："科学是一种方法，它教导人们：一些事物是如何被了解的，不了解的还有些什么，对于了解的，现在又了解到什么程度（因为任何事物都没有被绝对了解），如何对待疑问和不确定性，依据的法则是什么，如何思考问题并做出判断，如何区别真理与欺骗、真理与虚饰……在对科学的学习中，你学会通过试验和误差来处理问题，养成一种独创精神和自由探索精神，这比科学本身的价值更巨大。你还要学会问自己：'有没有更好的办法来做？'"从中不难得出，简言之，科学方法实际上就是处理实际问题的思维方式与行为方式。就中小学科学而言，较常用的科学方法有观察、猜想与假设、测量、分类、推理、控制变量、解释、比较、类比、转换、等效替代、理想实验、建模估算（测）、图示、表达与交流等。为引导学生更好地理解和运用科学方法，我们有必要把握好其要义和运用要点。例如"解释法"，其要义是"在观察的基础上进行思考，合理地说明事物变化的原因、事物之间的联系，或者事物发展的规律等"，运用要点主要有"依据必要的科学知识；要有逻辑性；要与当前人们接受的科学知识保持一致；必须与观察结果相一致；最好能预测，还能产生新的疑问"。

（2）让每个学生都积极思考

课堂教学本质上应是师生共同发现问题、提出问题、解决问题以及评价问题解决的思维过程，科学探究教学的本质也是如此。科学探究过程始终贯穿着各种思维活动，如比较、分类、判断、归纳、演绎、想象和分析、综合等，在探究教学中要注意培养学生的思维技能和能力。因此，优质科学探究教学的核心特征应是让每个学生都积极思考，而不是很多教师误认为的"六要素"（提出问题，提出猜想和假设，制订探究方案，获取事实与证据，解释、检验与评价，表达与交流），那只是科学探究教学的一种外在表现形式。可以说，科学探究过程中学生是否进行科学思维，这是判别科学探究"真"与"伪"的最基本尺度。同时，这也很好地回答了新课程"把课堂还给学生，究竟应该还什么"这一问题，毫无疑问就是思维。也就是说，把课堂还给学生并不是要求一定要有多大比例的时间交由学生自主或小组合作活动，而是要最大可能地还给学生思维。即使教师采用讲授式教学，若其讲授是通过一个又一个问题（链）启发学生思考，其实质就是把课堂还给了学生。相反，即使一堂课有大量的时间都是学生自主或小组合作活动，并且气氛热烈，但若不能做到让每个学生都积极思考，其实质上就没有真正把课堂还给学生。

简要地讲，科学思维就是一种实证的思维方式，一种建立在事实和逻辑基础上的理性思考。相应地，课堂情境中的学习应是：学生自主或在同伴尤其在教师的帮助下，联系已有的知识和经验，通过一定的活动，对能激发思考的问题（链）通过思考有所发现并能表达、应用和反思，从而逐步达成学习目标并能持久保持。该定义不仅表明学习本质上是思维活动，而且体现了学习发生的水平（学习一般是渐进的过程，也不排除"顿悟"之类的高级思维），与优质科学探究教学让每个学生都积极思考的核心特征不谋而合。

此外，以上定义完全匹配思维型课堂教学的基本原理。

第一，激起"认知冲突"。学生心理发展的内因或内部矛盾是学生心理不断发展的动力。在课堂教学中，这种矛盾是促进学生积极思维和主动学习的动力。根据课堂教学目标，抓住教学重点，联系已有经验，设计一些能够使学生产生认知冲突的问题（链），以此激发学生的参与欲望，启发学生积极思维，引导学生在探究问题的过程中领悟方法、学会知识、发展能力，主动完成认知结构的构建过程。

第二，突出"自主建构"，体现了建构主义关于认知建构的思想：学习是一个积极主动建构的过程，教学是学生主动建构知识的过程。课堂教学中要使学生积极主动地思维，促进学生思维结构的发展，教师必须搭建"脚手架"，如恰当地列举生活中的典型事例，唤起学生已有的感性认识，运用观察和实验来展示有关事物发生、发展和变化的现象和过程，联系学生已学知识进行教学。同时注重课堂互动：情感互动是基础，行为互动是表现，思维互动是核心。

第三，关注"自我监控"。思维的自我监控是自我意识在思维中的表现，是思维结构的顶点或最高形式。在每一次探究活动将近结束时，教师都应引导学生对学习对象、学习过程、思维方式、所学知识和方法等进行总结和反思，使学生加深对知识和方法的理解，总结学习中的经验和教训，形成自己的认知策略，发展自己的认知结构，提高自我监控能力。

第四，注重"应用迁移"。知识、技能与思维有密切的关系。应用概念、规律、理论解决实际问题是学习知识的目的，也是检验学生对知识掌握情况的主要标志，还是加深对知识理解的重要环节。重视知识和方法的应用和迁移，对学生加深理解知识、提高思维能力等具有重要的作用。

（3）设计优质的问题并配置合适的策略

根据"促进课堂情境中学习"的关键条件，即"优质的课堂教学问题配以合适的教学策略"，优质科学探究教学的实现路径应是设计优质的探究问题并配以合适的探究策略。的确，近年教学实践的成效也足以佐证这一结论：学生不仅能够从科学的小概念逐步建构与理解大概念，而且发展了较高水平的思维能力；尤为可喜的是，较多的学生不仅变得爱科学、善于用科学，而且能够熟练应用科学思维决策和处理实际问题。

何谓优质的科学探究教学问题？联系优质科学探究教学的价值取向、教学变革、核心特征等，优质的科学探究教学问题至少应满足两个条件：第一，从认知水平上，能让所有基础差的学生找到探究的起跑点，也能让基础好的学生找到探究的起跳点，总之要能做到让每一个学生都积极思考；第二，从显性与隐性教育的目标上，不应是让学生仅仅去获得一堆由科学事实、科学概念、科学原理和科学理论等堆砌的科学知识，而应是实现一个趋向于核心概念的进展过程，以及在此过程中能够促进学生多元能力的发展与提升。教师可进一步借鉴"评价课堂教学问题的量规"，建构优质科学探究教学问题的评价量规。量规是指导教师设计优质科学探究教学问题的实用工具。例如，针对浙教版八年级科学中"原子结构的模型"这一教学内容，可在此量规指导下设计如下探究问题：

阅读相关材料，回答下列问题：

①请你以适当形式表达原子结构模型的演变过程。

②科学家们在认识原子结构的过程中都用到了哪些科学方法？是如何应用的？

③请你结合实例说明"建立模型需要一个不断完善、不断修正的过程，这样才能更接近事物的本质"。

可以看出，问题①不仅兼顾原子结构概念的建构，而且更有助于学生发展学习能力。问题②重在科学方法教育。问题③将"迫使"学生以大概念理念逐步认识建立模型的本质，也就是通过一系列原子结构的实物模型逐步建立思维模型，即"建立模型需要一个不断完善、不断修正的过程，这样才能更接近事物的本质"。以上三个探究问题不仅与优质科学探究教学的价值取向、教学变革以及核心特征完全吻合，而且认知上符合最近发展区理论，既可以让基础差的学生起跑，也可以让基础较好的学生起跳。

那么，配以怎样的探究策略谓之合适呢？实践表明，就是围绕探究教学问题的发现、提出、解决以及评价，教师（包括学生）在合适的时间为学生提供半结构性支持。因此，我们至少应从合适的时间和半结构性支持这两个维度系统地选用合适的探究策略，是否合适的唯一评判标准就是它否让每一个学生都积极思考，这也是探究策略是否体现科学探究精神的重要评判依据。

表 2　优质科学探究教学问题的评价量规

水平＼维度	学习目标	认知水平	表述质量
	设计某个探究教学问题的目的是什么	设计探究教学问题应当明确教师希望学生运用的思维水平、类型和过程	设计的探究教学问题表述的科学性和清晰性
优质	与一个或更多的学习目标直接相关联；不应是让学生仅仅去获得一堆由科学事实、科学概念、科学原理和科学理论等堆砌的科学知识，而应是实现一个趋向于核心概念的进展过程，从中能够促进学生多元能力的发展与提升	能引起学生的兴趣，激发学生的积极思维；能让所有基础差的学生可以找到探究的起跑点，也能让基础好的学生找到探究的起跳点	运用适合学科和学生特点的语言，所运用的语言精确、简洁而不含糊，清晰地表达问题并有助于学生理解什么是该题所期望的回答

（4）采用归纳探究与演绎探究范式

厘清科学探究教学的类型或范式，一方面有助于我们对科学探究教学的多样性有比较完整而具体的认识，另一方面有助于我们把握每种类型的内在规律，从而能进行更优质的科学探究教学。有学者根据不同的标准，将科学探究教学分为不同的类型：实验探究与非实验探究、完整探究与部分探究、定向探究与自由探究、亲历的探究与"探究的探究"、发现式探究与接受式探究、归纳式探究与演绎式探究、课内探究与课外探究、独立探究与合作探究。其实按照探究主体思维方式的不同，众多探究类型不外乎两种范式——归纳探究与演绎探究。前者以实验探究为主，后者以理论探究为主，实际的探究以混合探究居多。

科学教学既需要对学生进行归纳式探究训练，也需要对学生进行演绎式探究训练。

　　例如，针对浙教版九年级科学中"定滑轮和动滑轮"这一教学内容，建议安排两课时完成归纳和演绎两种探究训练。第一课时可参照教材的设计，进行归纳探究。针对第二课时，不少教师将其定位为习题课，基本以理论灌输为主，鲜见科学方法教育，效果不甚理想。如果转变观念，将其定位为演绎探究课（理论探究：通过定滑轮的拉力与钩码的重有什么关系？与动滑轮又是什么关系呢？）并注重强化科学方法教育（按照"选取研究对象→进行受力分析→建立平衡方程→解方程→讨论科学意义"的思维与行为方式，关于定滑轮的内容由教师引导探究，关于动滑轮的内容则让学生自主探究），教学效果将非常好。